"中观经济学"系列教材

陈云贤 主编

SHICHANG SHUANGCHO

市场双重主体

李粤麟 编著

中山大学出版社
·广州·

版权所有　翻印必究

图书在版编目（CIP）数据

市场双重主体/李粤麟编著．—广州：中山大学出版社，2022.7

"中观经济学"系列教材/陈云贤主编

ISBN 978-7-306-07512-3

Ⅰ.①市… Ⅱ.①李… Ⅲ.①企业管理—市场经济学—教材 Ⅳ.①F274

中国版本图书馆 CIP 数据核字（2022）第 067593 号

出 版 人：	王天琪
策划编辑：	嵇春霞
责任编辑：	陈　莹
封面设计：	曾　斌
责任校对：	陈晓阳
责任技编：	靳晓虹
出版发行：	中山大学出版社
电　　话：	编辑部 020-84110283，84113349，84111997，84110779，84110776
	发行部 020-84111998，84111981，84111160
地　　址：	广州市新港西路 135 号
邮　　编：	510275　传　真：020-84036565
网　　址：	http://www.zsup.com.cn　E-mail：zdcbs@mail.sysu.edu.cn
印 刷 者：	佛山市浩文彩色印刷有限公司
规　　格：	787mm×1092mm　1/16　18 印张　311 千字
版次印次：	2022 年 7 月第 1 版　2022 年 7 月第 1 次印刷
定　　价：	72.00 元

如发现本书因印装质量影响阅读，请与出版社发行部联系调换

"中观经济学"系列教材
编委会

主　编　陈云贤

副主编　李善民　徐现祥　鲁晓东

编　委　（按姓氏笔画排序）

　　　　才国伟　王贤彬　王顺龙　刘　楼

　　　　李建平　李粤麟　陈思含　顾文静

　　　　顾浩东　徐　雷　徐现祥　黄秋诗

"中观经济学"系列教材

总 序

1955年,威廉·阿瑟·刘易斯(William Arthur Lewis)面对世界各国的经济发展情况,指出了一个矛盾的现象,即著名的"刘易斯悖论"——"政府的失败既可能是由于它们做得太少,也可能是由于它们做得太多"[①]。如今,面对中国经济改革开放的成功,新制度经济学者运用产权理论、交易费用理论、制度变迁理论和县际竞争理论等进行了解释;新古典经济学者做出了政府有针对性地选择新古典的"药方",并采取渐进的实施方式等的解释;发展经济学者做出了对外开放论、后发优势论、"二元经济"发展论和经济发展阶段论等的解释;转轨经济学者做出了由易到难推进、通过利益补偿化解改革阻力、通过"价格双轨制"演绎市场关系、通过分权转移改革成本和由局部制度创新带动全局制度创新等的解释。[②] 笔者认为,关于政府与市场的关系,或政府在中国经济改革开放进程中的作用,经济学同人做出了积极的探讨和贡献,但不管是刘易斯还是各主流经济学者,他们的研究仍然存在碎片化和外在性问题。[③] 纵观经济学说发展的历程,不难发现以下三点:第一,19世纪及以前的经济学基本上把市场作为配置资源的唯一力量,认为政府只是维护市场自由竞争的政府,是在经济生活中无所作为的政府;第二,20世纪以来的经济学对市场配置资源的唯一性提出了质疑,并开始探讨政府在市场失灵时的相关作用,以及应当采取的措施和策略;第三,在世界各国经济得到发展尤其

[①] Lewis W A. "Reflections on Unlimited Labour". in Marco L E (ed.). *International Economics and Development*. New York: Academic Press, 1972, p.75.

[②] 黄剑辉:《主要经济学流派如何阐释中国改革开放》,载《中国经济时报》2018年6月14日第A05版。

[③] 陈云贤:《市场竞争双重主体论——兼谈中观经济学的创立与发展》,北京大学出版社2020年版,第16~31页。

是在中国经济改革开放取得显著成效的今天，经济学理论的研究仍然远远滞后于或外在于经济实践的发展。现实经济运行中反馈出来的多种问题，并没有完全表明"市场失灵"或"政府失灵"，而是更多地反映了传统经济学体系或传统市场理论的缺陷。当然，也可以这样认为，深化探讨政府与市场的关系，将开启现代经济学体系的构建或拓展现代市场理论的空间。中观经济学学科也由此产生。

中国经济改革开放的全过程，始终贯穿着如何处理好政府与市场的关系问题。20世纪50年代，中国实施高度集中的计划经济体制，把政府作为配置资源的唯一主体。1978年开始，中国实施从农村到城市的经济体制改革：一方面，扩大企业自主权，承接发达国家和新兴工业化国家及地区的产业转移，开展"三来一补"外资企业投资，等等；另一方面，开始建立股份制企业和现代企业制度，它既厘清了政府与（国有）企业的产权关系，又界定了政府与企业在资源调配中各自的作用。中国经济在继20世纪80年代劳动密集型轻纺工业迅速发展，以及90年代资本密集型的原材料、能源等基础工业和交通、市政、水利等基础设施建设迅速发展之后，21世纪开始，中国东部地区地方政府作为市场竞争主体的现象屡屡出现。战略性新兴产业在前10年也得以起步腾飞。中国经济改革开放的实践进程存在四个方面的现象。第一，其焦点集聚在使市场在资源配置中起决定性作用和更好地发挥政府作用的问题上。第二，中国经济的发展，企业是市场竞争主体，但区域政府作为市场竞争主体的现象也屡见不鲜。第三，区域政府在经济领域发挥着扶植产业发展、参与城市建设、保障社会民生的重要作用。第四，区域政府承担了三大经济角色：一是通过掌控资本，以国有企业的股东方式参与项目和市场竞争；二是通过财政政策、货币政策和法律等政策手段，调控产业发展、城市建设和社会民生；三是监督管理市场，维护市场秩序。因此，中国在实践中逐渐成长的市场经济呈现出有为政府与有效市场相融合的效果。作为有为政府，其不仅在有效保障社会民生方面促成了社会稳定、优化了经济发展环境，而且在引领、扶持和监管产业发展方面推进了市场"三公"（公开、公平、公正）原则的落实、提高了社会整体生产效率，还通过直接参与城市建设推动了经济社会的全面可持续发展。有为政府结合有效市场体现出的市场充分竞争、法制监管有序、社会信用健全的客观要求，表现出中国政府在尊重市场规律、维护经济秩序、参与市场竞争的进程中，正逐步沿着中国特色社会主义市场经济方向演进。因此，深化认识现代市场理论、破解政府与市场关系的难题以及探讨经济学体系改革，应该更加注重对系统性和内在性问题的研究。

一、现代市场经济具有纵横之分

（一）现代市场经济横向体系

传统的市场理论主要聚焦于产业经济。亚当·斯密（Adam Smith）在批判了重商主义和重农学派之后，其《国富论》[①]重点着笔于产业经济来研究商品、价格、供求、竞争与市场。约翰·梅纳德·凯恩斯（John Maynard Keynes），试图通过政府撬动城市基础设施投资建设来解决工人失业和有效需求的问题，但又囿于用产业经济的市场理论去解释城市化进程中的政府行为作用而难以自圆其说。[②]对此，有关理论提出，应重视对生成性资源领域的研究。在世界各国城镇化进程中，城市经济的形成与发展就是一个例子。它可以解释作为公共物品提供者的政府为什么既是市场规则的维护者，又可以成为城市基础设施投资的参与者和项目的竞争者；也可以解释作为城市基础设施的公共物品，为什么有一部分能够转化为市场体系中的可经营性项目而不断地助推区域经济发展等一系列问题。[③]

生成性资源领域不仅涉及城市经济资源，而且涉及国际经济资源（如深海资源、太空资源、极地资源和深地资源等）的投资开发事宜。在这个高投资可能带来高回报率的领域，大国之间已经展开竞争。针对这种情况，"航天经济学"应该如何立意？如何发展？预估成效几何？可以说，在城镇化进程中以基础设施为主体的城市经济投资开发，以及深海经济、太空经济、极地经济和深地经济等的投资开发，同样面临此类问题。生成性资源具有动态性、经济性、生产性和高风险性四大特征，其投资开发受到前期投资额大、建设周期长、成本高、市场窄小以及可能面临失败或遭遇突发性事件等的影响。因此，在投资开发生成性资源的过程中，一方面需要不断地拓展市场领域，另一方面亟须有与产业经济不同的投资主体和

[①] ［英］亚当·斯密：《国富论》，郭大力、王亚南译，商务印书馆1972年版。
[②] ［英］凯恩斯：《就业、利息和货币通论：倡导减税、扩大政府财政支出》，房树人、黄海明编译，北京出版社2008年版。
[③] 陈云贤：《市场竞争双重主体论——兼谈中观经济学的创立与发展》，北京大学出版社2020年版，第211～229页。

游戏规则用以解读。在现代市场经济横向体系（包括产业经济、城市经济、国际经济）中，不仅有产业经济中的市场主体——企业，而且有城市经济中的市场主体——区域政府，还有在国际经济中提供准公共物品的市场主体、在太空资源和深海资源等领域的投资开发者——政府或企业。这就是说，第一，市场不仅仅存在于产业经济中，而且存在于其他经济形态中；第二，在现代市场经济横向体系中，存在企业和区域政府双重竞争主体；第三，企业作为竞争主体，主要集中在产业经济领域，区域政府作为竞争主体主要集中在城市经济等领域；第四，产业经济是市场经济中的基础性领域，城市经济和国际经济等是市场经济中的生成性领域，二者既相互独立又相互联系，分属于现代市场经济中不同区间的竞争体系。由此可见，多区间的市场竞争体系构成了现代市场经济横向体系的内在性。

（二）现代市场经济纵向体系

与传统市场体系相比，现代市场经济纵向体系强调市场功能结构的系统性，其至少包括六个方面的内容。第一，市场要素体系。它既由各类市场（包括商品市场、要素市场和金融市场等）构成，又由各类市场的最基本元素，即价格、供求和竞争等构成。第二，市场组织体系。它由市场要素与市场活动的主体或管理机构构成，包括各种类型的市场主体、各类市场中介机构和市场管理组织。第三，市场法制体系。规范市场价值导向、交易行为、契约行为和产权行为等法律法规的整体构成了市场法制体系，它包括与市场相关的立法、执法、司法和法制教育等。第四，市场监管体系。它是建立在市场法制体系基础上的、符合市场经济需要的政策执行体系，包括对机构、业务、市场、政策法规执行等的监管。第五，市场环境体系。它主要包括实体经济基础、现代产权制度和社会信用体系三大方面。对这一体系而言，最重要的是建立健全市场信用体系和以完善市场信用保障机制为目标的社会信用治理机制。第六，市场基础设施。它是包含各类软硬件的完整的市场设施系统。其中，市场服务网络、配套设备及技术、各类市场支付清算体系、科技信息系统等都是成熟市场经济必备的基础设施。

现代市场经济纵向体系及其六个子体系具有五大特点。其一，现代市场经济纵向体系的形成是一个渐进的历史过程。其二，现代市场经济纵向体系的六个子体系是有机统一的。其三，现代市场经济纵向体系的六个子体系是有序的。其四，现代市场经济纵向体系的六个子体系的功能是脆弱的。其原因在于：首先是认识上的不完整，其次是政策上的不及时，最后是经济全球化的冲击。其五，现代市场经济纵向体系六个子体系的功能将全面作用于现代市场横向体系的各个领域。这就是说，在历史进程中逐渐完整的现代市场体系，不仅会在世界各国的产业经济中发挥作用，而且伴随着各类生成性资源的开发和利用也会逐渐在城市经济、国际经济（包括深海经济和太空经济等）中发挥作用。区域政府作为城市经济的参与主体，在资源生成领域的投资、开发、建设中首先成为第一投资主体，同企业作为产业经济的参与主体一样，必须同时受到现代市场经济纵向体系六个子体系功能的约束，并在现代市场经济不断提升与完善的过程中逐渐发挥作用。

二、成熟的有为政府需要超前引领

成熟的有为政府应该做好超前引领，即企业做企业该做的事，政府则做企业做不了、做不好的事。二者都不能缺位、虚位。政府的超前引领，就是遵循市场规则，依靠市场力量，做好产业经济的引导、调节、预警工作，做好城市经济的调配、参与、维序和民生经济的保障、托底、提升工作。这需要政府运用规划、投资、消费、价格、税收、利率、汇率、法律等政策手段，进行理念、制度、组织、技术等创新，有效推动供给侧或需求侧结构性改革，形成经济增长的领先优势，推动企业科学可持续发展。

在理论上，政府超前引领与凯恩斯主义的政府干预有着本质性区别：一是行为节点不同，二是调节侧重点和政策手段不同，三是政府的职能角色不同，四是运行模式不同，等等。

现实中，世界各国多数区域正处于经济转轨、社会转型或探索跨越"中等收入陷阱"的关键时期，中国政府通过超前引领促进产业转型、城市升级，已为世界各国区域发展探索出一条成功的路径。

每个国家或区域都存在非经营性、可经营性、准经营性三类资源，而如何配置这三类资源则界定了有为政府的类型。对于非经营性资源（民生经济），政府的配套政策应遵循"公平公正、基本托底、有效提升"原则；对于可经营性资源（产业经济），政府的配套政策应体现"规划、引导、扶持、调节、监督、管理"原则；对于准经营性资源（城市经济乃至太空经济、深海经济等），政府的配套政策应遵循"既是竞争参与者，又是调配、监督者"的原则。也就是说，国家或区域政府在配置上述三类资源的过程中，应根据各类资源的不同特点，配制与之相匹配的政策，以促进社会经济的均衡、高质量发展，而这类政策即政府行为就是有为政府的应有之义。中国改革开放40多年来，围绕着区域三类资源的有效配置，促进区域经济增添活力、环境优化、科学可持续发展，区域政府之间竞争与合作、超前引领、有所作为的事例比比皆是。

首先，它表现为区域政府之间开展项目竞争、产业链配套竞争和进出口竞争。这直接决定区域经济的发展水平。

第一，区域政府之间开展项目竞争。这主要包括三类：一是国家重大项目，包括国家科技重大专项、国家科技支撑计划重大项目、国家重大科技基础设施建设项目、国家财政资助的重大工程项目和产业化项目；二是社会投资项目，比如高技术产业、新兴产业、装备制造业、原材料产业以及金融、物流等服务业；三是外资引进项目，比如智能制造、云计算与大数据、物联网、智能城市建设等。区域政府之间展开项目的竞争，一则可以直接引进资金、人才和产业；二则可以凭借项目政策的合法性、公共服务的合理性来有效解决区域内筹资、融资和征地等问题；三则可以通过项目落地，引导开发区域土地、建设城市设施、扩大招商引资、带动产业发展、优化资源配置、提升政策能力，最终促进区域社会经济的可持续发展。因此，项目竞争成为我国区域政府的竞争重点和发展导向，项目意识、发展意识、效率意识、优势意识、条件意识、政策意识和风险意识成为我国区域政府竞争市场化的必然要求。

第二，区域政府之间开展产业链配套竞争。一般来说，每个区域都有自己的产业基础和特色——多数取决于本区域内的自然资源禀赋。如何保持和优化区域内的资源禀赋并汇聚区域外的高端资源，产业结构优化、产业链有效配置是其关键，向产业高端发展、形成产业集聚、引领产业集群是其突破点。我国区域政府的产业链配套竞争主要从两个方面展开：一是在生产要素方面。低端或初级生产要素无法形成稳定持久的竞争力，只有引进并投资于高端生产要素，如工业技术、现代信息技术、网络资源、交通设施、专业人才、研发智库等，才能建立起强大且具有竞争优势的产业。二是在产业集群、产业配套方面。区域竞争力理论告诉我们，以辖区内现有产业基础为主导的产业有效配套，能减少企业交易成本、提高企业盈利水平。产业微笑曲线告诉我们，价值最丰厚的地方集中在产业价值链的两端——研发和市场。培植优势产业，构建配套完整的产业链条，按照产业结构有的放矢地招商引资，是我国各区域可持续发展的重要路径。

"中观经济学"系列教材
总 序

第三，区域政府之间开展进出口竞争。在开放型的国际经济体系中，一个国家的区域进出口竞争成为影响各区域竞争力的重要环节之一。这主要体现在四个层面：一是在加工贸易与一般贸易的发展中，各个区域政府力图减少加工贸易占比、提高一般贸易比重，以增强区域商品和服务贸易的原动力；二是在对外投资上，各个区域政府力图推动企业布局海外，竞争海外项目，以促使本区域的利益布局和市场价值链条延伸至海外；三是在资本输出上，各个区域政府力图推进资本项目可兑换，即在国际经常项目投资便利化的情况下，采取各项措施以促进货币资本流通、货币自由兑换便利化等；四是在进口方面，尤其是对高科技产品、项目、产业的引进，各个区域政府全面采取优惠政策措施，予以吸引、扶持，甚至不惜重金辅助对其投入、布点和生产。进出口竞争的成效成为影响我国各个区域经济增长的重要因素之一。

其次，它表现为区域政府之间开展基础设施建设竞争，如人才、科技竞争和财政、金融竞争等。这由区域政府推动的经济政策措施决定。

第一，区域政府之间开展基础设施建设竞争。它包括城市基础设施的软硬件乃至现代化智能城市的开发运用等一系列项目建设。硬件基础设施包括高速公路、铁路、港口、航空等交通设施，电力、天然气等能源设施，光缆、网络等信息化平台设施，以及科技园区、工业园区、创业孵化园区、创意产业园区等工程性基础设施；软件基础设施包括教育、科技、医疗卫生、体育、文化、社会福利等社会性基础设施；现代化智能城市包括大数据、云计算、物联网等智能科技平台。一个区域的基础设施体系支撑着该区域社会经济的发展，其主要包括超前型、适应型和滞后型三种类型。区域基础设施的供给如能适度超前，将不仅增加区域自身的直接利益，而且会增强区域竞争力，创造优质的城市结构、设施规模、空间布局，提供优质服务，从而减少企业在市场竞争中的成本，提高其生产效益，进而促进产业发展。也就是说，我国各个区域基础设施的完善程度将直接影响该区域经济发展的现状和未来。

第二，区域政府之间开展人才、科技竞争。这一领域的竞争，最根本的是要树立人才资源是第一资源、科学技术是第一生产力的理念；最基础的是要完善本土人才培养体系，加大本土人才培养投入和科技创新投入；最关键的是要创造条件吸引人才，引进人才，培养人才，应用人才。衡量科技人才竞争力的主要指标包括该区域科技人才资源指数、每万人中从事科技活动的人数、每万人中科学家和工程师人数、每万人中普通高校在校学生人数、科技活动经营支出总额、科技经费支出占区域生产总值比重、人均科研经费、科技拨款占地方财政支出百分比、人均财政性教育经费支出、地方财政性教育支出总额、高校专任教师人数等。我国各个区域政府通过努力改善、提升相关指标来提高本土的人才和科技竞争力。

第三，区域政府之间开展财政、金融竞争。区域政府之间的财政竞争包括财政收入竞争和财政支出竞争。区域政府财政收入的增长主要依靠经济增长、税收和收费收入等的增加。财政支出是竞争的关键，包括社会消费性支出、转移性支出和投资性支出。其中，财政投资性支出是经济增长的重要驱动力。财政支出竞争发生在投资性支出领域，包括区域政府的基础设施投资、科技研发投资、政策性金融投资（支持亟须发展的产业）等。在财政收支总体规模有限的条件下，我国各个区域政府积极搭建各类投融资平台，最大限度地动员和吸引区域、国内乃至国际各类金融机构的资金、人才、信息等金融资源，为本区域的产业发展、城市建设、社会民生服务。各个区域政府在各种优惠政策上也积极开展竞争，如财政支出的侧重、吸纳资金的金融手段等。

最后，它表现为区域政府之间开展政策体系竞争、环境体系竞争和管理效率竞争。这由区域政府表现出来的经济管理效率所决定。

第一，区域政府之间开展政策体系竞争。它分为两个层次：一是各个区域政府对外的政策体系；二是各个区域政府对内出台的系列政策。由于政策本身是公共物品，具有非排他性和易效仿性的特点，因此，有竞争力的政策体系一般包含五大特征：一是求实性，即符合实际的，符合经济、社会发展要求的；二是先进性，即有预见性的、超前的、创新性的；三是可操作性，即政策是清晰的、有针对性的和可实施的；四是组织性，即由专门机构和人员负责与执行的；五是效果导向性，即有检查、监督、考核、评价机制的，包括发挥第三方作用，有效实现政策的目标。我国各个区域政府政策体系的完善程度对该区域的竞争力具有极大的影响。

第二，区域政府之间开展环境体系竞争。此处的环境主要指生态环境、人文环境、政策环境和社会信用体系等。发展投资与保护生态相和谐、吸引投资与政策服务相配套、追逐财富与回报社会相契合、法制监督与社会信用相支撑等，均是各个区域政府竞争所必需、必备的发展环境。良好的环境体系建设成为各个区域政府招商引资、开发项目、促进经济持续发展的成功秘诀,这已被我国一些区域的成功经验所证明。

第三,区域政府之间开展管理效率竞争。我国各个区域政府的管理效率是其行政管理活动、速度、质量、效能的总体反映。它包括宏观效率、微观效率、组织效率、个人效率四类。就行政的合规性而言,各个区域政府在管理效率竞争中应遵循合法性标准、利益标准和质量标准;就行政的效率性而言,各个区域政府应符合数量标准、时间标准、速度标准和预算标准。各个区域政府的管理效率竞争,本质上是组织制度、主体责任、服务意识、工作技能和技术平台的竞争。我国经济发达区域的政府运用"并联式""一体化"的服务模式,在实践中开创了管理效率竞争之先河。

在此,决定我国各个区域政府竞争的目标函数是各个区域的财政收入决定机制,决定我国各个区域政府竞争的指标函数是各个区域的竞争力决定机制。而影响各个区域政府竞争目标函数和指标函数的核心因素则是各个区域的经济发展水平,其包含三个要素——项目投资、产业链配套和进出口贸易;关键支持条件是各个区域的经济政策措施和经济管理效率,前者包括基础设施投资政策,人才、科技扶持政策和财政、金融支持政策,后者包括政策体系效率、环境体系效率和管理体系效率。笔者将其称为区域政府的"三类九要素竞争理论"①,如图1所示。

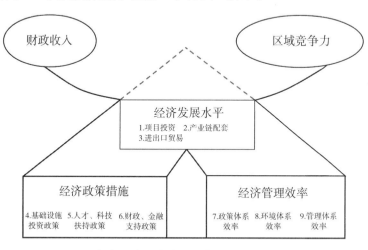

图1 各个区域政府的"三类九要素竞争理论"

---

① 陈云贤:《市场竞争双重主体论——兼谈中观经济学的创立与发展》,北京大学出版社2020年版,第108～115页。

从图1中可知，中国经济改革开放40多年的实践表明，区域政府也是现代市场经济的主体。一方面，它通过项目投资、产业链配套和进出口贸易等竞争提升区域经济发展水平，通过基础设施投资、人才科技争夺和财政金融扶持等政策措施提升区域竞争力，通过政策体系、环境体系和管理体系配套改善区域营商环境，从而推动区域的产业发展、城市建设和社会民生投入持续增长。另一方面，随着区域经济社会的发展，需要有为政府超前引领。政府超前引领是区域竞争与发展的关键。竞争需要创新，创新就是竞争力，持续的创新就是持续的竞争力，而政府超前引领则是中国乃至世界各国区域政府竞争的核心。其中，"理念超前引领"是区域经济发展处于要素驱动阶段时的重要竞争力，"管理超前引领"是区域经济发展处于投资驱动阶段时的竞争关键，"制度与技术超前引领"是区域经济发展处于创新驱动阶段时的竞争制胜点，"全面超前引领"是区域经济发展处于财富驱动阶段时的竞争必然选择。

三、市场经济存在双重主体

综上分析可知：第一，区域政府与企业都是资源调配的主体。如罗纳德·哈里·科斯（Ronald Harry Coase）所述，企业是一种可以和市场资源配置方式相互替代的资源配置机制，其对拥有的资源按照利润最大化原则进行调配。[1] 相应的，区域政府也拥有一定的公共资源，其运用规划引导、财政预算支出、组织管理和政策配套，形成区域资源调配的主体。第二，区域政府与企业都以利益最大化为初始目标。其中，区域政府作为独立的竞争主体，其主要行为目标是财政收入的最大化。区域政府通过开展理念、技术、管理和制度创新，并通过一系列政策和措施对项目投资、产业链配套和进出口贸易进行引导与调节，促使区域的投资、消费、出口等增长来发展地区生产总值和增加税收等，以达到提高区域内财政收入水平的目的。第三，区域政府竞争与企业竞争成为区域经济发展的双驱动力。企业竞争是产业经济发展的原动力，区域政府竞争则是区域经济发展的原动力。如前所述，区域政府通过项目投资、产业链配套、进出口贸易三要素的竞争来提升区域经济发展水平，通过对基础设施投资、人才科技争夺、财政金融扶持三措施的竞争来提升区域经济政策水平，通过政策、环境、

---

[1] Coase R H. "The Nature of the Firm". *Economica*, 1937, 4 (16), pp. 386–405.

管理三体系的配套竞争来提升区域经济管理效率,从而形成区域间"三类九要素"的竞争与合作,推动区域经济的可持续增长。第四,区域政府行为与企业行为都必须遵循市场规则。企业通过对市场规律的不断探索和对市场形势的准确判断来调配企业资源。区域政府对产业经济实施产业政策,在城市经济发展中充当投资者角色和对民生条件不断改善与提升的过程中,也要遵循市场规则,只有如此,才能促使该区域的经济社会不断发展,走在区域间的前沿。

为此,市场竞争"双重主体"的关系表现在三个方面。

(一)企业竞争主要在产业经济领域展开,区域政府竞争主要在以城市经济为主的资源生成领域展开

企业竞争在产业经济领域展开的过程中,任何政府都只能是企业竞争环境的营造者、协调者和监管者,从政策、制度和环境上维护企业开展公开、公平、公正的竞争,而没有权力对企业的微观经济事务进行直接干预。区域政府间"三类九要素"的竞争,是围绕着企业竞争生存的条件、环境、政策和效率等配套服务展开的。区域政府间的竞争以尊重企业竞争为前提,但不会将企业竞争纳入区域政府竞争层面。因此,在现代市场经济体系中,区域政府竞争源于现代市场体系的健全和完善过程中,政府对区域内重大项目落地、产业链完善、进出口便利和人才、科技、资金、政策、环境、效率等的配套所产生的功能。企业与区域政府共同构成市场经济双重竞争主体。企业竞争是基础,区域政府竞争以企业竞争为依托,并对企业竞争产生引导、促进、协调和监管作用,它们是两个不同层面既各自独立又相互联系的双环运作体系,如图2所示。

图2 市场竞争"双重主体"的关系

图2表明了区域政府竞争与企业竞争之间互不交叉,但二者相互支撑、紧密连接,是两个无缝衔接的独立竞争体系。区域政府竞争与企业竞

争的有效"边界划分",是我们处理好这两个竞争体系关系问题的关键。

(二) 企业竞争的核心是在资源稀缺条件下的资源优化配置问题,区域政府竞争的核心是在资源生成基础上的资源优化配置问题

笔者认为,企业竞争行为及其效用研究是在微观经济运行中对资源稀缺条件下的资源优化配置的研究,其研究焦点是企业竞争中的主要经济变量即价格决定和价格形成机制问题,其研究的内容及其展开形成了供给、需求、均衡价格理论,消费者选择理论,完全竞争与不完全竞争市场理论,以及一般均衡、福利经济学、博弈、市场失灵和微观经济政策论,等等。而区域政府竞争行为及其效用研究是在中观经济运行中对资源生成基础上的资源优化配置的研究,其研究焦点是影响区域政府竞争的主要经济变量即区域财政收入决定与财政支出结构机制问题,其研究的内容及其展开形成了资源生成理论、政府双重属性理论、区域政府竞争理论、竞争型经济增长理论、政府超前引领理论、经济发展新引擎理论以及市场竞争双重主体理论和成熟市场经济"双强机制"理论等。它们与宏观经济主体——国家共同构筑成现代市场体系竞争的双重主体脉络图,如图 3 所示。①

现代市场经济的驱动力不仅有来自微观经济领域的企业竞争,而且有来自中观经济领域的区域政府竞争。它们是现代市场经济体系中的双重竞争体系,共同构成现代市场经济发展的双驱动力,推动着区域经济或一国经济的可持续发展。

(三) 企业竞争与区域政府竞争的结果,都出现了"二八定律"现象

美国哈佛大学迈克尔·波特 (Michael E. Porter) 教授在其《国家竞争优势》一书中描绘了企业竞争发展的四阶段论,即要素驱动阶段、投资驱动阶段、创新驱动阶段和财富驱动阶段②;有关理论清晰地阐述了区域政府竞争的递进同样存在四阶段论,即产业经济竞争导向的增长阶段、城市经济竞争导向的增长阶段、创新经济竞争导向的增长阶段和竞争与合作经

---

① 陈云贤:《市场竞争双重主体论——兼谈中观经济学的创立与发展》,北京大学出版社 2020 年版,前言第Ⅳ页。

② [美] 迈克尔·波特:《国家竞争优势》,李明轩、邱如美译,中信出版社 2007 年版,第 63~68 页。

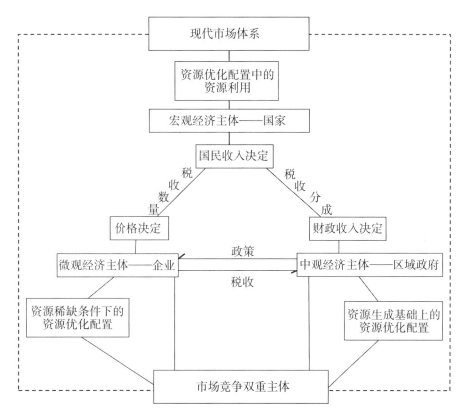

图3 市场竞争双重主体理论结构体系

济导向的增长阶段。① 从经济学理论的分析和中国乃至世界各国经济发展实践的进程看,不管是企业竞争还是区域政府竞争,其实际结果都呈现梯度推移状态,并最终表现出"二八定律"现象。即两类竞争主体在其竞争进程中围绕目标函数,只有采取各种超前引领措施,以有效地推动企业或区域在理念、技术、管理和制度创新上发展并实现可持续增长,最终才能脱颖而出,成为此行业或此区域的"领头羊",而那些滞于超前引领和改革创新的企业或区域将会处于落后状态。此时,在经济发展的梯度结构中,处于领先地位的20%的企业或区域将占有80%的市场和获得80%的盈利,而处于产业链发展中的80%的中下游企业和经济发展中的80%的

---

① 陈云贤:《市场竞争双重主体论——兼谈中观经济学的创立与发展》,北京大学出版社2020年版,第128～152页。

滞后区域将可能只占有20%的市场或获得20%的收益。"二八定律"现象会呈现在企业竞争或区域政府竞争的结果上，如图4所示。

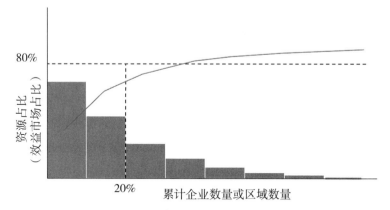

图4 "二八定律"现象

注：图中黑色方块表示资源占比份额，弯实线表示企业（区域）数量（这是一个动态的增长过程）。

当然，在现实经济发展中，随着企业竞争和区域政府竞争的双轮驱动，将在客观上历史地形成世界各国经济社会日益丰富的思想性公共产品、物质性公共产品、组织性公共产品和制度性公共产品，它们将为落后企业或区域带来更多的发展机会，并使企业或区域经济增长成果更多地体现出普惠性、共享性，即企业间发展或区域间发展都将从非均衡逐步走向均衡。但经济学理论和经济实践的发展清晰地告诉我们，此时的均衡应该是经济发展梯度结构的均衡，而非经济发展平面结构的均衡。

四、区域竞争呈现三大定律

在中国乃至世界各国，现代市场经济的双重竞争体系——企业竞争与区域政府竞争，成为一国推动产业发展、城市建设和社会民生的双驱动力。它们在实际经济运行中呈现出三大定律。

一是二八效应集聚律。二八效应集聚律是"二八定律"在区域政府竞争过程中的一个翻版。此定律表现出三大特征：第一，企业竞争与区域政府竞争同生共长。也就是说，微观经济在研究资源稀缺条件下的资源优化配置问题时企业是资源调配的主体，中观经济在研究资源生成基础上的资源优化配置问题时区域政府是资源调配的主体（宏观经济在研究资源优化配置前提下的资源利用问题时国家是资源利用的主体）；二者在现代市场经济纵横体系中，各自在产业经济和城市经济领域发挥着不同作用，在现代市场经济的竞争体系中同生共长。第二，企业竞争与区域政府竞争的发展轨迹不同。企业竞争在经济发展的要素驱动阶段、投资驱动阶段、创新驱动阶段和财富驱动阶段的运行轨迹，主要体现为企业完全竞争、垄断竞争、寡头垄断竞争和完全垄断竞争的演变与争夺过程，企业完全竞争的轨迹在区域经济发展各个阶段的递进过程中呈现出"由强渐弱"的迹象；而区域政府竞争从一开始就表现在产业经济竞争导向的增长阶段，而后逐渐进入城市经济竞争导向的增长阶段、创新经济竞争导向的增长阶段和竞争与合作经济导向的增长阶段，因此区域政府竞争的范围及其"三类九要素"竞争作用在区域经济发展各个阶段的递进过程中呈现的是"由弱渐强"的轨迹。第三，企业竞争与区域政府竞争最终形成"二八定律"现象。也就是说，在中国乃至世界各国区域经济的发展过程中，或者说在市场经济条件下，区域经济发展首先表现的是竞争型的经济增长，区域经济增长呈现出梯度发展趋势，产业链集聚、城市群集聚、民生福利提升等都主要集中在先行发展的区域中。二八效应集聚律表现为随着不同经济发展阶段的历史进程，中国和世界各国区域经济的发展在企业竞争和区域政府竞争的双轮驱动下，正逐渐出现先行发展区域或先行发达国家的产业集群、城市集群和民生福利越来越集中的现象，中国乃至世界经济发展的结果呈现出梯度格局。

二是梯度变格均衡律。此定律的作用表现在三个阶段：第一阶段，区域的资源配置领域出现资源稀缺与资源生成相配对阶段。资源稀缺是企业竞争的前提条件，资源生成是区域政府竞争的前提条件，当经济发展从企业竞争延伸到区域政府竞争、从微观经济延伸到中观经济、从产业资源延伸到城市资源，甚至逐步涉及太空资源、深海资源、极地资源的时候，世界各国区域经济均衡发展将迈出实质性的步伐。第二阶段，区域的资源生成领域出现正向性资源（原生性资源和次生性资源）与负向性资源（逆生性资源）相掣肘阶段。正向性资源领域的开发将为企业竞争和区域政府竞争提供新的平台，并助推区域经济发展和不断创造出新的区域经济增长点；而负向性资源领域的产生则给区域经济增长或人类社会的和谐带来诸多弊端。二者相互掣肘，促使区域经济均衡化发展。第三阶段，区域的经济增长目标由单一转向多元的阶段。此阶段也是实际经济运行中从要素驱动阶段、投资驱动阶段向创新驱动阶段和财富驱动阶段演进的过程。此时，经济增长的目标不仅仅是追求投资、消费和出口的均衡，而是更多地追求产业、生态、民生事业的均衡。产业发展、城市建设、社会进步的均衡和一国各区域宜居、宜业、宜游的全面均衡，对经济增长多元化目标的追求与有效配套相关政策措施的实施，将促进区域经济均衡化发展。梯度变格均衡律既表现为某一区域产业发展、城市建设和社会民生进步的均衡性趋势，又表现为区域间产业发展、城市建设和社会民生进步的均衡性趋势。区域间产业发展、城市建设和社会民生进步的均衡性趋势，在实践中表现出来的是梯度结构的均衡性，我们称之为梯度均衡，它是我们需要在经济学领域认真思考并采取有效分析方法去深化研究的课题。

三是竞争合作协同律。既然区域间（国家之间）经济发展的均衡性趋势呈现梯度结构的均衡状态，竞争合作协同律作为客观的必然性就将主要集中在区域间经济发展的三大协同上。第一，政策协同性。企业竞争对产业资源起调节作用；区域政府竞争对城市资源和其他生成性资源起调节作用；政府参与某一具体项目的竞争将由其载体——国有企业或国有合资企业或国有股份制企业介入其中。因此，企业竞争中的产业政策适度和竞争中性原则运用问题，区域政府竞争中的系列政策配套与措施推动问题，以及区域间（国家之间）新型工业化、新型城镇化、智能城市开发、科技项目投入、基础设施现代化和农业现代化等推进过程中的政策协同性问题，就显得特别重要。企业竞争和区域政府竞争的结果要求各竞争主体政策的协同性，是一种客观必然现象。第二，创新协同性。它表现在三个方面：一是科技重大项目的突破带来资金投入大、周期长、失败可能性高和风险大等一系列问题，需要各竞争主体的创新协同；二是科技新成果的突破需要综合运用人类智慧，需要各竞争主体的创新协同；三是跨区域、跨领域、跨国域的思想性、物质性、组织性和制度性公共产品不断出现和形成，需要各竞争主体的创新协同。在中国乃至世界各国区域经济发展模式转换和社会转型的深化阶段，区域间的创新协同性也是客观趋势所在。第三，规则协同性。区域间经济竞争规则（公平与效率）、区域间共同治理规则（合作与共赢）、区域间安全秩序规则（和平与稳定）等，也将随着区域经济发展阶段的深化而客观地出现在各竞争主体的议事日程中。竞争合作协同律，实质上就是在区域经济发展的不同阶段，各竞争主体为了共同的发展目标,依靠各种不同产业、投资、创新平台,汇聚人才、资本、信息、技术等要素,实现竞争政策的协同、创新驱动的协同和竞争规则的协同,从而突破竞争壁垒、有效合作、共同发展。该定律促进了中国和其他各国区域间的经济同生共长,发展合作共赢,并且这将成为一种客观必然趋势。

五、成熟市场经济是有为政府与有效市场相融合的经济

政府与市场的关系一直以来都是传统经济领域争论的核心问题之一,其焦点便是政府在市场经济资源配置中的作用及其对产业发展、城市建设、社会民生的影响。

当我们回到现代市场体系的市场要素、市场组织、市场法制、市场监管、市场环境、市场基础设施六大功能结构中,当我们直面当代世界各国必须要面对的可经营性资源、非经营性资源、准经营性资源的有效配置时,就会发现,政府与市场的关系并不是简单的一对一的矛盾双方的关系。"弱式有效市场""半强式有效市场"和"强式有效市场"的划分,既是可量化的范畴,更是历史的真实进程;"弱式有为政府""半强式有为政府"和"强式有为政府"的界定,既是世界各国在现实市场经济中的真实反映,又可解决迎面而来的政府与市场关系的一系列疑难杂症。有为政府与有效市场的组合在理论上至少存在九种模式,具体内容如图5所示。

注 模式1:"弱式有为政府"与"弱式有效市场";模式2:"弱式有为政府"与"半强式有效市场";模式3:"弱式有为政府"与"强式有效市场";模式4:"半强式有为政府"与"弱式有效市场";模式5:"半强式有为政府"与"半强式有效市场";模式6:"半强式有为政府"与"强式有效市场";模式7:"强式有为政府"与"弱式有效市场";模式8:"强式有为政府"与"半强式有效市场";模式9:"强式有为政府"与"强式有效市场"。

图5 有为政府与有效市场的九种组合模式

模式1中，政府对经济基本没能发挥调控作用，市场发育也不完善，市场竞争机制常被隔断，法制欠缺，秩序混乱，这类主体通常为中低收入国家。模式2在现实经济中难以存在，因为"半强式有效市场"必定存在市场法制体系和市场监管体系，它不可能由"弱式有为政府"去推动。模式3纯属理论上的一种假定，现实中世界各国并没有实际案例加以支持。模式4表明政府在非经营性资源调配上可以较好地履行职责，提供基本公共产品；同时，政府也开始具备对可经营性资源的调配和相应扶持能力，但对市场发展趋势把握不好，市场运行中出现的问题还有待成熟的市场去解决。这种模式类似于中国改革开放的1978—1984年期间，属于市场经济初期的运行调控模式。模式5属于半成熟市场经济模式，其一方面表明政府规划、引导产业布局以及扶持、调节生产经营与"三公"监管市场运行的机制和力度在加强，另一方面表明市场监管机制、法律保障机制、环境健全机制等在推进。此状况出现在市场经济发展处于中期阶段的国家。中国在加入世界贸易组织（WTO）之前就类似这一模式。模式6与现在的美国很对应。美国政府依靠市场配置资源的决定性力量来获取高效市场收益，在非经营性资源的调配中发挥着重要作用，碍于制度和理念的限制，对可经营性资源的调配和准经营性资源的开发或者界定模糊，或者言行不一，或者难以突破，整体经济增长、城市提升弱于其规划，缺乏系统性与前瞻性。模式7在目前的现实中还难以存在。"强式有为政府"的功能作用起码也是与"半强式有效市场"相对应的。计划经济国家不属于此模式类型。模式8与现阶段的中国相类似，其发展方式通常被世人看作政府主导型的逐渐成熟的市场经济，其经济成就也是世界瞩目的，但又面临着市场竞争、市场秩序、市场信用以及市场基础设施进一步提升与完善的更大挑战。模式9是政府与市场组合的最高级模式，也是最佳模式。它是世界各国经济运行中实践探索和理论突破的目标，也是真正成熟的市场经济所应体现的目标模式。

综上可见，"政府有为"是指：①能对非经营性资源有效调配并制定配套政策，促使社会和谐稳定，提升和优化经济发展环境；②能对可经营性资源有效调配并制定配套政策，促使市场公开、公平、公正，有效提高社会整体生产效率；③能对准经营性资源有效调配并参与竞争，推动城市建设和经济社会全面可持续发展。政府有为，是对上述三类资源功能作用系统的有为，是对资源调配、政策配套、目标实现三者合一的有为。"有为政府"的标准有三个：标准一，尊重市场规律，遵循市场规则；标准二，维护经济秩序，稳定经济发展；标准三，有效调配资源，参与区域竞争。"市场有效"是指：①市场基本功能（包括市场要素体系和市场组织体系）健全；②市场基本秩序（包括市场法制体系和市场监管体系）健全；③市场环境基础（包括市场环境体系和市场基础设施）健全。市场有效，是对现代市场体系六大功能整体发挥作用的表现，是对生产竞争、市场公平、营商有序三者合一的反映。"有效市场"的标准有三个：标准一，市场充分竞争；标准二，法制监管有序；标准三，社会信用健全。

现实中，世界各国的有为政府至少需要具备三个条件：①与时俱进。这里主要强调的是政府有为亟须"跑赢"新科技。科技发展日新月异，其衍生出来的新业态、新产业、新资源、新工具将对原有的政府管理系统产生冲击。新科技带来了生产生活的新需求和高效率，同时也带来了政府治理应接不暇的问题。因此，政府如果要在产业发展、城市建设、社会民生三大职能中，或在非经营性资源、可经营性资源、准经营性资源等三类资源调配中有所作为，其理念、政策、措施应与时俱进。②全方位竞争。即有为政府需要超前引领，运用理念创新、制度创新、组织创新和技术创新等，在社会民生事业（完善优化公共产品配置，有效提升经济发展环境）、产业发展过程（引领、扶持、调节、监管市场主体，有效提升生产效率）和城市建设发展（遵循市场规则，参与项目建设）中，必须全要素、全过程、全方位、系统性地参与竞争。它以商品生产企业竞争为基础，但不仅仅局限于传统概念层面上的商品生产竞争，而是涵盖实现一国经济社会全面可持续发展的目标规划、政策措施、方法路径和最终成果的全过程。③政务公开。包括决策公开、执行公开、管理公开、服务公开、结果公开和重点事项（领域）信息公开等。政务公开透明有利于推动和发挥社会各方的知情权、参与权、表达权和监督权，优化与提升产业发展、城市建设、社会民生等重要领域的资源调配效果。透明、法制、创新、服务型和廉洁型的有为政府将有利于激发市场活力和社会创造力，造福各国，造福人类。

至此，可以说，政府和市场的关系堪称经济学上的"哥德巴赫猜想"。而有为政府和有效市场的有机结合造就了中国改革开放40多年来在产业发展、城市建设、社会民生方面的巨大成效，中国经济改革开放的成功，以及在实践中摸索出来的中国特色现代市场经济具有纵横体系、成熟有为政府需要超前引领、市场竞争存在双重主体、区域竞争呈现三大定律、成熟市场经济是有为政府与有效市场相融合的经济等有关理论，不仅为中国特色社会主义市场经济探索了方向，也为世界各国有效解决政府与市场关系的难题提供了借鉴。

自2019年以来，北京大学、复旦大学、中山大学等十多所高校先后开设了"中观经济学"课程。中山大学等高校已在理论经济学一级学科下设置"中观经济学"作为二级学科，形成相对独立的专业，划分和确定研究方向，招收硕博研究生，建设相关且独特的必修课程体系，从学科体系建设层面系统阐释和研教中观经济学原理。此外，中山大学还专门设立了中观经济学研究院。"中观经济学"系列教材的出版，必将进一步推动并完善该学科的建设和发展。

中山大学对此套教材的出版高度重视，中山大学中观经济学研究院组织编写，成立了以陈云贤为主编，李善民、徐现祥、鲁晓东为副主编的"中观经济学"系列教材编委会。本系列教材共10本。10本教材的撰写分工如下：陈云贤、王顺龙负责《资源生成理论》，陈云贤、顾浩东负责《区域三类资源》，刘楼负责《产业经济概说》，陈思含负责《城市经济概说》，顾文静负责《民生经济概说》，徐雷负责《竞争优势理论》，徐现祥、王贤彬负责《政府超前引领》，李粤麟负责《市场双重主体》，才国伟负责《有为政府与有效市场》，李建平负责《经济增长新引擎》。陈云贤负责系列教材的总体框架设计、书目定编排序、内容编纂定稿等工作。

"中观经济学"系列教材是中山大学21世纪经济学科重点教材，是中山大学文科重点建设成果之一。它作为一套面向高年级本科生和研究生的系列教科书，力求在主流经济学体系下围绕"中观经济学"的创设与发展，在研究起点——资源生成理论、研究细分——区域三类资源（产业经济概说、城市经济概说、民生经济概说）的基础上，探索区域政府竞争、政府超前引领、市场双重主体、有为政府与有效市场相融合的成熟市场经济以及经济增长新引擎等理论,以破解世界各国理论与实践中难以解答的关于"政府与市场"关系的难题。本系列教材参阅、借鉴了国内外大量专著、论文和相关资料,谨此特向有关作者表示诚挚的谢意。

祝愿"中观经济学"系列教材的出版以及"中观经济学"学科建设与理论的发展,既立足中国,又走向世界!

2022 年 3 月

目　录

序言 …………………………………………………………………… 1

第一章　企业是微观经济资源调配的主体 ………………………… 1
　第一节　企业竞争是市场经济的作用表现 ………………………… 1
　第二节　企业竞争在市场规则的作用下进行 ……………………… 9
　第三节　企业竞争是市场经济发展的源动力 ……………………… 19
　本章小结 …………………………………………………………… 31
　思考讨论题 ………………………………………………………… 32

第二章　区域政府是中观经济资源调配的主体 …………………… 33
　第一节　区域政府的双重属性 ……………………………………… 33
　第二节　区域政府存在"三类九要素"竞争 ……………………… 44
　第三节　区域政府对中观经济资源进行调配 ……………………… 59
　本章小结 …………………………………………………………… 74
　思考讨论题 ………………………………………………………… 75

第三章　企业和区域政府遵循现代市场经济规则活动 …………… 77
　第一节　现代市场经济横向体系和纵向体系 ……………………… 79
　第二节　有效市场和有为政府 ……………………………………… 91
　第三节　企业和区域政府是现代市场经济的双重竞争主体 ……… 98
　本章小结 …………………………………………………………… 114
　思考讨论题 ………………………………………………………… 115

第四章　企业竞争和区域政府竞争同样呈现三大定律 …………… 117
　第一节　二八效应集聚律 …………………………………………… 119

第二节　梯度变格均衡律 …………………………………… 132
　　第三节　竞争合作协同律 …………………………………… 146
　　第四节　共同富裕 …………………………………………… 153
　　本章小结 ……………………………………………………… 173
　　思考讨论题 …………………………………………………… 175

第五章　企业竞争与区域政府竞争构成现代市场经济双重驱动力 …… 176
　　第一节　微观经济在资源稀缺条件下优化资源配置 ……… 176
　　第二节　中观经济在资源生成基础上优化资源配置 ……… 180
　　第三节　市场双重主体驱动一国经济可持续发展 ………… 191
　　本章小结 ……………………………………………………… 217
　　思考讨论题 …………………………………………………… 219

第六章　重点问题梳理 …………………………………………… 220
　　第一节　概念性问题 ………………………………………… 220
　　第二节　应用性问题 ………………………………………… 228

第七章　未来发展方向 …………………………………………… 238
　　第一节　方法论 ……………………………………………… 238
　　第二节　重点研究方向 ……………………………………… 239

参考文献 …………………………………………………………… 242

后记 ………………………………………………………………… 255

序　言

中观经济学的理论体系来源于中国改革开放的伟大实践，是对实践的一种理论升华。它一方面对现实的经济现象进行了归纳总结，另一方面为后续的经济活动提供了理论指导。

本书探讨的是中观经济学的核心理论——市场双重主体论，即从市场竞争主体的角度出发，重新审视市场、企业与政府的关系。中观经济学从资源的分类出发，将资源分为可经营性资源、准经营性资源和非经营性资源三类。其中，将准经营性资源从原有经济学体系资源的模糊分类中单列出来，明确了区域政府存在"准宏观"和"准微观"的双重属性。而区域政府的"准微观"属性则决定了区域政府之间存在竞争。从市场的角度来看，市场机制不仅作用于可经营性资源领域，还作用于准经营性资源领域，企业在可经营性资源领域参与竞争，区域政府在准经营性资源领域参与竞争，因此，市场存在双重竞争主体。

企业和区域政府都是市场的竞争主体，但二者之间不存在竞争，而是互补的关系。二者都是在市场机制的作用下参与竞争，其竞争都应符合市场规律。企业竞争和区域政府竞争在竞争的目标函数、达成目标的手段、实现目标的路径、投融资机制、价格决定机制、竞争导向、竞争领域、竞争角色、管理模式九个方面有所不同。其中，最根本的是二者的竞争领域不同，二者之间不可能存在竞争。但是二者具有互补性，即企业竞争是区域政府竞争的基础，区域政府竞争会反作用于企业竞争。

本书的内容安排如下：第一章对企业这一类竞争主体经济行为进行回顾；第二章从资源生成的角度重新审视区域政府的属性和经济行为；第三章从市场的角度出发，重新回答市场、企业与区域政府的关系；第四章站在市场双重主体的角度，对现实的经济规律进行总结；第五章探讨企业和区域政府作为双重竞争主体如何驱动经济发展的问题；第六章对一些重点问题进行了归纳和总结；第七章提出了未来可能的研究方向。其中，第二

章、第三章及第五章是本书的核心章节。

本书的重点主要有五个：一是区域政府具有"准宏观"和"准微观"双重属性；二是区域政府在准经营性资源领域参与竞争；三是市场存在企业和区域政府双重竞争主体；四是区域政府在现代市场经济中既是"守夜人"和调控者，同时也是现代市场经济的维护者和参与者；五是企业竞争与区域政府竞争构成现代市场经济双重驱动力。

本书的难点在于将中观经济学提出的理论概念与现有的概念区别开来。例如，当提到区域政府参与竞争时，多数人想到的是行政干预造成的不公平竞争，从而造成了资源配置扭曲。但是，本书明确提出区域政府仅在准经营性资源领域参与竞争，与企业之间不存在竞争。因此，本书提到的区域政府竞争，是指区域政府在准经营性资源领域遵循市场规则参与竞争。

本书适用于高等院校经济学、管理学等相关专业的师生以及对政府经济行为感兴趣的人士和有关研究者。本书对市场双重主体理论的介绍主要以概念、论证、案例为主，对其中几个核心议题尝试通过西方经济学理论模型体系进行解读。同时，本书在竞争中性、区域政府的双重属性、三大规律等方面进行了较深入的讨论和分析，可以为读者提供一个思考的角度，进而在此基础上开展更深入的研究。

李粤麟

2022 年 2 月

第一章 企业是微观经济资源调配的主体

企业是微观经济资源调配的主体。微观经济学作为现行经济学教育最重要的课程之一，是经济学研究的基础。以 Andreu Mas-Colell、Michael D. Whinston 和 Jerry R. Green 三位学者编写的《微观经济理论》（*Microeconomic Theory*）一书为例，其第一部分的个人决策主要介绍了需求侧的消费者需求理论和供给侧的生产者行为，这就基本刻画出了市场经济的简约画像。微观经济学需要回答的核心问题就是资源如何配置："生产什么产品？生产多少产品？怎样生产产品？为谁生产产品？"[①] 消费者的需求理论决定生产什么产品，企业厂商的供给理论决定怎样生产产品，供需关系共同决定生产多少产品和为谁生产产品。在消费者需求无限的前提下，企业实际就成为微观经济资源调配的主体，在市场经济中决定生产产品的数量、生产产品的方式和生产产品的分配。

企业作为微观经济资源调配主体，与市场经济的关系为：企业竞争不仅来源于市场经济——企业竞争是市场经济的作用表现，而且会反作用于市场经济——企业竞争是市场经济发展的源动力，并且企业竞争必须符合市场经济规律，在市场规则的作用下进行。

第一节 企业竞争是市场经济的作用表现

企业竞争是市场经济的作用表现。市场经济的主要作用是，在资源有限的前提下让资源得到有效配置，也就是在资源有限的条件下生产出更多的产品。企业竞争机制的经济作用有三——资源配置、发展动力和利益分配，其中最核心的是资源配置。企业通过竞争，包括成本竞争、价格竞

---

① 高鸿业：《西方经济学（微观部分）》（第六版），中国人民大学出版社2015年版，第3页。

争、质量竞争等方式,使生产资料流向效率最高的企业,从而达到资源的最优配置,体现市场经济的作用。

一、市场经济概述

市场经济是在商品生产和商品交换的基础上发展起来的。人类历史上的商品交换由早期的物物交换发展到后来的等价物交换,并随着货币的出现,商品交换达到了较高的发展程度,但是由于封建制度的阻碍,这种发达的商品交换并没有顺利地发展成为市场经济。随着封建社会的瓦解、资本主义社会的兴起,市场经济制度才开始建立起来,其中私人产权制度是市场经济形成的最根本制度。市场经济的形成实现了市场对资源的有效配置和自由竞争,但同时,自由竞争导致了"二八定律",使得资本集中形成垄断,阻碍了市场对资源的有效配置,因此,现阶段的市场经济并不是纯自由的市场经济,而更多的是强调"有效市场"与"有为政府"的结合。

什么是市场经济?Pindyck 和 Rubinfeld 在《微观经济学》(*Microeconomics*)一书中对市场的定义为:"市场是买方和卖方的集合体,他们一起决定某种商品的价格。"[1] 市场经济是通过市场这只"无形的手"配置资源的经济形式,或者说是以市场机制为基础资源配置手段的经济形式[2],典型代表就是美国的"自由主义市场经济";而与之相对应的是计划经济,即通过政府这只"有形的手"配置资源的经济形式,典型代表就是苏联的计划经济。实际上,现实中几乎不存在完全的市场经济或者完全的计划经济,而更多的是市场经济与计划经济相结合,即市场配置资源的同时也会有政府的干预,例如,法国的"计划协调的市场经济"、德国的"社会市场经济"和日本的"社团市场经济"。与此同时,社会制度与经济制度是决定一个国家发展最重要的两个制度,西方主流经济学有一类学者(例如 Paul A. Samuelson)将社会主义制度简单地与计划经济体制相对应,将资本主义制度简单地与市场经济体制相对应,从而将社会主义制度与市场经

---

[1] Pindyck R S, Rubinfeld D L, *Microeconomics*, Upper Saddle River, NJ: Pearson Education, 2014, p.5.
[2] 吴敬琏:《市场经济的培育和运作》,中国发展出版社 1993 年版,第 77 页。

济体制尖锐地对立起来①；也有一类学者（例如 Klas Eklund）认为，市场经济与计划经济并不是社会制度的充要条件，也就是说，计划经济不只属于社会主义，也可以存在于资本主义；市场经济不只属于资本主义，也可以存在于社会主义。尤其是中国特色社会主义市场经济理论体系将社会主义作为一种社会制度，而将市场经济作为一种资源配置机制，不仅可以发挥市场经济对资源有效配置的优势［雷钦礼（2017）研究表明，改革开放前后经济制度的改变使得我国资源配置效率得到有效提升］，还可以发挥社会主义制度能够集中力量办大事的优势（无论是地震还是洪涝灾害等突发事件的发生，我国都以人为本作为宗旨，集中社会各方力量，快速有效地处理突发事件，体现了社会主义制度的优越性），是典型的市场经济与社会主义制度相结合的成功案例。

市场经济的运行机制是什么？市场经济的运行机制主要是依靠"看不见的手"（价格、供求和竞争）自发地调节配置资源。具体而言，就是卖方和买方通过竞争反映其供求关系，而供求关系决定了市场的均衡价格。也就是说，市场的均衡价格实质上反映的是卖方和买方的竞争力，通过价格最后实现了资源的合理配置。市场经济的运行机制是微观经济学的基础，这里不再赘述。

市场经济的作用主要有四点：合理有效地配置资源、自动调节供求关系、传递经济信息、优胜劣汰。实质上市场经济的根本作用就是合理有效地配置资源，其他三个作用——自动调节供求关系、传递经济信息、优胜劣汰——都是为合理有效地配置资源而服务的。供求关系反映了卖方和买方各自的竞争力，市场经济的作用就是让买卖双方达到均衡，也就是实现资源的有效配置，因此，供求关系的自动调节实质上就是实现资源的有效配置的过程。在资源配置的过程中，价格可以传递供求关系和买卖双方的竞争力等市场信息。而最后资源的有效配置则使得资源流入竞争力更强的部门，竞争力更弱的部门或企业最终只能被市场经济淘汰。

市场结构主要有四类：完全竞争市场、完全垄断市场、垄断竞争市场和寡头垄断市场。对市场结构的划分主要根据企业的数量、企业生产产品的差异度和准入难易程度。其中，完全竞争市场是指有众多的企业生产同

---

① 胡家勇：《试论社会主义市场经济理论的创新和发展》，载《经济研究》2016 年第 7 期，第 4～12 页。

质产品，在市场信息完全和要素自由流动的前提下，在市场中进行买卖，几乎没有准入门槛。例如，食品、饮料、生鲜和日用品等产品基本属于完全竞争市场，但又不完全属于完全竞争市场。完全垄断市场是与完全竞争市场相对的一类市场结构：仅有一个企业提供产品，且不能由其他产品替代，准入门槛最高，其他企业无法进入。例如，高新技术产品在刚投入使用时就会形成完全垄断市场。垄断竞争市场是指虽然有众多企业生产同类产品，但是产品之间有差距，具有一定的准入门槛，并且其他企业可以自由进入。现实中大多数产品都属于垄断竞争市场，因为即使都是同类商品，但是不同产品会在包装、口味、外形等方面有所差别。寡头垄断市场仅有几个生产企业，而且准入门槛很高，其他企业难以进入。例如，手机厂商就是典型的寡头垄断市场。总体而言，完全竞争市场是最理想的市场经济结构，可以最有效地实现资源的配置。而完全垄断市场、垄断竞争市场和寡头垄断市场，尤其是完全垄断市场和寡头垄断市场因为企业拥有市场势力，会造成价格的扭曲，并不能实现资源的有效配置，所以会存在市场失灵的问题。

二、企业竞争力

企业作为市场经济最基本的组织形式，在市场经济的作用下形成企业竞争力，进而发展成为企业竞争优势，实现优胜劣汰和资源的有效配置，体现了市场经济的作用。

企业的竞争力或者竞争优势主要体现在企业获得超出同行业平均的优势能力，即获得超额利润的能力，主要通过低成本和差异化两个途径来获得。[①] 然而，降低成本和实现差异化的方式并不单一，例如，规模的扩大、技术的提高、管理效率的提高、设备的优化等都可以帮助企业降低成本；品牌的设计、产品的差异化、服务的差异化等都可以实现企业的差异化。因此，企业竞争力的实质是企业的综合能力。张进财和左小德（2013）从企业发展内部和外部的关联性出发，提出了一个企业竞争力的评价指标体系，如表1-1所示。企业内部竞争力主要包括要素和能力两方面，涉及企业运行所需的资本、设备、规模、人力资源、科技创新实力、制度、企业文化，以及企业盈利能力、经营管理能力、营销能力、资产营运能力、

---

① 齐捧虎：《企业竞争优势论》，中国财政经济出版社2005年版，第7页。

财务能力等方面；企业外部竞争力主要涉及企业运行所处的宏观环境、产业政策、产品市场、社会效益和国际化水平等方面。

表1-1　企业竞争力评价指标体系（管理学角度）

	表现要素	指标
内部	资本	国际融资规模和投资水平
	设备	生产设备新度系数和生产设备利用系数
	规模	职工、资产和固定资产投资总额
要素	人力资源	全员劳动生产率、利润率和员工平均受教育程度
	科技创新实力	科技开发经费占销售额比重、科技开发人员占比、新产品投产率、新产品产值率、技术进步项目收益率
	制度	现代企业制度的建立程度和现代企业制度运作效果
	企业文化	企业凝聚力、企业文化的先进性与国际性
能力	企业盈利能力	资金利税率、资本利润率、资本周转率、利润增长率
	经营管理能力	企业家综合素质和应用经济信息总量指标
	营销能力	品牌价值、品牌知名度和国际化的广告与包装
	资产营运能力	应收账款周转率、积压商品物资比率、固定资产闲置率、流动比率、速动比率、资本保值增值率
	财务能力	资产负债率、长期负债率和现金净流量比率
外部	宏观环境	政府经济政策和社会法制健全度
	产业政策	所属产业竞争力
	产品市场	产品销售获利率、市场占有率、产品合格率、数量指标与国际认证情况、产品的专利性或独特性
	社会效益	社会贡献率、环境保护指数、合同覆盖率、贷款履约率
	国际化水平	企业境外公司数、境外公司职工比率、境外利润占总利润比率

表1-1从企业发展内部和外部的关联性的角度所构建的企业竞争力评价指标体系，符合管理学对企业竞争力和战略规划的研究。来自麦肯锡（McKinsey）咨询公司的态势分析（SWOT分析），被广泛应用在战略规划和竞争情报等公司管理方面，如图1-1所示。S是企业的优势（strengths），

W是企业的劣势（weaknesses），O是企业的机会（opportunities），T是企业的威胁（threats），其中，企业的优势和劣势是内部因素，企业的机会和威胁是外部因素。企业内部优劣势的分析需要从整个价值链的角度与竞争对手进行比较和分析，如表1-1中要素和能力两类指标衡量的就是企业的内部优势和劣势。企业外部的机会和威胁反映的是企业所处的环境，对此通常使用PEST分析和波特五力分析两种分析方法。其中，PEST分析方法主要考虑了政治环境、经济环境、社会环境和技术环境四个方面；而波特五力分析方法则通过对供应商的议价能力、购买者的议价能力、潜在竞争者进入的能力、替代品的替代能力、行业内竞争者现在的竞争能力五个方面的衡量，来分析行业环境。表1-1构建的外部性指标与之对应，包括了衡量政治环境、经济环境、社会环境、技术环境以及行业环境的指标。

	有利	无利
内部	优势（S）	劣势（W）
外部	机会（O）	威胁（T）

图1-1 SWOT分析

从经济学的角度和企业的生产流程来看，企业竞争的具体表现可以概括为三个方面：产品端、投入端和管理技术端。产品端主要包括产品质量竞争、产品包装竞争、营销能力竞争、品牌竞争、价格竞争等，例如产品质量和产品国际化水平两个二级指标。产品端竞争的目的，一是将产品由库存转为商品，送到消费者手中，将产品的使用价值变为价值；二是扩大市场影响力，提高市场占比，从而形成规模效应，降低成本。投入端主要包括人才竞争、资金来源竞争、原材料竞争、设备竞争等，例如资本、设备、劳动力等要素类二级指标。投入端竞争主要是为了在企业竞争之始，保证企业的生产能够顺利、持续地进行。管理技术端主要包括管理能力效率竞争、技术水平竞争、信息化水平竞争等，例如企业制度、经营管理能力等能力类二级指标。管理技术端竞争主要是为了提高生产效率，使企业生产产品的成本低于市场的平均水平,从而获得超额利润,以此来实现利润的最大化。综上所述,我们可以建立包括企业生产流程全周期产品端、投入端和管理技术端三个方面的指标体系,表1-1的评价指标体系则可以被重新整理成如表1-2所示。

表1-2 企业竞争力评价指标体系(经济学角度)

一级指标	二级指标	评估内容
产品端	产品营销能力	品牌价值、品牌知名度和国际化的广告与包装
	产品质量	产品合格率、数量指标和国际认证情况
	产品差异性	产品专利性和独特性
	市场占比	产品市场占有率
	产品国际化水平	境外产品销售规模占比
投入端	资本	资产总额、投资水平、速动比率、流动比率、资产负债率
	设备	生产设备新度系数和生产设备利用系数
	劳动力	职工总数、平均受教育程度
	企业文化	企业凝聚力、企业文化的先进性与国际性
	要素国际化水平	境外职工占比、国际融资规模
管理技术端	企业制度	现代企业制度的建立程度和现代企业制度运作效果
	经营管理能力	企业家综合素质、应用经济信息总量指标
	科技研发投入	科技开发经费占销售额比重、科技开发人员占比
	技术产出水平	新产品投产率、新产品产值率、技术进步项目收益率
	投入要素产出率	全员劳动生产率、资本利润率、资本周转率
	管理国际化水平	公司国际化交流程度
	企业信用水平	公司合同履约率、贷款履约率

产品端的竞争是面向需求的竞争,产品的质量竞争、包装竞争、品牌竞争等决定了产品的差异化程度,因此,产品端的竞争优势主要体现在对需求侧的吸引程度。最典型的例子就是智能手机企业的产品端竞争:以华为、三星、苹果这三个智能手机企业为例,每个企业都创造了自己的企业文化和品牌,三个智能手机厂商在产品质量和功能上也都有所差异,从而

使得三个企业都抓住了自己的消费者。在不考虑国际政府干预的情况下，需求侧的消费者都是根据自己效用的最大化来选择购买的产品及其种类的，其实质是通过市场机制决定了产品的分配，因此，我们说产品端的竞争是相对公平的竞争。

投入端的竞争是面向要素市场的竞争，最容易出现竞争的非中性。企业通过投入资金购买设备、办公用地、原材料，以及雇用劳动力进行企业的生产活动，因此，资金的持续性在投入端决定了企业的生存。但是，资金的获得在国有企业与私营企业、大企业与中小微企业之间存在着巨大的差距。例如，国有企业相较私营企业有政府的隐形担保，因此相对容易获得贷款；而大企业相较于中小微企业有更多的抵押物，因此也相对容易获得贷款，以保障资金的流动性。

管理技术端的竞争是企业最有活力的竞争，体现在企业生产价值链的方方面面，其不仅可以从提高效率的角度降低产品成本，形成企业竞争力，还可以从生产差异化产品的角度形成差异化的企业竞争力。

三、小结

本小节主要介绍了企业竞争是市场经济的作用表现。企业作为市场经济最基本的组织形式，在市场经济的作用下形成企业竞争力，进而发展为企业竞争优势，以实现优胜劣汰和资源的有效配置，从而体现了市场经济的作用。

本节首先对微观经济学的市场经济进行了概述，包括其概念、发展历程、市场机制和作用。市场经济主要依靠价格、供求和竞争来调节供求关系，传递市场信息，实现资源的有效配置和优胜劣汰。市场经济对资源的配置作用已得到广泛的认可，它不仅是资本主义国家的经济形式，也可以是社会主义国家的经济形式。

其次，本节详细介绍了企业竞争力。企业竞争力体现的是企业获得利润的水平，其实现途径主要是低成本和差异化，衡量的是企业竞争的综合能力。从经济学的角度和企业的生产流程来看，企业竞争力评价的指标可以被概括为以下三个方面：产品端、投入端和管理技术端。产品端的竞争是相对公平的竞争，投入端的竞争最容易出现竞争的非中性，管理技术端的竞争则是企业最具活力的竞争。

企业在市场经济中通过竞争不断形成竞争力的同时，也在不断推动市场经济的进一步发展，本章第三节将对此做详细介绍。

第二节 企业竞争在市场规则的作用下进行

市场经济条件下，企业竞争只有在市场机制的作用下进行才能实现市场对资源的有效配置。市场机制包括价格机制、供求机制和竞争机制，通过"看不见的手"自发调节资源配置。也就是说，企业竞争符合竞争机制，通过市场的供求决定价格和产量，从而决定微观经济资源的配置，实现优胜劣汰。企业竞争主要集中在微观经济领域的产业经济，属于微观经济学研究中的供给侧。

企业竞争的实质是企业通过价格机制、供求机制和竞争机制达到资源配置的最优化。一方面，企业竞争虽然在市场规则的作用下进行，但是不同类型的企业并不总是把利润最大化作为首要目标。例如，金融类企业和非金融企业的首要目标就有所不同，银行等金融机构的首要目标是安全。另一方面，根据市场结构的不同，企业竞争的最优化问题也有所差异。

现实中，企业的竞争不都总是遵循市场规则的。遵循市场规则的企业竞争称为有序竞争或者正当竞争，违反市场规则的企业竞争则称为无序竞争或者不正当竞争。实现有序竞争需要政府的积极作用和市场的不断完善。

一、企业竞争的最优化问题

企业竞争追求利润的最大化被微观经济学研究普遍接受，也是研究市场机制作用下的供给侧的重要方法。但是，企业竞争的首要目标并不总是利润的最大化。在实际中，企业根据自身性质的不同，追求的首要目标也存在差异。例如，非营利性企业的存在不是为了追求利润的最大化，而是为了实现社会效益；商业银行追求的首要目标是安全，其次是流通性，最后才是营利性。非营利性企业是指不能分配剩余利润以及不能发行可转换或不可转换剩余索取权的机构[①]，常见于教育、公共医疗卫生服务或以追

---

① ［英］马丁·利克特著：《企业经济学：企业理论与经济组织导论》，范黎波、宋志红译，人民出版社2006版，第326页。

求慈善为目标的行业。根据收入来源的不同，非营利性企业可分为商业性非营利企业和捐赠性非营利企业：商业性非营利企业的收入来源于销售产品或提供服务；捐赠性非营利企业的收入来源于接受补贴，这种补贴可能是私人的捐赠，也可能是政府的补贴。对此，案例 1-1 以非营利性企业——俱乐部为例做了相关的说明。需要注意的是，非营利性企业与国有化企业本质上是不一致的，不能将二者混淆。另外，商业银行这类金融企业，相较于非金融企业而言，经济利润不是其首要目的。《中华人民共和国商业银行法》第四条规定"商业银行以安全性、流动性、效益性为经营原则，实行自主经营，自担风险，自负盈亏，自我约束。商业银行依法开展业务，不受任何单位和个人的干涉。商业银行以其全部法人财产独立承担民事责任"。尽管如此，利润最大化仍然是企业追求的重要目标，也是研究企业竞争的重要方法。据此，下文主要从利润最大化的角度来分析企业竞争的最优化问题。

【案例 1-1】
非营利性企业——俱乐部

俱乐部成立的目的是向其成员提供集体产品。下面将介绍这类非营利性企业如何确定服务的水平和俱乐部的规模。在给定俱乐部规模的情况下，如果俱乐部成员的偏好和收入水平相近，那么可以平摊购买公共集体消费品所耗费的资金，从而使得俱乐部的服务水平得到提升，直至边际收益等于边际费用。在给定俱乐部服务水平情况下，俱乐部的规模会有一定的限制。例如，当俱乐部规模过小时，可以通过新增俱乐部成员，与大家分摊成本，提高效用水平；当俱乐部规模过大时，俱乐部的集体消费品便无法承载过多的成员，虽然分摊了成本，但是降低了成员的效用水平。因此，每一种服务水平都对应着一定的俱乐部规模。如图 1-2 所示，AA' 为给定俱乐部规模的情况下，对应的最优服务水平；BB' 为给定服务水平的情况下，对应的最优俱乐部规模。二者共同决定了俱乐部的服务水平 A^* 和俱乐部的规模 B^*。

（资料来源：[英] 马丁·利克特著，范黎波、宋志红译《企业经济学：企业理论与经济组织导论》，人民出版社 2006 版，第 338~339 页。）

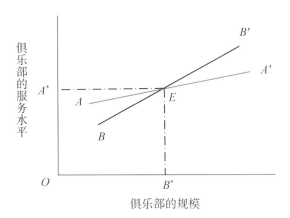

图1-2 俱乐部的最优化规模与服务水平分析

从经济学投入产出的焦点来看,企业的利润函数如下:

$$\pi = P \cdot f(x_1, x_2, \cdots, x_N) - \sum_{i=1}^{N} w_i x_i - C \qquad (1-1)$$

其中,P 为生产产品的价格,$f(x_1, x_2, \cdots, x_N)$ 为企业的生产函数,x_i ($i=1, 2, \cdots, N$) 为企业生产的投入要素,w_i ($i=1, 2, \cdots, N$) 为对应生产要素的价格,C 为企业生产的固定成本。

但是对于金融企业来说,收益具有很大的不确定性,因此,金融企业的利润函数是期望收益:

$$\pi = E_{t_0}[P \cdot f(x_1, x_2, \cdots, x_N)] - \sum_{i=1}^{N} w_i x_i - C \qquad (1-2)$$

将企业竞争的目标函数——企业利润函数——与企业在投入端、管理技术端和产品端三个方面的竞争结合起来,可以看出企业利润的最大化主要取决于企业在这三个方面的竞争力。一是在完全竞争的情况下,价格水平保持不变,在投入要素足够充足的前提下,增加产量 $f(x_1, x_2, \cdots, x_N)$ 将提高利润水平,这就需要产品端竞争(需求决定供给),不断扩大市场,增加消费者受众。二是在产量一定的情况下,需要保持要素 $x_i(i=1,2,\cdots,N)$ 的持续投入,这就需要投入端竞争。三是在投入一定的情况下,提高技术水平将提高生产的效率,获得更多的产量和利润,这就需要管理技术端竞争,具体表现在利润函数 π 和生产函数 $f(x_1, x_2, \cdots, x_N)$ 的优化,即在给定生产投入的情况下,可以产出更多的产品。

二、竞争与垄断

根据市场经济结构的分类,企业竞争又分为完全竞争、完全垄断、垄断竞争与寡头垄断四种类型。完全竞争情况下的企业竞争最优化问题,是在给定价格的情况下,考虑边际成本等于商品价格,如图1-3所示,均衡点为点 E,均衡产量为 Q^*,均衡价格为 P^*。现实中,企业竞争更常见的是垄断竞争,即同类产品之间存在差距,但基本符合完全竞争市场的资源配置规则。完全垄断情况下与完全竞争情况下的企业竞争最优化问题的区别主要在于企业是否具有定价能力。企业在竞争的过程中都在追求获得竞争力和竞争优势,当竞争力和竞争优势积累到一定程度,就能够限制其他企业自由进入,进而转化成为垄断力和定价力,这时对于企业来说,产品的价格不是给定的,而是根据自身利润的最大化来决定的。如图1-3所示,由边际成本 MC 和边际收益 MR 共同决定了均衡产量 Q',此时的均衡价格为 P'。当最优价格高于完全竞争市场的均衡价格时,产出低于完全竞争市场的均衡产出,因此,垄断企业获得了 $AA'P^*P'$ 的超额利润,但是社会效益损失了 ABE。可见,垄断市场并没有达到帕累托有效,这将导致市场的失灵。

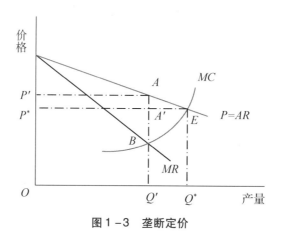

图1-3 垄断定价

寡头垄断属于竞争与合作并存的市场结构,是指某行业中仅有几家企业生产同种产品。因为寡头企业之间也存在竞争,所以这种垄断势力要弱于完全垄断。但是,寡头企业之间存在竞争的同时,也可以选择合作,从而形成完全垄断的市场结构,以获取更多的利润。

实际上,垄断势力的形成并不总是来自企业竞争力,还可能来自政府的干预。由企业竞争力构成的垄断势力称为自然垄断,而由政府干预形成的垄断势力称为行政垄断。一方面,自然垄断的形成主要是企业竞争势力达到一定程度,造成了企业进入壁垒,限制企业的进入,从而形成一家独大的局面。这常见于高新技术企业,即企业研发获得了专利,技术上的壁垒很难突破,因此形成垄断势力,最典型的例子就是微软公司。另一方面,行政垄断的形成并不是由市场机制决定的,而是政府及其所属部门通过行政权力干预市场,限制竞争行为,导致垄断势力的形成。

需要指出的是,自然垄断虽然是市场机制的必然结果,但也可能造成对市场经济的干预;行政垄断虽然是政府干预的结果,但也可能有益于市场经济的发展。一方面,自然垄断是在市场机制下形成的垄断势力,是企业竞争力的进一步体现,但是企业很可能在形成垄断势力后,通过垄断势力不正当地限制其他企业的进入,详见案例1-2中的"自然垄断"部分。另一方面,行政垄断的形成,一部分是由于政府对国家安全考虑的战略性干预,例如军工企业等;一部分则是由于政府工作人员滥用职权对市场进行干预,造成了不正当的竞争,详见案例1-2中的"行政垄断"部分。

【案例1-2】

自然垄断——微软公司

微软成立于1975年,由比尔·盖茨与保罗·艾伦共同创办,是一家位于美国的跨国科技企业,是世界PC(Personal Computer,个人计算机)软件开发的先导。其推出的MS-DOS操作系统被应用到全球80%的个人电脑上。微软依据其操作系统在全球范围的垄断地位,阻止了其他软件供应商进入市场,并将其开发的IE浏览器与Windws系统捆绑,阻止了其他软件供应商对浏览器的开发,从而侵害了消费者权利。由于微软在垄断势力下做出了限制竞争的垄断行为,而不是垄断技术的壁垒阻碍了企业的进入,这破坏了市场公平竞争的法则,因此违反了美国的《反垄断法》,受到了韩国、欧盟、日本等国家和地区的反垄断制裁。

自然垄断——阿里巴巴"二选一"垄断行为

2020年12月,市场监管总局依据《中华人民共和国反垄断法》对阿

里巴巴集团控股有限公司（以下简称"阿里巴巴集团"）在中国境内网络零售平台服务市场滥用市场支配地位的行为立案调查。

市场监管总局成立专案组，在扎实开展前期工作的基础上，对阿里巴巴集团进行现场检查，调查询问相关人员，查阅复制有关文件资料，获取大量证据材料；对其他竞争性平台和平台内商家广泛开展调查取证；对本案证据材料进行深入核查和大数据分析；组织专家反复深入开展案件分析论证；多次听取阿里巴巴集团陈述意见，保障其合法权利。本案事实清楚、证据确凿、定性准确、处理恰当、手续完备、程序合法。

经查证，阿里巴巴集团在我国境内网络零售平台服务市场具有支配地位。自2015年以来，阿里巴巴集团滥用该市场支配地位，对平台内商家提出"二选一"要求，禁止平台内商家在其他竞争性平台开店或参加促销活动，并借助市场力量、平台规则和数据、算法等技术手段，采取多种奖惩措施保障"二选一"要求的执行，维持、增强自身市场力量，获取不正当竞争优势。

调查表明，阿里巴巴集团实施"二选一"行为排除、限制了我国境内网络零售平台服务市场的竞争，妨碍了商品服务和资源要素自由流通，影响了平台经济创新发展，侵害了平台内商家的合法权益，损害了消费者利益，构成《中华人民共和国反垄断法》第十七条第一款第（四）项所禁止的"没有正当理由，限定交易相对人只能与其进行交易"的滥用市场支配地位行为。

根据《中华人民共和国反垄断法》第四十七条、第四十九条规定，综合考虑阿里巴巴集团违法行为的性质、程度和持续时间等因素，2021年4月10日，市场监管总局依法作出行政处罚决定，责令阿里巴巴集团停止违法行为，并处以其2019年我国境内销售额4557.12亿元4%的罚款，计182.28亿元。同时，按照《中华人民共和国行政处罚法》坚持处罚与教育相结合的原则，向阿里巴巴集团发出《行政指导书》，要求其围绕严格落实平台企业主体责任、加强内控合规管理、维护公平竞争、保护平台内商家和消费者合法权益等方面进行全面整改，并连续三年向市场监管总局提交自查合规报告。

［资料来源：《市场监管总局依法对阿里巴巴集团控股有限公司在中国境内网络零售平台服务市场实施"二选一"垄断行为作出行政处罚》，见国家市场监督管理总局官网（http：//www.samr.gov.cn/xw/zj/202104/t20210410_327702.html）。］

行政垄断——限定或变相限定单位或者个人经营、购买、使用其指定的经营者提供的商品

2017年1月,上海市商务委发布的《上海市商务委关于开展2016年度典当行年审工作的通知》直接指定了负责年审工作的会计师事务所,该行为限制了会计师事务所在典当行年审市场的竞争,违反了《中华人民共和国反垄断法》第三十二条"行政机关和法律、法规授权的具有管理公共事务职能的组织不得滥用行政权力,限定或者变相限定单位或者个人经营、购买、使用其指定的经营者提供的商品"之规定,构成滥用行政权力,排除、限制竞争行为。

[资料来源:《市场监管总局关于发布2018年市场监管部门制止滥用行政权力排除、限制竞争行为典型案例的公告》,见国家市场监督总局官网(http://www.samr.gov.cn/fldj/tzgg/qlpc/201903/t20190313_291971.html)。]

行政垄断——制定含有排除、限制竞争内容的规定

2014年9月,晋中市住房保障和城乡建设局召开专题会议研究晋中市城区新建公共租赁住房项目建设前期准备工作有关事宜,形成《晋中市住房城乡建设局专题会议纪要》(〔2014〕33号),指定山西恒龙施工图审查有限公司负责该项目施工图设计文件审查。此外,晋中市住房保障和城乡建设局行政审批大厅在无法律法规依据的情况下,设置了施工图审查备案条件,限制了外地施工图审查机构与本地施工图审查机构的公平竞争。上述行为违反了《中华人民共和国反垄断法》第三十二条"行政机关和法律、法规授权的具有管理公共事务职能的组织不得滥用行政权力,限定或者变相限定单位或者个人经营、购买、使用其指定的经营者提供的商品"和第三十七条"行政机关不得滥用行政权力,制定含有排除、限制竞争内容的规定"之规定,构成滥用行政权力,排除、限制竞争行为。

[资料来源:《市场监管总局关于发布2018年市场监管部门制止滥用行政权力排除、限制竞争行为典型案例的公告》,见国家市场监督总局官网(http://www.samr.gov.cn/fldj/tzgg/qlpc/201903/t20190313_291971.html)。]

由此可以看出,自然垄断或者行政垄断并不完全等同于不正当竞争。下面将具体介绍不正当竞争的概念、影响及其成因。

三、有序竞争与无序竞争

有序竞争或称为正当竞争，是指企业竞争是在市场规则下进行的，是按照市场机制进行资源配置的。无序竞争或称为不正当竞争，是指经营者以及其他有关市场参与者采取违反公平、诚实信用等公认的竞争原则的手段去争取交易机会或者破坏他人的竞争优势，损害消费者和其他经营者的合法权益，扰乱社会经济秩序的行为。

根据是否拥有垄断势力，不正当竞争可以分为两类：一类是未拥有垄断势力的企业，通过违反公平、诚实信用等公认的商业道德的手段去争取交易机会或者破坏他人的竞争优势，损害消费者和其他经营者的合法权益，扰乱社会经济秩序的行为；一类是已拥有垄断势力的企业，通过自身垄断势力，采取违反公平、诚实信用等公认的商业道德的手段去争取交易机会或者破坏他人的竞争优势，损害消费者和其他经营者的合法权益，扰乱社会经济秩序的行为。

一方面，未拥有垄断势力企业的不正当竞争行为是为了获得竞争优势。《中华人民共和国反不正当竞争法》第一章第二条规定："本法所称的不正当竞争行为，是指经营者在生产经营活动中，违反本法规定，扰乱市场竞争秩序，损害其他经营者或者消费者的合法权益的行为。"这些行为主要包括误导性混淆行为、通过寻租获取竞争优势行为、虚假宣传行为、侵犯商业秘密行为、损害竞争对手商业信誉和商品声誉行为等，而且这些行为均常见于第一类未拥有垄断势力企业的不正当竞争行为。这类不正当竞争行为主要是通过非生产性行为为自己创造比较优势，容易出现"竞次"现象。另一方面，垄断企业的不正当竞争行为是指企业通过垄断势力，不作为市场价格的接受者，而是作为市场价格的制定者，制定损害其他经营者或者消费者的合法权益的规则，从而出现不正当竞争的行为。正如前文所述，垄断企业不正当竞争行为的出现不仅来自行政垄断，还会出现在自然垄断企业中。《中华人民共和国反垄断法》限制了具有垄断势力的企业通过垄断势力造成的不正当竞争行为。该法第五章"滥用行政权力排除、限制竞争"，限制了政府办公人员通过滥用职权，对竞争行为进行的不正当干预。行政垄断造成的不正当竞争行为具体可以分为以下五类：第一类，限定或变相限定单位或者个人经营、购买、使用其指定的经营者提供的商品；第二类，妨碍商品在地区间流通；第三类，排斥或限制外地经营者；第四类，强制经营者从事相关的垄断行为；第五类，制定含有排除、限制竞争内容的规定。另外，第二章"垄断协议"和第四章"经营者集中"主要防止通过合谋获得垄断势力而导致的不正当竞争行为；第三章"滥用市场支配地位"限制了自然垄断造成的不正当竞争行为。具体案例可参阅案例1-2。

不正当竞争不利于市场经济的健康发展。首先，垄断企业的不正当竞争阻碍了企业的自由进入，即垄断市场由于企业通过竞争优势在行业中形成了进入壁垒，且进一步通过排除或限制竞争的方式，阻碍拥有竞争能力的企业进入，这就属于不正当地限制了企业的自由进入。其次，不正当竞争违反了市场的机制，使得资源配置扭曲。一是违反了供求机制，不正当竞争行为阻碍了企业的自由进入或者传递了虚假信息，使得供给侧失灵，也就是供给侧实际的供给量低于市场有效水平，此时的供求并不是市场的真实水平，因此，此时的供求机制失效；二是违反了竞争机制，不正当竞争行为不仅阻碍企业的自由进入，还违反了公平竞争的原则，以及公平竞争的机制；三是违反了价格机制，不正当竞争通过非生产性竞争的手段限制了企业公平竞争的行为，此时的价格就无法反映市场真实的供求水平，从而使得价格这只"无形的手"在市场中失效，无法实现资源的合理配置。最后，不正当竞争阻碍了创新。不正当竞争阻碍了企业的自由进入，违背了公平竞争的原则。一方面，由于企业无法进入行业，因此无法激励新企业通过创新获得竞争优势，例如，微软与阿里巴巴的案例都显示出垄断企业通过垄断势力，限制了其他新进企业的竞争与创新；另一方面，垄断企业由于缺少竞争机制的激励，因而也缺少了激励创新技术的机制。

不正当竞争源于市场的不完善，实现正当竞争需要市场的不断完善。不正当竞争现象的存在主要是因为市场法律体系或监管体系未能满足相应市场经济发展的需要。无论是为了获得竞争优势而产生的不正当竞争行为，还是有垄断势力的企业通过不正当竞争行为阻碍企业的进入，都需要市场监管体系在其中有所作为。例如，2008年的中国奶制品污染事件就是源于对企业不正当竞争监管的漏洞。在奶粉中加入化工原料三聚氰胺无疑会降低企业的生产成本，但侵犯了消费者的权益。这种做法最早起源于黑心商贩的个别行为，却为他们因降低了成本而创造了竞争优势，慢慢发展成为行业内的普遍现象。究其原因，其中一点就在于市场监管体系未能

在不正当竞争现象出现的早期进行有效监管和遏制。但是，市场法律体系和监管体系不可能依靠市场独自建立，而是需要政府的积极作用，为市场提供有效的市场体系和监管体系。因此，在企业竞争的产业经济当中，有效市场体系的建立不仅需要完善市场机制必需的市场要素体系、市场组织体系，还需要完善市场法律体系、市场监管体系、市场信用体系以及市场基础设施，这一点将在本书第三章第一节做详细的介绍。

四、小结

市场经济是实现资源配置最有效率的经济体制。在市场经济体制下，企业的竞争只有符合市场规则，才能实现资源的有效配置，体现市场经济的作用，并推动市场经济的发展。

在市场机制的作用下，尽管不同类型的企业追求的目标不总是利润的最大化，但是利润的最大化依然是企业普遍追求的重要目标。因此，在企业利润最大化的基础上，在完全竞争的条件下，不同的价格水平对应着不同的供给量和需求量，最终供需平衡决定了最优的价格水平和产出水平，也实现了企业的优胜劣汰。

但是，市场不总是满足完全竞争这种理想状态，还会存在垄断竞争、寡头垄断和完全垄断的市场结构。当企业通过竞争形成竞争优势，且这种优势逐步发展成为垄断势力时，就形成了垄断市场，此时的价格水平高于完全竞争水平，产量水平低于完全竞争水平，使得社会总效益受损。而垄断势力的形成，一部分则是市场发展的结果，一部分是政府干预的结果。

虽然企业的竞争在市场经济下一般会符合市场的规则，但在市场监管不力、市场不完善的情况下，通常会出现不正当竞争的情况，这不仅会导致资源配置的扭曲，还会阻碍创新，不利于市场经济的发展。因此，完善的市场体系依靠市场的力量无法独自建立，还需要政府的积极作用。

实际上，在市场规则的作用下参与竞争的不仅仅是企业，区域政府同样也存在竞争，且区域政府的竞争亦同样在市场规则的作用下进行。这也是本书的主要论点——市场竞争双重主体，具体内容详见本书后续章节。

第三节　企业竞争是市场经济发展的源动力

企业竞争是市场经济发展的源动力。一方面，企业竞争主要集中在微观经济领域的产业经济。产业经济是市场经济最重要也是最主要的组成部分，企业的竞争决定着产业经济的活力。另一方面，市场经济得以健康、持续发展的前提是公平竞争，公平竞争使市场机制有效配置资源。

从经济学投入产出的角度进行思考，经济的发展，一是靠要素的不断积累，二是靠全要素生产率的不断提高。从要素积累的角度来看，市场经济的发展增强了企业竞争的活力，促进了企业在投入端的竞争，从而使得要素不断得到积累。从全要素生产率的角度来看，一方面，企业竞争是市场经济的作用表现，说明企业竞争可以通过价格机制、供求机制和竞争机制实现资源的有效配置，提高要素的生产效率，即从效率的角度提高全要素生产率，从而促进经济的发展；另一方面，企业是市场中最有活力的创新主体，企业的竞争激励了创新行为，促进了技术进步，即从技术的角度提高全要素生产率，从而促进经济的发展。在我国建立社会主义市场经济初期，经济的发展动力主要依靠要素的积累和要素配置效率的提高。随着社会主义市场经济不断完善，经济和社会不断发展，要素成本不断提高，我国进入了经济发展的新常态。此时，要素配置的效率已实现优化，难以再有大幅度上升空间，同时，要素规模扩大的增长动力也难以为继。为此，中国经济的增长由要素驱动步入创新驱动的新阶段。

一、企业竞争促进经济增长

本章第一节提到，企业竞争是市场经济的作用表现，因此，企业竞争对经济的促进作用，实质上体现的是市场机制对经济的促进作用。现实中我们更常提到的是市场化程度或水平，其与企业竞争二者是正相关关系：市场化程度越高，企业竞争越公平，越符合完全竞争的市场结构；市场化程度越低，企业竞争越不公平，市场机制越不完善，越容易出现市场失灵等问题，市场机制越无法决定资源的配置。

我们先来回顾社会主义市场经济体制的发展历程。1949—1978年，我国实行的是计划经济体制。1978年是我国经济发展的转折点，1978—1991

年是社会主义经济体制建立的过渡期，为社会主义市场经济体制的确立奠定了基础。1978年，党的十一届三中全会打破了传统社会主义公有制的基本经济制度格局，首次肯定了其他所有制在经济发展中同样具有重要的作用。随后，1982年党的十二大、1984年党的十二届三中全会、1987年党的十三大都进一步确立了非公有制经济的重要作用，这为社会主义市场经济体制的确立奠定了所有制基础。与此同时，所有权和经营权分离的新尝试也为社会主义市场经济体制的确立贡献了成功的实践。1978—1988年，我国的个体经济由14万户增至1453万户，激增了约100倍，就业人数从15万人增至2305万人，激增了150多倍。1992年，党的十四大报告正式明确提出"我国经济体制改革的目标是建立社会主义市场经济体制，以利于进一步解放和发展生产力"。从此，我国的经济体制由计划经济转为社会主义市场经济体制。21世纪以来，在市场经济体制基本构建起来之后，市场化进程的重点则在于完善市场经济秩序，或者说是市场经济建设的"质量"方面。党的十六大把"完善社会主义市场经济体制"确立为"本世纪头二十年经济建设和改革的主要任务"之一。社会主义市场经济体制在我国的经济发展中起到了举足轻重的作用，且市场机制在决定资源配置时起到了决定性作用。党的十九大再次提出"加快完善社会主义市场经济体制"的要求，我国的社会主义市场经济体制完善建设依旧任重道远。

社会主义市场经济体制的确立，使得我国经济进入平稳、快速发展时期。1952—2020年我国国内生产总值（GDP）和GDP年份增长率如图1-4所示。1952—1992年，我国实行的是计划经济体制。这一期间，我国经济增速虽然也有过达到20%以上的高增长率时期，但整体而言，这段时期的经济增速均值为7.50%，标准差为8.65%，说明这段时期的经济增速不稳定。1992年之后，我国进入社会主义市场经济体制时期。其中，1993—2019年间的经济增速均值为9.53%，标准差为2.38%，说明社会主义市场经济体制的确立不仅促进了经济的发展，而且经济发展的态势也更加稳定。

2018年发布的《中国分省份市场化指数报告（2018）》[①] 公布了2008—2016年全国除港澳台地区之外的31个省（直辖市、自治区）的市场化指数。本节将以此数据作为市场化程度的量化指标，分析市场化程度

---

① 樊纲、王小鲁、张立文：《中国分省份市场化指数报告（2018）》，社会科学文献出版社2018年版。

对经济增长的影响。将2008—2016年31个省（直辖市、自治区）的市场化指数和平减之后的GDP绘制成散点图（见图1-5），总体来看，市场化程度和经济总量整体呈正向相关关系。进一步，分别将2008年和2016年31个省（直辖市、自治区）的市场化指数和平减之后的GDP绘制成散点图（见图1-6、图1-7）。消除时间影响的因素后，市场化程度与经济总量依旧呈正向相关关系，而且市场化程度较高的地区主要集中在北京、上海、广东和东南沿海城市。

图1-4 1952—2020年我国GDP和GDP年份增长率
（资料来源：国家统计局官网。）

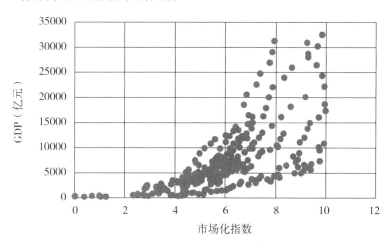

图1-5 2008—2016年全国31个省（直辖市、自治区）市场化指数与GDP
（资料来源：市场化指数数据来源于《中国分省份市场化指数报告（2018）》，GDP数据来源于国家统计局官网。）

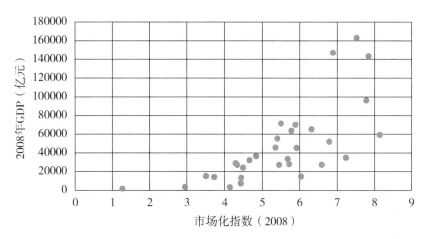

图 1-6　2008 年全国 31 个省（直辖市、自治区）市场化指数与 GDP

（资料来源：市场化指数数据来源于《中国分省份市场化指数报告（2018）》，GDP 数据来源于国家统计局官网。）

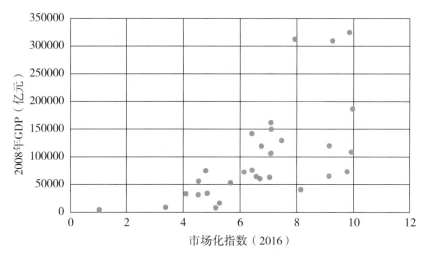

图 1-7　2016 年全国 31 个省（直辖市、自治区）市场化指数与 GDP

（资料来源：市场化指数数据来源于《中国分省份市场化指数报告（2018）》，GDP 数据来源于国家统计局官网。）

再进一步，将 2008—2016 年 31 个省（直辖市、自治区）的面板数据做 VAR 回归（向量自回归）得到式（1-3）。

$$GDP_{it} = 0.748 \times GDP_{it-1} + 0.0004 \times Market_{it-1} + \varepsilon_{it}$$
$$(0.036) \qquad\qquad (0.0001)$$

$$Market_{it} = 0.710 \times GDP_{it-1} + 0.289 \times Market_{it-1} + \epsilon_{it}$$
$$(0.844) \qquad\qquad (0.034) \qquad\qquad\qquad (1-3)$$

式（1-3）中，i 表示区域，t 表示年份，GDP 表示经济增长率，$Market$ 表示市场化指标变化率，ε_{it} 和 ϵ_{it} 为误差项，括号内数字为估计误差。由式（1-3）可以看出，市场化程度的提高，对 GDP 的增长率有显著的正向影响。式（1-3）的脉冲响应图如图 1-8 所示。可以看出，市场化程度的提高，使得 GDP 增长率有正向的变化。这与前文提出的市场化程度的提高会促进经济增长的理论相吻合。

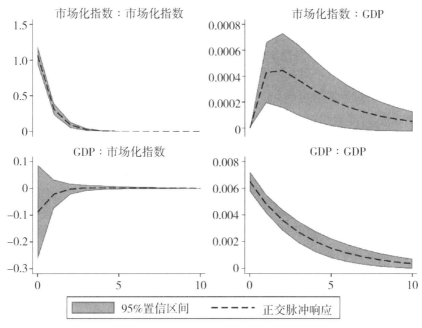

图 1-8　市场化指数增长率与 GDP 增长率的脉冲响应

从经济学投入产出的角度来看，经济的发展一是靠要素投入的不断增加，二是靠全要素生产率的提高。市场化程度的提高，一是通过提高要素的积累，从而促进经济的发展；二是通过促进全要素生产率的提高，从而促进经济的发展。下面将从要素和全要素生产率的角度来分析市场化程度的提高促进经济增长的机制。

二、企业竞争促进要素的增长

用与上文同样的方法，进一步验证市场化程度与要素增长之间的关系。

首先,31个省(直辖市、自治区)的投资量,是各省市统计年鉴公布的固定资产投资总量通过平减之后得到的去除价格影响后的实际投资。将2008—2016年31个省(直辖市、自治区)的市场化指标变化率和投资增长率做VAR回归得到式(1-4)。

$$I_{it} = 0.396 \times I_{it-1} + 0.002 \times Market_{it-1} + \varepsilon_{it}$$
$$(0.103) \qquad (0.001)$$
$$Market_{it} = 0.169 \times I_{it-1} + 0.247 \times Market_{it-1} + \epsilon_{it}$$
$$(0.160) \qquad (0.034) \qquad (1-4)$$

式(1-4)中,i表示区域,t表示年份,I表示实际投资的增长率,$Market$表示市场化指标变化率,ε_{it}和ϵ_{it}为误差项,括号内数字为估计误差。由式(1-4)可以看出,市场化程度的提高,对投资的增长率有显著的正向影响。式(1-4)的脉冲响应图如图1-9所示。可以看出,市场化程度的提高,使得投资增长率有正向的变化。市场化程度的提高,显著提升了区域的投资水平,累积成为资本要素。资本作为经济发展的重要投入要素,随着市场化程度的提高,通过促进投资的增加,促进了区域经济的发展。

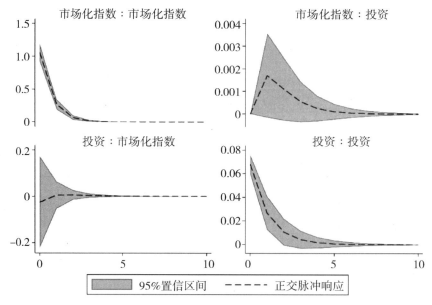

图1-9 市场化指数增长率与投资增长率的脉冲响应

其次，市场化程度的提高增加了就业。一方面，前文提到在社会主义市场经济建立的过渡期 1978—1988 年，我国的个体经济由 14 万户增至 1453 万户，激增了约 100 倍，就业人数从 15 万人增至 2305 万人，激增了 150 多倍，这说明市场经济的确立解放和发展了生产力，创造了众多就业岗位。另一方面，将 2008—2016 年 31 个省（直辖市、自治区）的市场化指标变化率和劳动力增长率做 VAR 回归得到式（1-5）。

$$L_{it} = -0.207 \times L_{it-1} + 0.005 \times Market_{it-1} + \varepsilon_{it}$$
$$(0.103) \qquad (0.0005)$$
$$Market_{it} = -5.999 \times L_{it-1} + 0.364 \times Market_{it-1} + \epsilon_{it}$$
$$(3.934) \qquad (0.086) \qquad\qquad (1-5)$$

式（1-5）中，i 表示区域，t 表示年份，L 表示劳动力总量的增长率，$Market$ 表示市场化指标变化率，ε_{it} 和 ϵ_{it} 为误差项，括号内数字为估计误差。由式（1-5）可以看出，市场化程度的提高对劳动力的增长率有显著的正向影响。式（1-5）的脉冲响应图如图 1-10 所示。可以看出，市场化程度的提高，使得劳动力总量的增长率有正向的变化。劳动力作为经济发展的重要投入要素，随着市场化程度的提高，通过提高劳动力，促进了区域经济的发展。

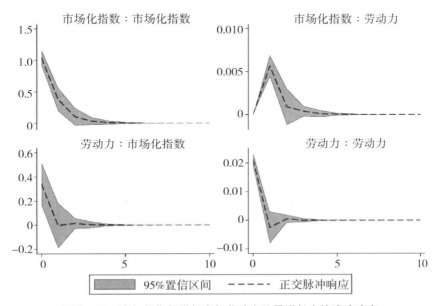

图 1-10　市场化指数增长率与劳动力总量增长率的脉冲响应

三、企业竞争提高资源配置的效率

我们首先回顾与资源配置效率相关的一个经济学概念——资源错配的定义[①]：从微观的角度来看，当行业内所有企业的边际产出相等即证明资源的配置最优，不相等就说明存在资源错配。从宏观的角度来看，如果测算一国或一个区域内的全要素生产率出现0或者负值，则认为该国或区域存在着资源的错配。实际上，资源错配程度是衡量资源配置效率的一个反向指标。

现阶段，我国资源配置的效率并没有达到最优化，经济中依旧存在资源错配的现象。Hsieh和Klenow（2009）将中国与美国配置资源的效率进行比较，认为中国如果能达到美国资源配置的效率，经济总量将会进一步地提高。这说明我国的市场化程度与发达的市场经济依旧存在差距，资源配置的效率还有待提高。我国学者也对我国的资源错配程度进行了测算分析。例如，郎昆和刘庆（2021）测算了1998—2013年我国的资源错配程度，发现1998—2004年我国资源错配程度逐年递减，从2005年开始，资源错配程度逐渐加大，这与邵宜航等（2013）、陈斌开等（2015）、李欣泽和司海平（2019）的研究结果是一致的。

那么，造成资源错配的原因是什么？已有的研究将其主要概括为五点：一是外部冲击造成资源调整的时滞，二是信息的不对称，三是不完全竞争的市场结构，四是市场的分割，五是政府的补贴等政策。总体而言，从企业竞争和市场化的角度分析，造成资源错配最根本的原因，就是市场机制的作用没有得到充分发挥。信息的不对称和不完全竞争的市场结构属于市场的失灵，使得市场机制无法在市场经济中发挥对资源的有效配置。外部的冲击、市场的分割和市场的政策干预均属于市场的外部因素对市场经济的冲击，使得市场机制无法发挥作用。因此，要想解决资源错配的问题，其根本在于保障市场机制能在资源配置中发挥决定性作用。

保障企业的竞争、促进市场经济的发展有利于提高资源配置的效率。一方面，从制度经济学的角度分析，社会主义市场经济制度的确立，使得市场机制在决定资源配置时发挥了决定性作用，我国资源配置

---

① 沈春苗、郑江淮：《资源错配研究述评》，载《改革》2015年第4期，第117页。

的效率从而得到了提高。1978年12月召开的十一届三中全会是党和国家历史上一个伟大的转折点,这次会议开启了我国改革开放事业的伟大征程。虽然当时尚未正式确立社会主义市场经济体制,但从理论和实践上都开始了对市场经济的大胆探索。因此,以1978年为制度改革的节点,雷钦礼(2017)的实证研究结果证实1978年以后我国资源配置效率得到了大幅度的提高。这与建立社会主义市场经济体制的初衷是一致的。类似地,王文等(2014)研究发现,如果产业政策能促进行业竞争,将提高行业内资源配置的效率。另一方面,从市场化进程的角度分析,市场化程度越高,则企业竞争越公平,市场机制作用更能得到体现,资源配置的效率也越高。对此,已有学者从实证的角度进行了验证。例如,樊纲等(2011)通过使用1997—2007年的省际数据验证市场化进程对经济发展的影响,发现市场化贡献了年均1.45%的经济增长,不仅提高了资源配置的效率,而且促进了全要素生产率的提高;王磊和张华勇(2015)研究了市场化对资源配置效率的影响,发现市场化进程从总体上提升了资源的配置效率,但是存在区域差异。

四、企业竞争促进技术的进步

创新科技与技术的研发都是有组织的活动,研发活动的主体主要是高等院校、科研机构和企业。表1-3第2列至第4列数据为2003—2019年全国研究与实验发展(R&D)经费支出情况。可以看出,在全社会R&D经费支出的总数中,企业资金占比超过50%,而且逐年递增,直到2019年达到总数的76.26%。表1-3第5列至第7列数据为2011—2019年全国R&D人员情况,与R&D经费支出情况一致,规模以上企业中R&D人员占全国R&D人员总数的70%左右。这说明在经济发展过程中,企业不仅是市场最主要的组织形式,而且是研发活动的主力军。企业的研发主要内置于企业的经营发展活动和发展过程中,负责技术的选择、技术的转化和技术的扩展。因此,企业是市场经济中促进技术进步最主要的竞争主体。

表 1-3 R&D 经费支出与人员情况

年份	全社会 R&D 经费支出（亿元）	企业 R&D 经费支出（亿元）	企业资金占比（%）	R&D 人员折合全时当量（万人）	规模以上工业企业 R&D 人员折合全时当量（万人）	企业中 R&D 人员占比（%）
2003	1539.63	925.40	60.11	—	—	—
2004	1966.33	1291.30	65.67	—	—	—
2005	2449.97	1642.50	67.04	—	—	—
2006	3003.10	2073.70	69.05	—	—	—
2007	3710.24	2611.00	70.37	—	—	—
2008	4615.98	3311.52	71.74	—	—	—
2009	5802.11	4162.70	71.74	—	—	—
2010	7062.58	5063.14	71.69	—	—	—
2011	8687.00	6420.64	73.91	288.30	193.91	67.26
2012	10298.41	7625.02	74.04	324.70	224.62	69.18
2013	11846.60	8837.70	74.60	353.30	249.40	70.59
2014	13015.63	9816.51	75.42	371.06	264.16	71.19
2015	14169.88	10588.58	74.73	375.88	263.83	70.19
2016	15676.75	11923.54	76.06	387.81	270.25	69.69
2017	17606.13	13464.94	76.48	403.36	273.62	67.84
2018	19677.93	15079.30	76.63	438.14	298.12	68.04
2019	22143.60	16887.15	76.26	480.08	315.18	65.65

（资料来源：2003—2019 年《中国统计年鉴》。）

企业竞争有利于技术的研发和进步。如本章第一节提到企业竞争存在管理技术端的竞争，管理技术端的竞争是为了提高产品的质量、实现产品的差异化、减少单位产品的生产成本，从而提高企业的竞争力。若每个企业都提高自身的全要素生产率，这将进一步提高整个区域市场的全要素生产率。

下面将进一步从实证的角度，验证市场化程度的提高将提升区域的整体技术水平。首先，将专利申请量作为衡量区域内整体技术创新水平的指标。将 2008—2016 年 31 个省（直辖市、自治区）的市场化指标变化率和专利申请量的增长率做 VAR 回归得到式（1-6）。

$$Patent\_apply_{it} = 0.246 \times Patent\_apply_{it-1} + 0.094 \times Market_{it-1} + \varepsilon_{it}$$
$$(0.087) \qquad\qquad\qquad (0.003)$$

$$Market_{it} = 0.250 \times Patent\_apply_{it-1} + 0.190 \times Market_{it-1} + \epsilon_{it}$$
$$(0.124) \qquad\qquad\qquad (0.013) \qquad\qquad (1-6)$$

式（1-6）中，i 表示区域，t 表示年份，$Patent\_apply$ 表示实际投资的增长率，$Market$ 表示市场化指标变化率，ε_{it} 和 ϵ_{it} 为误差项，括号内数字为估计误差。由式（1-6）可以看出，市场化程度的提高，对专利申请量的增长率有显著的正向影响。式（1-6）的脉冲响应图如图 1-11 所示。可以看出，市场化程度的提高，使得专利申请量的增长率有正向的变化。这说明市场化程度的提高以及企业的竞争，促进了区域内整体技术创新水平的提高。

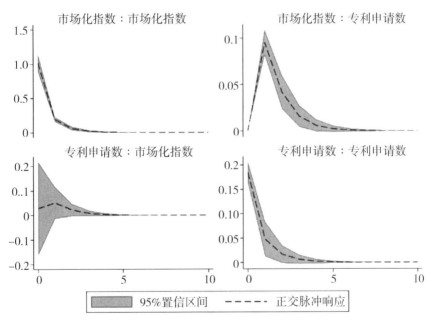

图 1-11　市场化指数增长率与专利申请数增长率的脉冲响应

然后，将专利申请量替换为专利授权量，对数据运用与上述同样的方法进行处理，得到式（1-7）和图 1-12，其结果一致，即市场化程度的提高，使得专利授权量的增长率有正向的变化。这也同样说明了市场化程度的提高以及企业的竞争，促进了区域内整体技术创新水平的提高。

$$Patent\_accredit_{it} = -0.157 \times Patent\_accredit_{it-1} + 0.015 \times Market_{it-1} + \varepsilon_{it}$$
$$(0.140) \qquad\qquad\qquad (0.004)$$
$$Market_{it} = -0.042 \times Patent\_acredit_{it-1} + 0.290 \times Market_{it-1} + \epsilon_{it}$$
$$(0.069) \qquad\qquad\qquad (0.046)$$
$$(1-7)$$

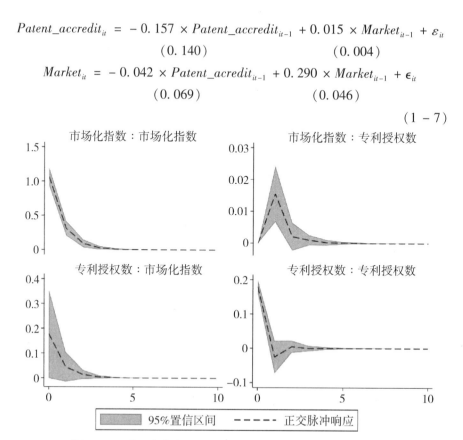

图 1-12　市场化指数增长率与专利授权数增长率的脉冲响应

市场化程度的提高，促进了市场上技术水平的提高。由于技术水平作为投入端的全要素生产率要素，因此，市场化程度的提高通过促进创新水平的提高，从而推动经济的发展。这一点被已有文献广泛验证，本书不再赘述。

五、小结

我国自1978年改革开放以来，市场机制逐步发挥决定性作用。社会主义市场经济体制的建立，使得市场化进程不断前进，也使得企业的竞争得到更多的保障，成为推动我国经济发展的源动力。

从索洛的经济增长模型角度来看，企业的竞争、市场化程度的提高对经济增长的影响机制主要有三条路径：一是要素的积累，二是要素配置效率的提高，三是通过创新技术的进步促进全要素生产率的提高。我国在建立社会主义市场经济体制的前期，主要依靠企业竞争和市场化进程，通过要素的积累和要素配置效率的提高，促进经济的快速稳定发展。近年来，我国进入了经济发展的新常态，企业竞争和市场化进程对要素的积累和要素配置效率的提高能力逐渐减弱。因此，在此期间，主要依靠企业竞争对创新技术的正向影响，推动我国经济的快速发展。

以上所述均从微观经济学角度进行分析，均淡化或者忽视了政府在市场经济中的正向积极影响。实际上，从中观经济学的角度来看，经济的增长和发展一是依靠企业，二是依靠政府，也就是市场经济需要企业竞争和区域政府竞争的双轮驱动，这一点将在本书第五章做详细介绍。

✳ 本章小结 ✳

本章从微观经济学的角度对企业与市场经济的关系进行了梳理和总结：企业是微观经济资源领域的资源调配主体。

首先，企业竞争是市场经济的作用表现。也就是说，企业竞争是来源于市场经济的。市场经济的运行机制有三个：价格机制、供求机制和竞争机制。市场机制可以实现资源的有效配置。而企业竞争实际上体现了市场机制在经济中的作用：企业通过价格机制获得市场信息，通过竞争实现优胜劣汰，其作为供给侧与需求侧共同决定市场的最优资源配置。

其次，企业竞争在市场规则的作用下进行。虽然不同类型的企业的最终诉求有差异，但是在市场规则的作用下，企业寻求自身利益的最大化是其最为重要的目标。然而，市场不总是完美的竞争市场：一方面，企业在追求企业竞争力的情况下，或者在受到政府干预的情况下，都将可能出现垄断势力，从而打破竞争市场的最优配置效率。另一方面，现实中存在很多无序竞争的现象，这都将使得市场机制失灵，无法实现资源的有效配置。由此可以看出，如果不能保障企业公平竞争，将会影响市场机制发挥作用。

最后，保障企业竞争，推动市场化进程的优化，有利于促进市场经济的发展。这种正向影响的产生主要有三条路径：一是要素的积累，二是要素配置效率的提高，三是通过创新技术的进步促进全要素生产率的提高。

接下来的章节将重点从中观经济学的角度，讨论政府与市场经济的关

系，从而搭建起市场竞争双重主体理论。

思考讨论题

1. 请阐述市场经济的概念、运行机制、作用和分类。
2. 请阐述企业竞争力的概念。
3. 请尝试构建企业竞争力的评价指标体系。
4. 请阐述为何企业竞争是市场经济的作用表现。
5. 请阐述企业竞争的最优化问题。
6. 请阐述企业竞争为何不总是以追求利润最大化为首要目标。
7. 请阐述垄断与竞争的区别。
8. 请阐述不正当竞争的概念、分类、影响以及产生原因。
9. 请阐述企业竞争促进经济发展的作用路径。
10. 请阐述企业竞争与要素的关系。
11. 请阐述资源错配的概念及其产生原因。
12. 请解释保障企业竞争为何可以提高资源配置效率。
13. 请思考企业竞争与技术创新之间的关系。

第二章 区域政府是中观经济资源调配的主体

市场与政府的关系一直以来都是社会各界普遍关注的问题。市场的运行机制是现代西方经济学的研究重点，其主要观点和重要作用已被广泛接受。相比之下，政府的运行机制和对市场和经济的影响似乎一直都存在争议，目前还没有达成共识。虽然凯恩斯主义的"大政府"挽救了20世纪30年代的大危机，构建了凯恩斯主义宏观经济学派系，但是由于其理论观点缺乏严谨的模型和微观基础，一直以来备受诟病。由此可见，相较于研究市场，政府对经济的影响作用和机制是我们更需要关心和研究的问题。2020年10月，党的十九届五中全会提出的"十四五"规划强调了"坚持和完善社会主义基本经济制度，充分发挥市场在资源配置中的决定性作用，更好发挥政府作用，推动有效市场和有为政府更好结合"。这体现了我国的下一步发展不仅关注市场，还将关注政府发挥的作用。本章将从中观经济学的角度出发，具体分析区域政府的属性及其在区域经济发展中的重要作用。

第一节 区域政府的双重属性

根据研究的区域不同，政府也有国家政府、省级政府、州政府等之分。区域是一个相对概念，在全球视角下，国家就是一个相对区域；而在全国视角下，省市地区就是一个相对区域。本书提到的政府就是在区域这个相对概念的基础上的区域政府。

在从中观经济学的视角来具体研究区域政府的作用之前，我们有必要明确：不同于西方经济学认为政府的职能主要是宏观调控，我们从资源生成的角度分析，区域政府应具有"准宏观"和"准微观"的双重属性。

本节将主要从资源生成的角度介绍区域政府的双重属性以及由此衍生出的区域政府竞争理论。

一、生成性资源

在介绍区域政府的双重属性之前，为了便于后续理论的理解，首先简单介绍中观经济学体系的起点，即资源生成领域——城市的三类资源：可经营性资源、准经营性资源、非经营性资源。可经营性资源是与产业发展相对应的产业资源，这也是微观经济学普遍关注的经济资源领域。非经营性资源是与社会民生相对应的公共产品资源，包括经济保障、历史、地理、形象、精神、理念、应急、安全、救助，以及区域的其他社会需求等，这是微观经济学认为市场失灵的经济资源领域，需要政府充当"守夜人"。准经营性资源是与城市建设相对应的城市资源，包括保证国家或区域的社会经济活动正常进行的公共服务系统和为社会生产、居民生活提供公共服务的软硬件基础设施（交通、邮电、供电供水、园林绿化、环境保护、教育、科技、文化、卫生、体育事业等城市公共设施和公共生活服务设施）等。这是被微观经济学忽略的经济资源领域，通常被归类为公共资源，但实际上，对其开发和利用并不完全依靠政府的作用，而是由市场和政府共同解决。准经营性资源属于生成性资源，是中观经济学研究的重点资源领域。

生成性资源可以分为三类：原生性资源、次生性资源和逆生性资源。原生性资源是指在自然环境中存在，但没有被利用的一类资源，例如太空资源、深海资源、极地资源以及地球深探资源等。次生性资源是指被利用但没有直接被企业使用投入、生产的资源，例如基础设施资源等。逆生性资源是指自然环境中本不存在，但是在发展过程中由于溢出效应逆向产生的资源，例如碳排放交易资源、污水、核污染等。本书提到的"准经营性资源"主要指的是次生性资源。

从对生成性资源（准经营性资源）的分类可以看出，生成性资源具有动态性、经济性、生产性和高风险性四大特点。这也是主流经济学将生成性资源从资源的模糊区域中划分出来的依据。首先，生成性资源（准经营性资源）具有经济性和生产性，这就决定了准经营性资源有别于非经营性资源，可以通过市场机制进行资源配置。其次，生成性资源（准经营性资源）具有高风险性，这就决定了准经营性资源有别于可经营性资源，不能完全依靠市场机制和市场力量进行资源配置，政府必须作为准经营性资配置的主体。

二、区域政府的准宏观属性和准微观属性

区域政府的准宏观属性是指通过使用人民对政府的信任而被赋予的权威性和强制性。区域政府作为区域内的国家代表，行使其各项职能，履行责任。该属性主要体现在：不仅要调节、监督、管理本区域内的可经营性资源，还要以基本托底、公平公正、有效提升为原则来管理和分配非经营性资源。对可经营性资源的管控主要是为了保障市场的有序和供求双方的利益，对非经营性资源的管控则主要是为了维护公平和解决市场解决不了的问题，促进社会和谐及可持续发展。

明确了区域政府的准宏观属性之后，下面将引入区域政府在现实中扮演着准宏观角色，对可经营性资源和非经营性资源进行管控的例子。

【案例2-1】

可经营性资源

2020年11月1日，《国务院办公厅关于印发全国深化"放管服"改革优化营商环境电视电话会议重点任务分工方案》①（以下简称"分工方案"）。分工方案旨在"进一步深化'放管服'改革，加快打造市场化法治化国际化营商环境，不断激发市场主体活力和发展内生动力"。由于可经营性资源主要集中在产业经济，市场主体是企业，因此对可经营性资源进行调节、监督、管理的最直接受众便是各类企业。营商环境的优化是为市场主体创建良好健康的市场环境，让市场机制在资源配置上起决定性作用，保障竞争的有效性，激发市场经济发展的动力。

分工方案主要包括5个大点和25个小点。

第一，把实施好宏观政策和深化"放管服"改革结合起来，提高宏观政策实施的时效性和精准性。其包含4个小点，涉及财政资金的直达机制、中小微企业的生存发展、就业和疫情常态化的处理等方面。这主要体现了政府对可经营性资源的调节与管理。

---

① 《国务院办公厅关于印发全国深化"放管服"改革优化营商环境电视电话会议重点任务分工方案》，见中国政府网（http://www.gov.cn/zhengce/content/2020-11/10/content_5560234.htm）。

第二，放要放出活力、放出创造力。其包括6个小点，涉及梳理审批清单、精简各类重复审批、进一步降低准入门槛、严防变相审批和违规乱设审批、改革审批方式、优化企业退出机制的方面。事前审批是企业发展之始，政府设置各类审批是为了管理可经营性资源，但是过度审批会有损企业活力。因此，"放要放出活力、放出创造力"是在管理的角度精减与政府打交道的时间和成本，通过制度创新提高对可经营性资源管理的水平和效率。

第三，管要管出公平、管出质量。其包括5个小点，涉及信用监督、网络监督、完善监管体系、质量和安全监管、创新监管的方面。这主要体现了政府对可经营性资源的监督与管理，目的是维护市场公平，避免"竞次"现象，保障市场经济的健康和有效。

第四，服要服出便利、服出实惠。其包括6个小点，涉及提升线上办事便利度、跨省办事便利度、集成办事便利度、外商办事公平度、外贸办事方便度，以及提供基本民生保障服务的方面。这是从使用现代信息化技术的角度，通过机制创新提高行政办事效率，提高政府调节、监督、管理的整体水平和效率。

第五，调动好各方面积极性，形成推动改革的工作合力。其包括4个小点，涉及提高改革协同性、鼓励地方创新、建立健全常态化政企沟通机制、发挥法治引领和保障作用的方面。这是从具体实施的角度，通过各方努力一起优化营商环境，提高政府调节、监督、管理的整体水平和效率。

非经营性资源

2015年11月29日起实施的《中共中央 国务院关于打赢脱贫攻坚战的决定》[①]为"确保到2020年我国现行标准下农村贫困人口实现脱贫、贫困县全部摘帽、解决区域性整体贫困"提出了一整套精准扶贫、精准脱贫的计划和解决方案。脱贫攻坚战体现了政府对非经营性资源的基本托底、公平公正和有效提升的原则。

区域政府的准微观属性是指将区域管辖权转为区域经营权，将区域利益作为自己的目标函数，通过理念创新、制度创新、组织创新和技术创新

---

① 《中共中央 国务院关于打赢脱贫改革战的决定》，见中国政府网（http://www.gov.cn/zhengce/2015-12/07/content_5020963.htm）。

等方式与其他区域进行竞争,其主要的经营范围是可经营性资源和准经营性资源。在此,可经营性资源的竞争主体仍然是企业,区域政府对可经营性资源仅仅起到规划、引导和扶持的作用。而准经营性资源的竞争主体是区域政府,其是准经营性资源的投资者、运营者和参与者。其中,对准经营性资源的投资、运营和参与,最重要的是要解决好投资载体和资金运行两大方面。对于载体的确认,区域政府可以通过独资、合资、合作、股份制甚至国有民营等方式来组建建设项目的载体。对于资金运营方式的确认,区域政府则可以通过不同的资本市场融资方式和运营方式去解决资金问题,如发债、发行股票、设立项目基金、推进政府和社会资本合作模式(Public-Private Partnership,又称"PPP 模式")等。

在明确了区域政府的准微观属性之后,下面将引入一个区域政府在现实中扮演着准微观角色,对准经营性资源进行管控、参与区域竞争的例子。

【案例 2-2】

准经营性资源
——广东省政府对交通资源的投资、运营和参与

首先,需要明确的是交通资源属于准经营性资源。交通资源属于用于保证国家或区域社会经济活动正常进行的公共服务系统,也是为社会生产、居民生活提供公共服务的硬件基础设施,属于具有有限的非竞争性或有限的非排他性的准公共产品。对于准公共产品的供给,在理论上应采取政府和市场共同分担的原则,所以交通资源也具有双重属性,其供给既可以由市场来完成,也可以由政府来承担,是市场资源配置机制和政府资源配置机制共同发挥作用的交叉领域。

2014 年广东省投资、运营和参与交通资源的实际背景如下。第一,当时广东省的干线铁路项目较多,且大部分由广东省地方负责出资。据《南方都市报》报道[①],当时广东省有贵广、南广、赣韶等在建重大铁路项目 5 个,总投资额 650 亿元。截至 2014 年 5 月底,在建项目累计完成投资 531 亿元,占工程总投资的 82%。这意味着除在建项目已落实资金外,广东省铁路建设仍有约 3000 亿元建设资金需要筹集。第二,当时广东省铁路建设投资集团有限公司(简称"广铁投")的财务状况并不乐

---

① 田霜月:《粤将探索建立铁路发展基金》,载《南方都市报》,2014 年 6 月 9 日第 AA06 版。

观，负债率长期保持高位，截至2013年3月底，其负债率超过56%，而经营性净现金流也持续为负。这意味着除政府注入资本金以及债券和信贷融资外，广东省铁路投资急需开拓新的筹资渠道。但是，由于铁路投资项目往往建设周期长，资金投入大，且运营初期难以盈利，铁路发展基金对社会资本的吸引力往往不大。

在如此支出大、项目多、资金有限的情况下，广东省政府是如何解决好投资、运营和参与交通资源的供给的呢？

一方面，以中国铁路发展基金作为示范，广东省政府成立了广东铁路基金，以此解决了资金不足的问题。2014年4月2日，国务院总理李克强主持召开国务院常务会议，确定深化铁路投融资体制改革、加快铁路建设的政策措施，主要包括设立铁路发展基金，拓宽建设资金来源。吸引社会资本投入，使基金总规模达到每年2000亿~3000亿元[1]。同年，广东省政府投入省级财政性资金100亿元，2015年、2016年每年向广东铁路基金投入50亿元，广东铁路基金管理公司作为基金管理人，负责基金日常管理和决策，此时社会资本取得稳定合理的回报，不直接参与铁路发展基金的经营管理。

另一方面，在实际运营过程中，广东省的区域政府采取了政府和社会资本合作模式和建设—移交模式（build transfer，又称"BT模式"）等方式经营这类准经营性资源。以深圳地铁5号线为例：西起前海湾，经过宝安中心、新安旧城区、西丽、大学城、龙华拓展区、坂田、布吉、布心，最后至黄贝岭。线路全长40.001千米，其中高架线路3.424千米，地下线路35.801千米，过渡线路0.776千米；共设车站27座，其中高架站2座，地下站25座，全线设塘朗车辆段和上水径停车场，工程概算200.6亿元。深圳地铁5号线是当时国内城市轨道交通最大的BT工程，市政府提出了"投融资+设计施工总承包+回报"的BT模式，实现了工程项目投融资体制和建设管理体制的两大创新，被誉为轨道交通BT工程深圳模式。然而，深圳地铁5号线工程采用的并非标准的BT模式，BT承办方在工程建设过程中的角色不是建设单位，建设单位仍然是地铁公司。深圳地铁5号线绝大部分工程建设资金由地铁公司提供，BT承办方融资职能弱

---

[1]《李克强主持召开国务院常务会议（2014年4月2日）》，见中国政府网（http://www.gov.cn/guowuyuan/2014-04/02/content_2652125.htm）。

化。因此，该模式属于施工总承包型 BT 模式，为非标准的 BT 模式。

这种投资、运营和参与交通资源的方式不仅将基金作为权益部分纳入广东省铁路建设投资集团有限公司的报表，不像此前那样把这部分资金列作负债，加重财务负担，而且缓冲了政府财政压力，可使政府节省一次性几十亿甚至几百亿元的投入额度，并且还有较长时间的偿还准备，将节省的资金机动灵活地配置到其他领域。

将具有双重属性的政府作用与西方经济学中的政府作用进行对比，可以总结为：微观经济学更加提倡"小政府"，希望政府做好"守夜人"，让企业在市场经济下充分竞争。宏观经济学则更加提倡"大政府"，希望政府做好"引路人"，在经济过热时为经济降温，在经济低迷时为经济注入强心剂，以此减少经济波动带来的不稳定因素。而中观经济学提出的具有双重属性的政府还是区域经济的微观代表，以本区域经济利益为目标参与区域竞争。也就是说，政府不仅要管理好市场，还要在市场环境中参与竞争，以谋求区域内的经济利益最大化。由此可见，从中观经济学的角度将资源分为可经营性资源、准经营性资源和非经营性资源后，区域政府的作用不再仅是西方经济学提到的宏观调控和"守夜人"等，区域政府还是区域经济的微观代表，以本区域经济利益为目标参与区域竞争。

三、区域政府的竞争

正如上文提到的，可经营性资源的竞争主体是企业，而准经营性资源的竞争主体是区域政府，由此便构成了本书的核心——市场竞争双重主体。企业竞争一直都是经济学研究的重中之重，而区域政府竞争则是本理论体系的研究重点。

"政府竞争"并不是一个新的概念，目前已有很多学者在研究这一问题。现行关于政府竞争的研究主要有两个角度：一是从官员晋升的角度分析区域政府竞争的行为，二是从区域经济利益最大化的角度来分析区域政府竞争的行为。前者驱动区域政府追求更多更好的政绩，而后者则驱动区域政府追求经济利益或者财政收入的最大化。一方面，有研究认为区域政府竞争会吸引外商直接投资（foreign direct investment，FDI）的流入，从而促进经济的发展。就竞争方式而言，大部分研究认为税收竞争、补贴竞争是区域政府竞争的主要方式，即政府竞争的手段主要是税收和补贴。另一方面,虽然现代西方经济学也在研究基础设施对经济的促进作用,但未能将其提升到区域竞争的高度来进行研究,而更多是从需求侧的角度进行分析。

与以往研究不同的是,本书提出的区域政府竞争主要集中在准经营性资源领域,尤其是城市基础设施建设,其实质是对城市经济发展中各种有形或无形资源的竞争,其主要目的在于优化本区域城市资源配置,提高本区域城市经济效率和回报率,政府则主要围绕本区域城市经济的领先优势和可持续发展目标来配套政策措施。

区域政府的竞争主要集中在"三类九要素",即经济发展水平(项目、产业链、进出口)、经济政策措施(基础设施投资政策,人才、科技扶持政策,财政、金融支持政策)和经济管理效率(政策体系效率、环境体系效率、管理体系效率)的竞争。

具有准微观属性的区域政府作为区域内的微观代表,在竞争的过程中,不仅要重视基础设施建设方面的竞争,更要协调好可经营性资源即产业经济与准经营性资源的比例关系。如图2-1所示,为了达到一定的产出量,基础设施投资和一般产业投资之间必须保持一定的配比关系,且按一定的比例递增。从实证分析的结果看,欧美发达国家大多从增加一般产业投资起步,再增加基础设施投资,而日本、韩国等则是首先增加基础设施投资,再增加一般产业投资。

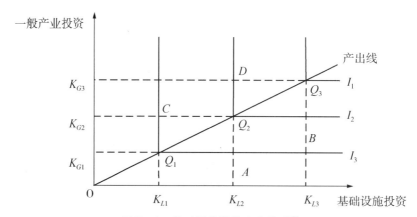

图2-1 基础设施投资产出模型①

---

① 陈云贤:《市场竞争双重主体论——兼谈中观经济学的创立和发展》,北京大学出版社2020年版,第92页。

案例2-3列举了一些区域政府竞争过程中,可经营性资源与准经营性资源比例协调的成功案例和比例失衡的失败案例。

【案例2-3】
可经营性资源与准经营性资源比例协调的情况

区域政府通过主导当地的基础设施建设,对辖区内的土地进行平整开发转让而获得土地出让转让金,并利用这些资金进一步开展城市建设,即"以地生财,以财养地"。部分区域政府通过这种中国式的城市建设投融资模式,实现了城市化与经济快速增长。但需要注意的是,不应把区域基础设施建设与房地产开发利用问题相混淆,此处提到的基础设施建设属于准经营性资源,并不等同于区域政府对土地的开发和利用。

1. "深圳奇迹"

深圳以城市基础设施建设为抓手,同时借鉴国际先进经验,采取"企业+政府"的开发建设模式,在企业自建厂房的同时承担工业区的基础设施建设,使得可经营性资源与准经营性资源协调发展,促进了深圳城市化建设。

2. 合肥模式

21世纪初期,合肥城市经济发展较为缓慢,城市基础设施远远落后于其他省会,被称为"大县城",经济发展受到落后的城市基础设施水平的严重制约。此时,区域政府采取"打扫干净屋子再请客"的城市发展战略。一方面,对原有土地进行重新规划,加强城市基础设施建设与产业园区规划;另一方面,进行大规模招商引资,政府直接提供资本支持产业发展,培育了京东方、合肥长鑫等知名企业。也就是说,政府在扩大准经营性资源的同时,积极引导准经营性资源,使其协调发展,促进了经济的增长。

3. 大同模式

大同因煤而兴,有着"中国煤都"的称号,但由于资源几近枯竭,城市经济发展面临巨大的转型压力。同时,大同有着丰富的历史文化资源,是首批国家历史文化名城之一,有着云冈石窟、华严寺、古城墙等历史名迹。此时,区域政府提出"文化名城、旅游名都、生态名邑、经济强市"战略,采取"一轴双城"的规划,建设新城区,修复古城区,新城区建设使得土地价值升值,同时通过出让土地,获得资金建设资源。也就是说,区域政府根据地方特色投资、运营和参与本地准经营性资源,同时引导产业经济的主要方向,使得两类资源相辅相成。

可经营性资源与准经营性资源比例失衡的情况

部分区域政府盲目规划建设新城新区，城市化未能创造市场需求，从而导致很多市场潜力不足，最终因空置率过高，出现了"空城""鬼城"的现象，如某些城市建设缺乏资源以外的产业支撑，笼罩在"鬼城"的阴影下。

1. A市——过度建设下的"空城"

在土地财政的驱动下，A市产业的升级速度远远赶不上房地产开发的速度，大量的土地被迅速出让，产业无法及时导入，最终导致该市经济陷入萧条。这主要是由于当地政府在城市化的过程中，过于注重城市基础设施的公益性，而忽视了效益性，使得城市在建设基础设施时倾向于建设面子工程，城市建设重复浪费且管理落后，缺乏经济效益，投资回报无法收回。

2. B市——负债下的烂尾景区

B市政府不考虑当地的经济和产业情况，花费大量资金建设"形象工程""政绩工程"，不顾资源生成和配置的客观规律和路径，生搬硬套沿海发达地区的发展模式，最终陷入债务危机。

现有文献大多从需求侧研究政府支出或者政府的作用，这主要源于凯恩斯主义经济学的思想基础，即需求决定收入。具体而言，用支出法进行国民收入核算时，$GDP = C + I + G + (X - M)$。可以看出，需求侧决定国民收入的主要有消费（C）、投资（I）、政府支出（G）和净出口（X - M）四个方面，这也就是拉动经济的有"三驾马车"——消费、投资和出口——的说法的由来。在政府支出中最主要且最受关注的就是基础设施建设支出，这也是学者普遍关注的研究重点。受凯恩斯主义的影响，大部分学者在进行建模的过程中都会把政府的支出或者基础设施建设放在需求侧的角度进行考虑。[1] 虽然部分学者把政府支出分为消费性支出和投资性支出两部分，并分别放在需求侧和供给侧来进行考虑，最后得出了基础设施建设将有利于全要素生产率的提高的结论，但是，这其中有两点需要反思：一是在模型建立过程中把政府的投资性支出放在厂商生产中，把政府的消费性支出放在消费者消费中，这意味着把政府从市场中剥离开来。那

---

[1] 沈春苗、郑江淮：《宽厚的政府采购、挑剔的消费者需求与技能偏向性技术进步》，载《经济评论》2016年第3期，第39~49页。

么，政府在其中的作用是什么？仅仅是将政府收入分别交给了厂商和消费者吗？二是这类研究文章都是按照现有宏观经济学模型普遍的做法而没有考虑政府支出在供给侧的作用，大多将政府支出的回报来源归结于税收。然而，现实中，政府支出的回报不仅来源于税收，还来源于很多其他类型收入，例如国有资产收入、国债收入、收费收入以及其他收入等，这些都是政府支出的回报。以高速公路这一基础设施为例，其建设需要政府的支出，但在其建成后会有收费收入，而不是免费供人使用的，这一点很难用现有的理论模型来解释。

根据以往文献的研究结果，基础设施建设这类准经营性资源往往越多越好，因为这将增加需求，促进全要素生产率的增长，但是它没有办法解释为什么还要和产业经济协调。虽然凯恩斯主义曾提出，过多的政府支出会挤出私人投资，但还是无法从根本上解释结构性问题。因此，需要以新视角考虑政府支出，以及基础设施建设的作用，以期解决现实中面临的很多资源调配失衡的问题。

要解决上述两点问题，需要明确政府的双重属性，即政府不仅是区域的管理者，更是区域的微观代表，并在市场机制的作用下参与市场竞争，只不过它的竞争对手不是企业，而是其他区域政府。因此，中观经济学认为区域政府应当作为竞争者被引入竞争模型，而不是将政府从市场中剥离出来。不应单纯地将税收等同于支出，政府在经营准经营性资源的过程中，同样有投入和回报。而且政府在经营城市经济的同时，是要将其与产业经济相协调的。这是因为产业经济是根本，而城市经济是基础，二者相辅相成。只有在产业经济需要的基础上发展城市经济，才能助力整体经济的发展；只有在发展城市经济的基础上引导产业经济的走向，才能使二者协调发展，助力整体经济的发展。

四、小结

政府的作用是学界关注的热点，政府在我们的现实生活中也发挥着重要的作用，有些问题必须要找政府帮助解决。解释好政府的作用，就能在一定程度上讲好中国故事。本节内容相较以往微观经济学和宏观经济学观点对政府作用的定义，创新点主要体现在以下两个方面。

第一，从资源生成的角度重新认识政府。不同于西方经济学站在相对静止的视角将政府看作一个宏观的概念，本书在三类资源的基础上，将政府放在"区域"这一相对概念中,提出了区域政府具有"准宏观"和"准微观"的双重属性。具有准宏观属性的政府要做好区域的国家代表,不仅要调节、监督、管理本区域内的可经营性资源,还要以基本托底、公平公正、有效提升为原则来管理和分配非经营性资源;具有准微观属性的政府要做好区域的微观代表,在市场经济的条件下参与区域竞争,对可经营性资源进行规划、引导和扶持,对准经营性资源进行投资、运营和参与。

第二,区域政府在准经营性资源领域参与竞争。由此便引出了本书的主题"市场双重主体"中最主要的竞争主体——区域政府。市场竞争中不仅有企业在产业经济中的竞争,还有区域政府在城市经济中的竞争。由于二者的竞争领域不同,因此,区域政府与企业之间不存在竞争,但是二者均需在市场规则的作用下参与竞争才能使资源得到最优的配置。同时,准经营性资源与可经营性资源是相互制约、相互促进的互补关系,只有当准经营性资源与可经营性资源相配套时,才能促进区域经济的快速可持续发展。正是由于区域政府参与区域竞争,才为从供给侧研究区域政府的作用提供了理论支持。

第二节 区域政府存在"三类九要素"竞争

企业竞争与区域政府竞争是分属产业经济和城市经济的两个层面上的竞争。虽然二者在诸多方面有所差别,例如:企业竞争的目标是利润最大化,而区域政府竞争的目标是财政收入最大化;企业竞争的主要抓手是要素的投入,包括资本、劳动、土地、技术、企业家才能等的投入,而区域政府竞争的主要抓手是通过政策实施来优化要素组合并提升效率。但是,企业竞争与区域政府竞争并不是完全割裂开来的。一方面,企业竞争与区域政府竞争都需要在市场机制的作用下进行,只有在市场条件下才能实现资源的有效配置,尤其区域政府竞争也应当在市场规则的作用下进行,而不是将政府置于市场之外。另一方面,企业竞争是一切竞争的基础和前提,而区域政府竞争既服务于企业竞争,又反作用于企业竞争,或对企业竞争产生正向影响(区域政府竞争力的提高会使得区域内的经济发展水平提高,吸引要素资源的流入,有利于企业的竞争),或对企业竞争产生负向影响(区域政府的竞争可能会出现地方保护主义,不利于要素资源的流动，从而阻碍了企业的竞争）。因此，企业竞争与区域政府竞争虽然有所区别，但又有相似之处。

一、"三类九要素"竞争的含义

与企业竞争的具体表现形式类似，区域政府竞争的具体表现形式也可从其目标函数总结出来。可将区域政府财政收入函数①简化如下：

$$T = \tau \cdot P \cdot f(x_1, x_2, \cdots, x_N, y_1, y_2, \cdots, y_K) - \sum_{i=1}^{K} r_i y_i \quad (2-1)$$

其中，τ 为区域政府的平均税率，P 为生产产品的价格，$f(x_1, x_2, \cdots, x_N, y_1, y_2, \cdots, y_K)$ 为区域整体的生产函数，$x_i(i=1,2,\cdots,N)$ 为生产的投入要素，$y_i(i=1,2,\cdots,K)$ 为区域政府竞争的投入，$r_i(i=1,2,\cdots,K)$ 为区域政府竞争投入的平均成本。与企业生产函数不同的是，区域政府同样参与区域竞争，区域整体的生产函数不但有生产的投入要素，同时也包括区域政府竞争的投入，这一点是与以往研究对宏观模型设定有所不同的地方。

具体而言，区域政府竞争的目标函数是实现财政收入最大化，结合区域政府财政收入函数式（2-1）可知：财政收入的规模直接取决于区域的经济发展水平，这类似于企业竞争的产品端竞争；而区域政府作为区域的微观代表和宏观的管理者，其在竞争时的重要抓手是经济政策措施，这类似于企业竞争的投入端；而政策推行之后是否实施、实施的好坏和快慢主要取决于经济管理效率，这类似于企业竞争的管理技术端竞争，具体表现在财政收入函数就是区域产出函数 $f(x_1, x_2, \cdots, x_N, y_1, y_2, \cdots, y_K)$ 的优化，即在给定投入要素的情况下，可以产出更多的产品。

区域政府在经济发展水平、经济政策措施、经济管理效率这三个方面的"三类九要素"竞争如图2-2所示。其中，经济发展水平主要包括三个要素的竞争：项目投资竞争、产业链配套竞争、进出口贸易竞争。经济政策措施主要包括三个要素的竞争：基础设施投资政策竞争，人才、科技扶持政策竞争，财政、金融支持政策竞争。经济管理效率主要包括三个要素的竞争：政策体系效率竞争、环境体系效率竞争、管理体系效率竞争。下面将具体介绍区域政府的"三类九要素"竞争。

---

① 现实中，区域政府的税收有一套科学的规定制度，根据不同的情况设置不同的税收和补贴政策。式（2-1）只是简化了的区域政府财政收入函数。

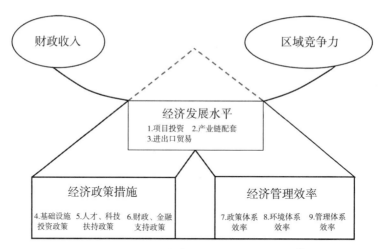

图2-2 区域政府的"三类九要素"竞争①

二、经济发展水平竞争

经济发展水平主要包括三个要素的竞争：项目投资竞争、产业链配套竞争、进出口贸易竞争。其中，项目投资竞争和产业链配套竞争是供给侧的竞争，进出口贸易竞争是供给侧和需求侧两方面的竞争。这主要体现了区域政府对产业经济的引导和规划、调节和管理，也体现了区域政府在参与区域竞争、把区域的"蛋糕"不断做大的过程，即 $f(x_1,x_2,\cdots,x_N,y_1,y_2,\cdots,y_K)$ 增加的过程。

项目投资竞争主要包括三种：一是国家重大项目竞争，二是社会投资项目竞争，三是外资引进项目竞争。国家重大项目主要集中在基础研究项目和上游产业，在整体国民经济发展中占据绝对重要地位，同时也意味着会拥有更广阔的市场；社会投资项目包含生产阶段的各个方面，是区域经济发展的基础；外资引进项目则主要集中在高端产业，例如智能制造、云计算与大数据、物联网等新兴产业和高科技产业项目，这类项目的竞争具有很强的技术溢出效应，不仅是区域经济发展的基础，还会在企业层面优化区域生产函数 $f(x_1,x_2,\cdots,x_N,y_1,y_2,\cdots,y_K)$，对区域经济发展具有很强的推动力。

---

① 陈云贤：《市场竞争双重主体论——兼谈中观经济学的创立和发展》，北京大学出版社2020年版，第109页。

产业链配套竞争就是打破比较优势，提高忧患意识，不断生成资源，创造比较优势的竞争，对应前文所述区域生产函数中生产投入要素 x_i（$i=1,2,\cdots,N$）的竞争。具体而言，产业链配套竞争主要从生产要素和产业两方面进行。生产要素的竞争除了是对资本、人力、数据等传统生产要素的竞争，更细化地看，还是对更加高端的生产要素的竞争，如附有技术的资本——机器人、人工智能等高端生产要素的竞争；对于产业的竞争，区域内根据其天然资源的禀赋优势，会形成具有自身特色的产业优势，因而区域政府对产业链的竞争除了保障产业链条的配套完整外，还应注重产业结构的优化和升级。总而言之，对产业链的竞争不仅应从整体上对生产要素和产业链配套完整的竞争，还应该关注结构性的竞争，即对引进高端生产要素、引进优质高端产业链的竞争。

相较于项目投资竞争和产业链配套竞争，进出口贸易竞争既是供给侧的竞争，也是需求侧的竞争，目的是扩大需求市场，从而以需求拉动供给，提高经济发展水平。进出口贸易竞争主要包括四个方面：一是加工贸易占比，二是对外投资，三是资本输出，四是进口贸易。其中，加工贸易占比、对外投资和资本输出都是需求侧的竞争，目的是扩大海外市场，从而带动区域内的供给侧发展。进口贸易的竞争主要包括高科技产品、产业和项目，是供给侧的竞争，其中最主要的是外商直接投资（FDI）。外商直接投资占区域 GDP 的比重被现有文献广泛用作测度区域政府竞争力的指数，主要是由于外商直接投资反映了区域的经济发展水平以及区域政府的支持和优惠力度等竞争力。相反，外商直接投资有两方面属性使其成为区域政府竞争的重点：一是外商直接投资是一种资本，其作为生产要素可以直接投入产出，对应前文所述的区域生产函数，表示生产投入要素 x_i（$i=1,2,\cdots,N$）的扩大；二是外商直接投资附带了技术属性，这是因为外商的直接投资将带来海外优秀的管理经验、技术机器、管理和营销经验等，有很强的正向溢出效应，对应前文所述区域生产函数，表示区域生产函数 $f(x_1,x_2,\cdots,x_N,y_1,y_2,\cdots,y_K)$ 的优化。

三、经济政策措施竞争

经济政策措施主要包括三个要素竞争：基础设施投资政策竞争，人才、科技扶持政策竞争，财政、金融支持政策竞争。这既体现了区域政府对城市经济的经营和参与及对产业经济的扶持，也体现了区域政府在参与区域竞争时在投入端 $y_i(i=1,2,\cdots,K)$ 和 $r_i(i=1,2,\cdots,K)$ 两方面的竞争。其中，基础设施投资政策竞争属于硬竞争，人才、科技扶持政策竞争和财政、金融支持政策竞争属于软竞争。经济政策措施的竞争主要需要区域政府的制度创新，但是制度创新依旧存在成本，需要依靠财政支出来负担制度创新的成本。

基础设施竞争是区域政府在城市经济上的硬竞争，包括交通基础设施、信息化平台设施、工程性基础设施、社会性基础设施和智能科技平台等基础设施的竞争。区域基础设施与产业经济具有一定的互补性，二者相辅相成，共同发展。产业经济若没有基础设施建设的助力，就很难与市场搭建起畅通的道路和信息沟通的桥梁，从而影响产业经济的发展。而基础设施的完善将助力产业经济发展，产业经济的发展又将提高区域的经济发展水平，从而提升基础设施的建设水平，形成良性循环，反映在区域产出函数中就是政府投入 $y_i(i=1,2,\cdots,K)$ 增加的过程。若区域基础设施适当超前于产业经济发展，就会成为区域发展的新引擎，带动产业的发展，实现政府的超前引领；若区域基础设施落后于产业经济的发展，则会降低区域政府在经济发展水平三要素方面的竞争力，不仅难以在需求侧形成竞争力，还可能在供给侧失去原有的竞争力，阻碍区域经济的发展。

【案例 2-4】

高铁之争

地区间最热门的基础设施竞争当属对高铁的争夺。2017年，《中国经济时报》通过搜集公开数据整理了截至2017年部分地区对高铁的争夺之战：2009年沪昆高铁湖南段规划时，娄底市的冷水江市、新化县与邵阳市开始争夺高铁设站，最终同时在娄底和邵阳设站；2009年郑万高铁规划时，湖北十堰和襄樊（襄阳）对高铁设站之争，最后得到国家发展和改革委员会批复在襄阳设站；2015年沪汉蓉高铁规划时，湖北荆州为争夺高铁设站，由长江创业商会组织了民间倡议活动；2015年达渝城际铁路规划时，四川省广安市邻水县群众走上街头，希望城际铁路可以过境；2017年，邹城、曲阜两城就高铁站命名问题展开了争夺；2017年，山东省人大代表提交了"关于京九高铁过境济宁梁山并设站的建议"；2017年，河南省濮阳市在市委机关报《濮阳日报》的官方微信发布了题为"九问京九高铁为何过濮不设站？"的文章；2017年，在柳州至贺州城际铁路建设规划时，平乐县、金秀瑶族自治县和蒙山县都为铁路设站展开了争夺。①

可以看出，各地区为了争夺高铁过境设站可谓各显神通，不仅有区域政府直接向上级政府争夺、区域政府官方为舆论造势，还有民间群众组织的倡议活动。区域政府间为何对高铁的争夺如此激烈？这一点学者已经从实证科学的角度给出了答案。王雨飞和倪鹏飞（2016）通过空间计量模型、超制图学方法以及全国284个地级及以上城市的数据，验证了开通高铁对经济发展的增长效益以及溢出效应，与此同时，高铁也改变了区域和城市的空间结构、分布结构和层级结构。董艳梅和朱英明（2016）使用双重差分倾向得分匹配（PSM-DID）方法验证了高铁建设对城市的就业、工资和经济增长的总效应显著为正，而且高铁通过就业对工资和经济增长的效应整体为正，但是这种影响也存在空间的差异。这些研究都说明高铁的建设对地区的就业、经济、工资有正向的影响，可以促进经济的发展，同时也造成了结构性的变化，体现了基础设施建设对经济的助力作用。

同时，经济的发展同样会反作用于基础设施的建设。2017年《中国商报》的报道指出：虽然各地的"高铁之争"如此激烈，但是"高铁之争"大部分都发生在发展相对落后的地方县市一级，而发展相对较好的大中城市基本不会存在如此激烈的"高铁之争"。② 这说明产业经济的发展将提高区域的经济发展水平，从而提升基础设施的建设水平，构成良性循环。

人才、科技是区域经济发展的重要投入要素，是区域政府的软竞争。反映在区域产出函数就是生产投入要素 $x_i(i=1,2,\cdots,N)$ 和政府投入 y_i $(i=1,2,\cdots,K)$ 增加的过程。人才类似于外商直接投资，同样有双重属性。人才的重要性不只在于它是劳动力，更重要的是其背后的人力资本和创新能力，因此，人才和科技的竞争实质上是技术水平和创新水平的竞争。人才和科技主要指科学家、从事科技活动的人员、工程师、科学家、研究生人数、高校专任教师等高技能劳动力人员和科技教育经费两个方面。

---

① 王彩娜：《高铁争夺战一览》，载《中国经济时报》2017年9月15日，第8版。
② 余明辉：《停息"高铁之争"需多样化发展路径》，载《中国商报》2017年8月16日，第P01版。

【案例2-5】
各地区人才引进情况

2021年5月11日国家统计局发布的第七次人口普查数据显示：我国人口的年均增长率为0.53%，相较2010年的第六次人口普查降低了0.03%，尤其是0~14岁人口的比重上升1.35个百分点，15~59岁人口的比重下降6.79个百分点，60岁及以上人口的比重上升5.44个百分点，65岁及以上人口的比重上升4.63个百分点。[①] 这说明我国不仅人口增速整体进一步放缓，而且人口老龄化问题进一步加剧，适龄的劳动力人口比重下降，劳动力供给相对减少。因此，劳动力问题成为最近社会各界普遍关注的焦点。特别是人才的竞争一直都是区域政府竞争的重点，近年来各省市引发的"抢人大战"就是区域政府通过经济政策吸引人才的一种典型方式。经济政策主要包括落实户口、财政奖励补贴、住房保障、提供研究经费、配偶和子女的安置、医疗保障等。张文武和张为付（2020）从实证的角度研究了哪类政策对人才的吸引度更高，结果发现城市规模、公共服务和人才补贴对人才均有正向的吸引作用，尤其是人才补贴政策的吸引力度最大，但是高房价无疑阻碍了人才的引进。此外，学界近年开始关注"抢人大战"这类人才引进政策的经济效益，例如，孙文浩和张益丰（2019）的研究结果说明人才集聚对高技术产业和传统产业的集聚有显著的非线性影响，而且人才集聚的结构存在问题。

财政、金融支持政策是区域政府通过优化支出结构，促进供给侧和需求侧结构性改革，提高区域政府竞争力的手段，是区域政府的软竞争因素。反映在区域产出函数就是生产投入要素 $x_i(i=1,2,\cdots,N)$ 和政府投入 $y_i(i=1,2,\cdots,K)$ 增加的过程。财政政策是传统宏观经济中政府的主要干预手段，但宏观经济学在研究财政支出和收入时，仅仅将政府作为一个调控者，并将政府放在需求侧进行分析，因此也无法解释结构性问题。中观经济学提到的财政、金融支持政策则是指区域政府通过优化财政投资性支出、消费性支出和转移性支出三类所占的比例，以促进经济更好地增长。

基础设施竞争与财政、金融支持政策竞争是相互牵制的两类要素竞

---

① 数据来源：国家统计局官网（www.stats.gov.cn）。

争,因为基础设施竞争主要依靠政府的财政支出,现有经济学理论和文献普遍验证了政府的支出将挤出私人投资,表现在上述区域生产函数就是虽然使得政府投入 $y_i(i=1,2,\cdots,K)$ 增加,但是减少了生产投入要素 x_i $(i=1,2,\cdots,N)$。Huang 等(2020)的研究说明了我国的信贷市场存在着区域的分割,地方政府基础设施支出的增加,将进一步增加地方政府的债务,这就不得不挤出对企业,尤其是私营企业和小微企业的财政和金融支持。因此,在政府财政收入有限的前提下,区域政府在经济政策措施方面的竞争需要平衡好基础设施竞争与财政、金融支持政策之间的均衡关系。

四、经济管理效率竞争

经济管理效率主要包括三个要素竞争:政策体系效率竞争、环境体系效率竞争、管理体系效率竞争。这主要体现了区域政府的管理效率水平将影响经济发展水平和经济政策措施两类竞争,也体现了区域政府在参与区域竞争时不断优化区域产出函数 $f(x_1,x_2,\cdots,x_N,y_1,y_2,\cdots,y_K)$ 的过程。经济管理效率的竞争不仅需要区域政府的制度创新,更需要区域政府的机制创新,而无论是制度创新还是机制创新的成本都需要由政府的财政支出来负担。

政策体系效率竞争主要包括对外政策体系效率竞争和对内政策体系效率竞争两方面。政策体系效率是经济管理效率的前提,政策体系决定着环境体系和管理体系的方向和水平。完善的政策体系应确保具备五点特征:求实性、先进性、操作性、组织性和效果导向性。求实性是指政策体系一定要因地制宜,根据各区域的实际情况制定适合自己发展的政策体系,例如中国特色社会主义就是将政策与实际情况结合的一个出色的例子。先进性是指政策体系的制定需要区域政府发挥超前引领的作用。操作性是指政策的制度要落在实处,有针对性和可实施性。组织性是指政策体系要有专门的机构和人员负责和实施。效果导向性就是要有监管和评价机制,促进政策体系的发挥效率。

政策体系效率的竞争主要依靠制度的创新,最成功的案例无疑是 1978 年 12 月党的十一届三中全会后,我国开始实行的对内改革、对外开放的政策。我国 1952—2020 年全国 GDP 与 GDP 增速如图 2-3 所示,自 1978 年以后,近 30 年来,我国 GDP 增速保持在 10% 左右,GDP 在 21 世纪初呈现快速增长态势。雷钦礼(2017)将制度变量引入 CES 生产函数,从理论上论证了制度会通过影响资源配置效率和生产要素技术效率从而影响经济增长，从实证上验证了1978年的改革开放从根本上改变了资本和劳动力的替代弹性——我国由计划经济按固定比例配置资源转变为企业在市场中决定资源的配置，大大提升了资源配置的效率。这表明中国依靠改革开放这一制度性创新，提高了政策体系的效率，改变了产业经济的性质，提升了产业经济的效率，从而带动了经济整体的效益，实现了经济的快速发展。

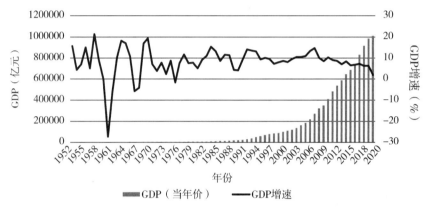

图2-3　1952—2020年全国GDP与GDP增速

（资料来源：国家统计局官网。）

环境体系效率竞争主要包括生态环境、人文环境、政策环境、营商环境和社会信用体系环境等方面。环境体系效率竞争主要需要区域政府的制度创新和机制创新。生态环境和人文环境是经济发展和人民生活的根本，是区域政府竞争的基础点，政策环境、营商环境和社会信用体系环境决定着经济发展的水平。尤其是营商环境的竞争将直接决定经济发展水平中项目投资、产业链配套和进出口贸易三类要素的竞争，近年来备受政府的关注。营商环境的优化主要指对准入门槛的降低，行政审批环节、时间、成本等方面的减少，市场监管的优化，融资环境的改进，等等。世界银行营商环境小组主要通过营商环境指标体系来测度各国的营商环境。2019年10月24日，世界银行正式发布《2020年营商环境报告》，报告显示中国营商环境总体得分为77.9分（即中国达到了全球最佳水平的77.9%），比2018年上升4.26分；排名比2018年提升15位，首次挤进前40位列第31位。而营商环境的优化不仅要依靠制度的创新，还要依靠机制的创新。区域政府在行政方面对营商各阶段的行政审批环节进行精简属于制度创新，是在根本上改善营商环境。与此同时，区域政府还可以在技术方面优化营商各阶段所需的时间和金钱成本,例如,数字政府的引入使得政府的办事效率提高。另外,近年来,生态环境随着碳中和概念的提出也开始受到区域政府的重视,深圳 2021 年 3 月 23 日公布了生态系统生产总值(GEP)的测度方法规范——《深圳市生态系统生产总值(GEP)核算技术规范》,这就属于在生态环境方面的环境体系竞争。

管理体系效率竞争是区域政府内部行政管理活力、速度、质量、效能的总体反映。区域政府要想实现超前引领,其首要条件就是与时俱进,跟上时代和产业发展的步伐,更好地发挥好其区域内微观代表和宏观管理者的角色。尤其是在如今数据爆炸的时代,信息畅通是提升管理速度、质量和效能的前提,创新机制,将技术引入区域政府行政管理的日常生活中,是决定管理体系效率竞争的关键。例如,将人工智能算法应用到市场监管中,不仅提高了监管的效率,更提高了监管的精度,是对区域政府和企业两方面的减负,对应区域产出函数,管理体系效率竞争对应着从区域政府和企业两个方面优化区域产出函数 $f(x_1, x_2, \cdots, x_N, y_1, y_2, \cdots, y_K)$。另外,管理体系效率竞争的另一个关键是区域政府办事人员学历的提升和跨学科的交流与互补。

五、区域政府"三类九要素"竞争的指标体系

对于区域政府竞争力的衡量,现行文献普遍的做法是使用外商直接投资或者使用地方财政一般性支出与地方财政一般性收入之比等作为区域政府竞争力的衡量指标。但是,从中观经济学的角度出发,区域政府存在"三类九要素"的竞争,因此,以往文献将外商直接投资作为衡量区域政府竞争力的衡量指标则显得过于片面:外商直接投资仅能衡量经济发展水平中的进出口水平,不能衡量区域政府在其他方面的竞争水平;地方财政一般性收入之比虽然在整体上涵盖了"三类九要素"的竞争(由区域政府竞争力决定机制——DRP 模型可知,区域政府对"三类九要素"的竞争主要通过财政的支出),但是中观经济学更加关注结构的差异,"三类九要素"对区域政府竞争力的决定权重有所不同。因此,地方财政一般性收入之比过于笼统,无法反映结构化的差异。

下面将根据前文对"三类九要素"竞争的分析,构建区域政府"三类九要素"竞争的指标体系,如表 2-1 所示,用以评定区域政府的综合竞争力,弥补以往文献对区域政府竞争的测度过于片面的问题。但本书只阐述区域政府竞争力综合评价体系的构建思路,并未做相关实证分析。

表2-1 区域政府竞争力综合评价体系

一级指标A	要素	二级指标B	权重(%)	指标方向
A1 经济发展水平 （W1）	项目	B11 国家重大项目	W11	正向
		B12 社会投资项目	W12	正向
		B13 外资合作项目	W13	正向
	产业链	B14 全球价值链参与指数	W14	正向
		B15 全球价值链地位指数	W15	正向
		B16 国内附加值比较优势指数	W16	正向
	进出口	B17 进出口贸易总额/GDP	W17	正向
		B18 FDI/GDP	W18	正向
A2 经济政策措施 （W2）	基础设施投资政策	B21 交通基础设施发展程度	W21	正向
		B22 医疗卫生基础设施发展程度	W22	正向
		B23 教育基础设施发展程度	W23	正向
	人才、科技扶持政策	B24 R&D 投入/GDP	W24	正向
		B25 高端人才引进数量	W25	正向
	财政、金融支持政策	B26 企业融资约束	W26	正向
		B27 财政对民营企业补贴的支出	W27	正向
A3 经济管理效率 （W3）	政策体系效率	B31 法制教育普及程度	W31	正向
		B32 社会福利保障程度	W32	正向
		B33 城乡居民居住满意度	W33	正向
	环境体系效率	B34 营商环境	W34	正向
		B35 生态环境	W35	正向
	管理体系效率	B36 居民公务办事满意度	W36	正向
		B37 紧急事态应对的社会评价	W37	正向

部分二级指标的具体衡量方式如下：产业链是一个包含价值链、企业链、供需链和空间链四个维度的概念。① 对于产业链竞争力的量化，本评价体系借鉴黄光灿等（2019）的指数构建方法，引用全国价值链参与指数（GVC-Participation）、全国价值链地位指数（GVC-Position）与国内附加值比较优势指数（RCA-DVA）作为产业链程度度量的二级指标。

交通基础设施发展程度的度量可借鉴刘冲和周黎安（2014）使用数据库测算的区域内高速公路里程数和分布密度。医疗卫生基础设施发展程度使用每千人卫生技术人员数量度量。教育基础设施发展程度使用教育经费/GDP 的比重来衡量。

企业融资约束使用企业现金流敏感度来衡量。社会福利保障程度可以使用基本医疗保险参保人数来衡量。营商环境可以借鉴世界银行的营商环境指标体系来度量。生态环境可以借鉴徐涵秋（2013）构建的评价指数来度量。

对于权重 W 的度量，建议构建权重评分矩阵，使用层次分析法进行计算。具体而言，首先构造判断矩阵。令 A 为判断矩阵，用以表示同一层次多个指标的相对重要性的判断值，则有 $A = (a_{ij})_{m \cdot n}$。矩阵 A 中各元素 a_{ij} 表示横行指标 A_i 对各列指标 A_j 的相对重要性的两两比较值。评分规则和打分矩阵分别如表 2-2、表 2-3 所示。

表 2-2 权重的评分规则

甲指标与乙指标比较	极端重要	强烈重要	明显重要	比较重要	重要	较不重要	不重要	很不重要	极不重要
甲指标评级值	9	7	5	3	1	1/3	1/5	1/7	1/9

表 2-3 权重的打分矩阵

矩阵	A_1	A_2	…	A_m
A_1	a_{11}	a_{12}	…	a_{1m}
A_2	a_{21}	a_{22}	…	a_{2m}

---

① 吴金明、邵昶：《产业链形成机制研究——"4+4+4"模型》，载《中国工业经济》2006 年第 4 期，第 36~43 页。

续表 2-3

矩阵	A_1	A_2	…	A_m
…	…	…	…	…
A_m	a_{m1}	a_{m2}	…	a_{mm}

层次分析法的信息基础是判断矩阵，利用排序原理，求得各行的几何平均数，得到式（2-2）：

$$\bar{a}_i = \sqrt[m]{\prod_{j=1}^{m} a_{ij}} \qquad (2-2)$$

然后计算各评价指标的重要性权数 w_i：

$$w_i = \frac{\bar{a}_i}{\sum_{i=1}^{m} \bar{a}_i} \qquad (2-3)$$

六、区域政府竞争力决定机制——DRP 模型

正如前文提到的，提高区域政府竞争力的成本需要由政府的财政支出来承担。也就是说，区域政府通过财政支出来参与"三类九要素"竞争：区域政府消费性支出（consumption expenditure，CE）主要用于提高区域政府的经济管理效率，即提升区域内的环境配套、管理体系配套和政策配套水平；区域政府投资性支出（investment expenditure，IE）主要用于提高区域政府的经济政策水平，即提高区域内的基础设施建设水平；区域政府转移性支出（transfer expenditure，TE）主要用于提升区域内的经济政策水平，即提高区域内的人才、科技和财政、金融支撑水平。

区域政府竞争力决定机制——区域资源规划（district resource planning，DRP）系统模型实质上回答了结构性问题，即在财政收入有限的前提下，如何通过优化财政支出结构，权衡"三类九要素"的竞争力，从而增加整体的竞争力。DRP 模型如下[①]：

$$\underset{\{CE, IE, TE\}}{\text{MAX}} \left(\frac{ELA}{ELA + \overline{ELA}} \right) \times FS + \left(\frac{\overline{ELA}}{ELA + \overline{ELA}} \right) \times DEV$$

---

① 具体模型设定和推导过程请参考陈云贤《市场竞争双重主体论——兼谈中观经济学的创立和发展》，北京大学出版社 2020 年版，第 115～120 页。

$$\times \left(\frac{\varphi_1}{\varphi_1 + \varphi_2 + \varphi_3} EME + \frac{\varphi_2 + \varphi_3}{\varphi_1 + \varphi_2 + \varphi_3} POL \right)$$

$$s.t. \ CE + IE + TE = FE$$

$$FS > 0$$

$$\varphi_1 + \varphi_2 + \varphi_3 \neq 0 \qquad (2-4)$$

式中，ELA 表示财政支出弹性（外生给定），FS 表示财政盈余，DEV 表示区域经济发展水平，φ_1 表示消费性支出乘数（即一单位消费性支出产生多少单位总产出），φ_2 表示投资性支出乘数（即一单位投资性支出产生多少单位总产出），φ_3 表示转移性支出乘数（即一单位转移性支出产生多少单位总产出），EME 表示区域经济管理效率，POL 表示区域经济政策水平，CE 表示消费性支出，IE 表示投资性支出，TE 表示转移支出，FE 表示财政支出。DEV、EME、POL 的表达式如下：

$$DEV = Y = \varphi_1 \times CE + \varphi_2 \times \frac{IE}{\lambda} + \varphi_3 \times TE + C_1$$

$$EME = \omega \varphi_1 \times CE/FInc$$

$$POL = \omega \varphi_2 \times \frac{IE}{\lambda}/FInc + \omega \varphi_3 \times TE/FInc$$

其中，ω 表示税收比例，λ 表示准经营性资源在公共部门中的配置比例，Y 表示区域内的总产出，$FInc$ 表示财政收入，其表达式如下：

$$FInc = \tau CumP(IE) + \omega Y + C_2$$

式中，$\tau CumP(IE)$ 表示收费收入。

下面主要对 DRP 模型进行经济学意义上的解释：$\left(\frac{ELA}{ELA + \overline{ELA}} \right) \times FS$ 表示的是总量维度上的经济效率，因为财政盈余从侧面反映了区域政府对财政收入的使用能力，所以有财政盈余表明区域政府的整体经济效率偏高，在财政收入范围内完成了既定的经济与政治任务，财政盈余越少则表明区域政府整体经济效率越低；$\left(\frac{\overline{ELA}}{ELA + \overline{ELA}} \right) \times DEV \times \left(\frac{\varphi_1}{\varphi_1 + \varphi_2 + \varphi_3} EME + \frac{\varphi_2 + \varphi_3}{\varphi_1 + \varphi_2 + \varphi_3} POL \right)$ 表示的是结构维度上的经济效率，区域经济管理效率（EME）和区域经济政策水平（POL）作为区域经济发展水平（DEV）的效率共同决定了结构维度的区域经济效率，实质是消费性支出、投资性支出与转移性支出在"三类九要素"上的结构构成，因此，结构维度的经济效率主要根据权重

来优化财政支出结构,从而获得结构维度经济效率的最大化。

七、小结

区域政府"三类九要素"竞争的提出是中观经济学的主要创新点之一。虽然现有文献研究普遍关注区域政府的竞争,但大多都是从某一点切入,单独研究区域政府在某一个方面的竞争力。本书则从区域政府的"三类九要素"竞争的角度具体全面地衡量区域政府的综合竞争力。本节对比企业在产品端、投入端和管理技术端的竞争提出了区域政府的"三类九要素"竞争,主要包括:经济发展水平的三个要素竞争——项目投资竞争、产业链配套竞争、进出口贸易竞争;经济政策措施的三个要素竞争——基础设施投资政策竞争,人才、科技扶持政策竞争,财政、金融支持政策竞争;经济管理效率的三个要素竞争——政策体系效率竞争、环境体系效率竞争、管理体系效率竞争。

经济发展水平的竞争不仅体现了区域政府对产业经济的引导和规划、调节和管理,而且体现了区域政府在参与区域竞争、把区域的"蛋糕"不断做大的过程。经济政策措施的竞争不仅体现了区域政府对城市经济的经营和参与、对产业经济的扶持,而且体现了区域政府在参与区域竞争时在投入端的竞争。经济管理效率的竞争不仅体现了区域政府的管理效率水平将影响经济发展水平和经济政策措施两类竞争,而且体现了区域政府在参与区域竞争时不断优化区域产出函数的过程。区域政府在"三类九要素"的竞争过程中主要投入的是制度创新和机制创新,但是制度创新和机制创新的成本需要由政府财政收入来负担。

根据前文介绍的"三类九要素"竞争,本节提出了测度区域政府竞争力综合评价体系,并具体介绍了部分二级指标的度量方法和权重衡量方法。鉴于笔者数据资源有限,并未能使用该指标体系进行实证研究。

区域政府竞争力的成本需要由政府的财政支出来承担,因此,其竞争力最终受到财政支出能力的约束。中观经济学根据区域政府的消费性支出主要用于提高区域政府的经济管理效率,区域政府的投资性支出主要用于提高区域政府的经济政策水平,区域政府的转移性支出主要用于提升区域内的经济政策水平的原则,提出了 DRP 模型,这实质上是用于权衡财政支出的支出结构,以获得最大经济效率的数理模型。

第三节 区域政府对中观经济资源进行调配

中观经济不仅包括可经营性资源（产业经济），还包括非经营性资源（民生经济）和准经营性资源（城市经济）。区域政府作为中观经济的调配主体，不仅要对非经营性资源基本托底、公平公正、有效提升，对可经营性资源进行调节、监督、管理及规划、引导和扶持，还要对准经营性资源进行投资、运营和参与。

虽然区域政府对中观经济资源调配的直接或者间接目的具有多元化，例如，追求区域内经济的最大化，吸引劳动力、资本等生产要素的流入，扩大经济和政治影响力，官员的升迁，等等，但是最直接也是最核心的目的是获得财政收入的最大化。而财政支出作为政府行使职能的重要手段，参与对三类资源的管理，决定了财政收入的最大化。另外，由于准经营性资源兼具可经营性资源和非经营性资源的特性，因此，在一定程度上，准经营性资源与可经营性资源可以进行转换。区域政府作为准经营性资源调控的主体，如何投资、运营和参与准经营性资源是其最核心、最重点的问题。

一、区域政府对中观经济资源调配的目的

区域政府对中观经济资源进行调配并参与竞争的目的是多元化的。首先，区域政府竞争的最根本目的是区域内经济总量的最大化。区域政府作为中观经济的资源调配主体，管理着区域内的各类资源，其微观属性就是区域内的微观经济利益代表，因此，区域政府参与竞争的根本目的是区域内的利益最大化。其次，区域政府竞争的间接目的是区域内资源总量的增加。区域政府的"三类九要素"竞争中的经济发展水平竞争，就是对生产要素的竞争，这不仅为本区域的经济发展提供了必不可少的投入资源，还扩大了区域的经济、人口、城市规模，有利于区域的进一步发展和扩大政府的权力范围。另外，从个人的角度来看，区域政府竞争的背后是官员之间的竞争，官员竞争的目的就是获得百姓和上级的认可，以此获得升迁的机会。总而言之，区域政府竞争的目的可以概括为经济目的和政治目的两类，而经济目的是政治目的的基础，决定着政治目的的实现。

区域政府对中观经济资源调配，参与竞争的目标函数是财政收入的最

大化。虽然区域政府竞争的目的是多元化的,但其竞争的目标函数可以概括为追求财政收入的最大化。首先,财政收入可以作为衡量区域政府财力的重要指标。财政收入决定了区域政府行使其责任的能力,因此,区域政府参与竞争的最直接目标就是财政收入的最大化。其次,财政收入可以作为衡量上述经济目的的指标。区域政府的经济目的是实现区域内经济的增长,人口、城市规模的增加,等等,而财政收入的最主要来源是税收,在税率给定的情况下,其反映了区域的经济发展水平。最后,财政收入可以作为衡量上述政治目的的指标。官员绩效考核的指标当中最重要的一项就是经济指标,财政收入作为一项重要依据,在很大程度上决定了官员的升迁,因此,财政收入也反映了这一类政治目的。

二、区域政府对中观经济资源调配的方式

区域政府在生成性资源领域参与竞争,对中观经济资源进行调配的根本目的是区域内的经济利益,落到实地便是最大化本区域的财政收入,参与竞争的重要抓手是政策,政策的执行需要由财政支出负担,可以说支出是为了获得更多的收入。为了便于分析,我们从区域政府财政支出的两个层级中提取出三类支出来讨论其函数关系:其一,消费性支出,主要用于提升区域经济中的环境配套水平、管理体系配套水平和政策配套水平,从而提高区域政府的管理效率;其二,投资性支出,主要用于提升区域经济中的基础设施建设,如道路、桥梁、电网等的水平,从而提高区域政府的经济政策水平;其三,转移性支出,主要用于提升区域经济的人才、科技和财政、金融支撑水平,与投资性支出一样,其目的也是提高区域政府的经济政策水平。

在特定时期内,区域政府的总支出是由财政预算事先确定的,而支出结构则决定区域政府在竞争过程中对三类资源的管控。因此,政府的财政支出(fiscal expenditure, FE)不变,但政府可以在不同领域当中调整支出分配的比例,以获得最大效率,从而获得更多的财政收入。由此,区域政府竞争面临的最优化问题为:

$$\underset{\{CE, IE, TE\}}{\text{MAX}} \ FInc = \tau CumP(IE) + \omega [\varphi_1 \times CE + \varphi_2 \times IE + \varphi_3 \times TE + C_1] + C_2$$

$$s.t. \ CE + IE + TE = FE$$

$$FInc \geqslant FE$$

$$0 < \omega < 1$$

(2-5)

式中，$FInc$ 表示财政收入，$\tau CumP(IE)$ 表示政府从基建项目中取得的收费收入，FE 表示财政支出，CE 表示消费性支出，IE 表示投资性支出，TE 表示转移支出，φ_1 表示消费性支出乘数（即一单位消费性支出产生多少单位总产出），φ_2 表示投资性支出乘数（即一单位投资性支出产生多少单位总产出），φ_3 表示转移性支出乘数（即一单位转移性支出产生多少单位总产出），ω 表示税收比例。

上述三类资源与三类支出的关系如下：对于可经营性资源（产业经济），政府遵循市场配置资源的原则，尽可能通过资本化手段，把资源交给企业、社会等各类国内外投资者。政府按照"规划、引导；扶持、调节；监督、管理"的原则去配套税收、财政补贴、折旧政策等，以此来引导和制约非政府投资的条件、方向、规模和结构。其中，区域政府财政补贴作为一种转移性支出，以价格补贴、外贸补贴、财政贴息等形式，通过现金或实物补贴的方式，作用于产业经济的生产、流通、分配和消费等全流程中。

【案例 2-6】
减税降费政策为企业发展增强信心

降税降费是新时代下推进供给侧结构性改革的重要手段，是为企业减负减成本的重要手段。为应对未预期冲击对市场和企业主体的影响，中共中央政治局常委、国务院副总理韩正 2020 年 7 月 10 日在财政部召开座谈会时表示，要扎实做好"六稳"工作，全面落实"六保"任务，落实落细减税降费政策，该减的要减到位，该降的要降到位，抓好资金直达市县基层，直接惠企利民。届时，国家税务总局表示，减税降费政策全部延长到 2020 年年底。

（1）需求侧：减税降费是政府对企业主要需要的帮扶政策。北京大学国家发展研究院张晓波团队通过微观企业调研发现，个体户、中小微企业对减租降费的呼声非常高，个体户达到 75% 以上，企业在 65% 以上，但落地比例是 20%~30%，成本减免平均是 25%。赋税减免和社保缓交的呼声在 40%~55%，50% 以上的企业享受到税收减免，46% 的企业享受到社保缓交。政策扶持落地情况有差异，主要是金融支持的落地最低，只有 15%；企业规模越小，所享受的政策覆盖程度越低，个体户享受的政策低于较大的企业。

（2）供给侧：政府切实为企业的减税降费做出了巨大的努力。减税降费政策为财政收支带来了巨大的压力，2020年1—5月累计，全国一般公共预算收入同比下降13.6%，其中，中央、地方收入分别同比下降17%、10.4%；全国税收收入66810亿元，同比下降14.9%。

（3）实际效果：让企业切实感受到利好，增加了企业的信心。正如彭飞等（2020）利用2006—2016年中国私营企业调查数据研究发现，降费力度越大，则呈现出越明显的降费效果。国家减税降费政策为企业减少了一部分成本压力，让企业感受到了切实的利好，增强了企业的信心。北京大学国家发展研究院等7月11日发布了针对2519家中小微企业的调研结果：与2月时相比，5月企业家总体信心显著提升。

下面是盼盼食品集团和翔宇实业集团这两个典型企业主体对减税降费政策的切实体会。

盼盼食品集团品牌总经理宋长镇对中国经济时报记者表示："2018年、2019年国家减税力度很大，2020年为应对冲击，出台了更大力度的减税降费政策，是利企利民的好政策。当前盼盼面临的困难是冲击导致人工成本上升、外贸出口受影响。"

"2020年上半年，国家实施的减税降费政策覆盖面广、指向性强，为企业抗击冲击、稳定发展增强了信心，有助于激发市场微观主体的活力。"翔宇实业集团董事长林凡儒对本报记者表示，"这些政策为公司节省了几千万元，未来将把节省的资金进一步投入到医药科技研发、大健康产业发展上面。"

由此可见，政府通过减税降费的手段，按照"扶持、调节"的原则，能帮助产业经济应对不确定性因素，使其尽快恢复产能。

（资料来源：2020年7月13日《中国经济时报》之《解盘年中经济｜落实落细减税降费政策中小企业总体信心提升》。）

对非经营性资源（民生经济），区域政府应责无旁贷地全面承担起供给、调配和管理责任，按照"基本托底、公平公正、有效提升"的原则来配套社会安全和社会保障政策。例如，从属于财政购买性支出的区域行政管理与国防支出，以及从属于财政支出中最重要的转移性支出项目的社会保障支出。

对于准经营性资源（城市经济）的运营，即城市基础设施软硬件的投资、开发与建设，区域政府应根据自身的财政状况、市场需求和社会民众的可接受程度等因素来决定是按可经营性资源的原则来调配、开发，还是按公益性事业的原则来运行、管理。这是本书要讨论的一个重点，下面具体展开讨论。

首先是城市基础设施硬件，主要可分为两类：一是经济性基础设施，即永久性工程建筑、设备设施等；二是社会性基础设施，即文教、医疗、社会保障设施等。作为区域政府财政购买性支出两大部分之一的投资性支出，主要是对城市基础设施硬件的投资。城市基础设施硬件处于区域经济发展链条的上游，即区域三大产业的发展一般都要求拓展城市基础设施硬件的投资、开发与建设的规模，加快其速度，甚至适度超前发展。由城市基础设施硬件产生的产品和服务的价格，也进入其他产业产品的成本之中，城市基础设施硬件的价格变动也将引起产品成本波动等连锁反应。

其次是城市基础设施软件。在区域政府的财政支出项目中，对城市基础设施软件的投资属于财政购买性支出中的社会消费性支出，主要包括教育、科学、文化、卫生、体育、出版、地震、海洋等方面的经费、研究费和补助费支出。一方面，世界各国区域政府都把教科文卫支出纳入非生产性支出范畴，认为其在经济发展过程中并不直接创造物质财富，而是直接消耗物质财富；另一方面，从其经济属性上看，教科文卫等领域的大部分项目活动又不完全是区域政府提供的纯公共物品，其也包含了私营企业直接投资、建设、发展的部分。从世界史的进程来看，在教科文卫等领域，世界各国区域政府的投资与私营企业的投资是并存的、同生同长的。因此，教科文卫项目部分不完全是区域社会的公共项目。

【案例2-7】

高等学校是关乎人才培养的重要平台，是各国创新的主要源产地，高校的办学不仅属于城市基础设施的硬件（校区教学设施、生活设施的建设），还属于城市基础设施的软件（学校科研投入、教学投入）。而根据高校的资金来源，可以明显体现其准经营性资源的属性。

王小军（2009）研究对比分析了中国和美国高校办学资源的来源。他发现，两国高校办学的资金来源类型大致相同，主要有财政拨款、学费收入、社会捐赠等。由此可以看出高校办学的准经营性资源的属性，因为其不是纯公共物品属性，不仅需要政府提供资金支持，还需要具体受益者的支付和其他方式的资金支持。但中美两国各类资金来源所占的比例不同。对于中国而言，高校办学资金来源主要是财政拨款和学生学费收入，这两项占到学校年基本办学经费收入的80%以上，但是财政拨款的总量相较于其他发达国家还有很大距离。1970—2002年，日本教育经费占国家财政预算的比例为19.6%~20.4%，中东和北非地区平均为15.9%~21.1%，拉丁美洲与加勒比海地区平均为13.6%~17.8%，而我国只有4.3%~12.8%。中国其他类型的资源来源较少，也非常不稳定。美国高校的资金来源虽然主要也是财政拨款和学费收入，但与中国不同的是，美国的捐赠收入占其办学资金来源很大比例，尤其是私立大学甚至会高达70%，而在公立大学一般也会有10%，除此之外还有发行教育债券和其他类型的收入。

通过对比可以发现，中国和美国的高校收入都体现了其准经营性资源的属性，即资金来源不仅是政府拨款，还有一些社会资金。但是，资金来源的比重有很大不同，这主要源于两国的区域政府自身的财政状况、市场需求和社会民众的可接受程度等因素的不同。相较于中国高校，美国高校更加重视捐赠和基金会的建设，而且会通过对目标捐赠者的长期培养来获得持续捐赠，其宽松的捐赠环境也为美国高校接受捐赠提供了一定的保障。

在不同的发展阶段，不同类型的财政支出带来的收益率有所不同，也就是说$\varphi_i(i=1,2,3)$是时变的。根据竞争型经济增长[①]的阶段划分可知：在要素驱动阶段，经济的增长主要依靠产业经济中的要素投入和有效配置，此时φ_3要大于φ_1和φ_2，即转移性支出带来的收益要更高，因此在此阶段要增加转移性支出的投入；在投资驱动阶段，经济的增长主要依靠城市经济中的基础设施建设的投入，此时φ_2要大于φ_1和φ_3，即投资性支出带来的收益要更高，因此在此阶段要增加投资性支出；在共享驱动阶段，经济的增长主要依靠产业经济、城市经济和民生经济三类资源的协调发展，此时φ_1、φ_2和φ_3的相对大小未知，因此该阶段要根据实际情况合理协调消费性支出、投资性支出和转移性支出三类财政支出的关系。综上所述，区域政府应根据各区域所处的增长阶段和不同的实际情况，及时调

---

① 本书在第四章第二节将竞争型经济增长阶段与梯度变格均衡律结合做了简单的介绍。

节财政支出的结构,以获得最大化的财政收入。

三、准经营性资源的转换

(一)准经营性资源转换的方向

政府提供的非经营性资源由于具有非排他性和非竞争性的特点,可能产生两方面问题:一方面,可能出现"免费搭车"(free-rider,即免费享用公共物品带来的利益)和"公地悲剧"(the tragedy of the commons)问题;另一方面,某些政府在区域基础设施的建设和发展中,也可能会出现过度发挥其准宏观属性的情况,即只注重基础设施的民生属性,而忽略其准经营的属性,造成效率的低下和资源配置的扭曲。

准经营性资源向可经营性资源转换具有如下优点:其一,促进政府职能转变;其二,推动投资主体多元化;其三,分散项目投资风险;其四,吸引社会资金参与城市基础设施建设;其五,运用市场机制提高效率,以最佳的财政支出结构带来最大的政府财政收益等。

因此,虽然存在一些战略性的准经营性资源不得不转换为非经营性资源的现象,但是,比较而言,准经营性资源转换为可经营性资源更有利于效率的提升、经济的发展。

(二)影响准经营性资源转换的因素

准经营性资源虽然不同于可经营性资源和非经营性资源,但又兼其二者的性质(准经营性资源具有可经营性资源经济性和生产性的特点,同时,准经营性资源也具有非经营性资源投资规模大、开发周期长、不确定因素多等高风险性),是最特殊的一类资源。在一定条件下,可以实现准经营性资源的转换。准经营性资源转换为可经营性资源还是非经营性资源主要取决于区域政府自身的财政状况、市场需求和社会民众的可接受程度等因素。准经营性资源转换为可经营性资源的比例为:

$$\lambda = f(Y, B, FE, \gamma) \quad (2-6)$$

其中,λ($1 > \lambda > 0$)为准经营性资源转换为可经营性资源的比例。λ 越大,说明准经营性资源转化为可经营性资源的比例越大;λ 越小,说明准经营性资源转化为非经营性资源的比例越大。Y 为经济发展程度,B 为财政预算,FE 为财政支出,γ 为居民的认知程度。用 FE/B 衡量政府资金的富裕程度，结果越大，说明财政支出高于财政预算，即政府资金不足；结果越小，则说明财政支出低于财政预算，即政府资金充沛。

首先，经济发展程度越高，准经营性资源转换为可经营性资源的比例 λ 越大。一方面，经济发展程度的提高，由于互补效应，将提高对准经营性资源的需求，在区域政府财政预算给定的前提下，区域政府很难独自负担和投资准经营性资源；另一方面，由于经济发展程度高，人均可支配收入的提高为私人投资准经营性资源提供了可能。因此，准经营性资源转换为可经营性资源的比例 λ 与经济发展程度呈正比：

$$\partial \lambda / \partial Y > 0 \qquad (2-7)$$

其次，政府资金越充沛，准经营性资源转换为可经营性资源的比例 λ 越小。一方面，政府资金充沛，政府作为准经营性资源管控的竞争主体，有能力自己负担和投资准经营性资源；另一方面，政府资金充沛，说明此时的准经营性资源建设不足。因此，此时的准经营性资源将转换为非经营性资源，即准经营性资源转换为可经营性资源的比例 λ 越小：

$$\partial \lambda / \partial \left(\frac{FE}{B} \right) > 0 \qquad (2-8)$$

最后，居民认知程度也在一定程度上决定了准经营性资源转换为可经营性资源的比例 λ 的大小，并与经济发展的阶段有关。当经济发展相对落后时，即经济总产出小于均衡产出 $Y < Y^*$，此时的准经营性资源还有所欠缺，随着居民认知程度的提高，其将认识到准经营性资源对经济发展的带动作用，更有动力将准经营性资源转换为可经营性资源。当经济发展到一定程度时，即经济总产出大于均衡产出 $Y > Y^*$，随着居民认知程度的提高，其将认识到准经营性资源此时已处于饱和状态，再增加对准经营性资源的投资将不利于经济发展，因而不会为准经营性资源转换为可经营性资源提高私人投资。因此，准经营性资源转换为可经营性资源的比例 λ 与居民认知和经济发展阶段联合正相关：

$$\partial \lambda / \partial \left(\gamma \frac{Y}{Y^*} \right) > 0 \qquad (2-9)$$

（三）准经营性资源转换为可经营性资源

准经营性资源转换为可经营性资源最主要是要解决好投资载体、融资和经营方式三大问题。

首先,对于载体的确认,区域政府可以以独资、合资、合作、股份制甚至国有民营等方式组建建设项目的载体。其次,政府主要通过资本市场融资的方式筹集资金,形式包括:发行债券或可转换债券;发行股票;设立项目基金或借力于海内外基金投资项目;以基本建设项目为实体买壳上市;将基建项目资产证券化;将基建项目以并购组合方式与其他项目一起捆绑经营;采用项目租赁、项目抵押、项目置换或项目拍卖等方式。最后,根据世界银行对政府和社会资本合作 PPP 模式的分类(见图 2-4),可将经营方式都概括为 PPP 模式。具体而言,对准经营性资源的经营方式可分为外包类、特许经营类和私有化类三种。其中,外包类又包括模块式外包和整体式外包两类,特性经营类包括移交—经营—移交(TOT)、建设—经营—移交(BOT)和其他方式,私有化类包括完全私有化和部分私有化两类。

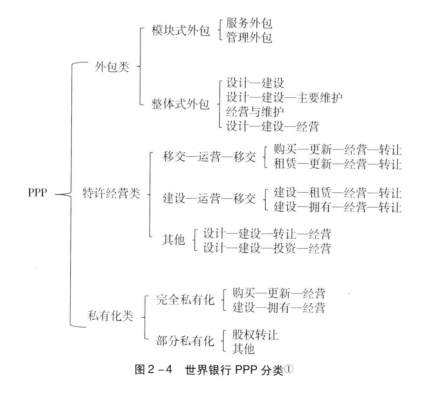

图 2-4 世界银行 PPP 分类①

---

① 刘薇:《PPP 模式理论阐释及其现实例证》,载《改革》2015 年第 1 期,第 81 页。

现实已经走在理论的前面,实际上,在中观经济学理论提出之前,各国和各地区政府已经开始实践这种准经营性资源转换为可经营性资源的方式。首先,就融资方式来看,基础设施类股票在我国早已不是新鲜事,例如中国中铁、中国铁建、中国交建、中国建筑、中国南车、中国北车、中国电建等原属于基础设施类的投资都通过股票的形式进行融资。近年来,新基建的股票也不断涌现,例如,关于5G的中兴通讯、汇源通信、邦讯技术、特发信息、贝通信、超讯通信、新易盛、立讯精密等,关于特高压的风范股份、新宏泰、国电南自、通光线缆、汉缆股份、电科院等,关于大数据的三六零、数据港、易华录、海量数据、科华恒盛、用友网络、宝信软件等。其次,就经营方式来看,PPP的管理模式早在1990年便在我国开始实施,全国PPP综合信息平台项目管理库显示,截至2021年7月6日,全国共有10119个PPP项目,总价值156766亿元,主要集中在市政工程、交通运输、生态建设和环境保护以及城镇综合开发等领域。①

【案例2-8】
扬州湾头玉器特色小镇项目

扬州湾头玉器特色小镇项目从2017年发起,总投资57.73亿元,现处于执行阶段。该项目以工业休闲旅游为核心,依托玉器加工特色产业,结合生态旅游、地域人文历史,整合茱萸湾公园、湾头古镇、京杭大运河、壁虎河、江扬造船厂办公遗址、江苏扬力(集团)国力锻压机床厂房等地区资源,创造产城融合的新型空间平台,打造"湾头古镇—茱萸湾公园"人文历史旅游景区、"传统玉器加工销售"市场、"丝路玉成—马可波罗国际玉艺术博览会"景区、运河主题精品民宿客栈群、创意工坊空间等特色产业要素集聚与融合发展的特色小镇。

首先,该项目建设内容包括基础设施建设和特色产业建设两部分,基础设施部分为非经营性设施,特色产业部分为经营性设施。该项目具备准经营性资源的四大特点:动态性、经济性、生产性和高风险性。第一,在该地区未发展其文化特色之前,这类资源并没有进入到生产领域,而政府牵头的扬州湾头玉器特色小镇项目发挥了其文化特色优势,由静态进入动

---

① 数据来源:财政部政府和社会资本合作中心、全国PPP综合信息平台项目管理库(https://www.cpppc.org:8082/inforpublic/homepage.html#/projectPublic)。

态。第二，该项目并不是传统的基础设施建设，由于其还具有特色产业部分这类经营性设施，因此具备了生产性和经济性。第三，该项目具备高风险性，因为其投资规模较大，投资周期较长，是否能够产生收益具有一定的不确定性。

其次，该项目采用的是特许经营方式的 PPP 模式（如图2-5所示）。项目实施机构（广陵区城乡建设局）通过公开招标方式引入社会资本，广陵区政府授权平台公司（扬州市运和新城建设有限公司）与社会资本在广陵区共同出资设立项目公司，政府授予项目公司对整个项目进行设计、投融资、建设及运营维护的权利。一方面，针对不同类型的设施类型，设置不同的运作方式。针对基础设施部分，不改变政府的所有权：类型一，项目公司负责只对存量设施进行外立面改造，不负责该类型设施具体的经营

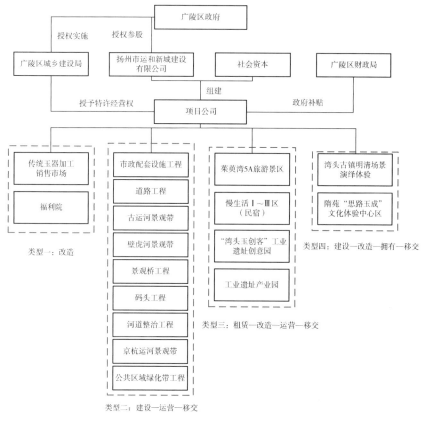

图2-5 项目运作方式框架

管理和维护；类型二，项目公司负责新建或改建，并在特许经营期间运营维护，该类型设施不具备经营性，设施所有权归政府方所有。另一方面，针对特色产业部分，在特许经营期间全权负责对其运营维护和经营，但在特许经营期满后都将移交给政府所有；类型三，项目公司通过租赁方式获得项目设施使用权，负责新建或改造，并在特许经营期间运营维护，该类型设施具备经营性，因此由项目公司负责商业经营，而相关设施所有权归政府方所有；类型四，项目公司负责项目设施新建，并在特许经营期间运营维护，该类型设施具备经营性，因此由项目公司负责商业经营，经营期间资产所有权归项目公司所有，特许经营期满后，相关设施无偿移交给政府方或其指定机构。

［资料来源：财政部政府和社会资本合作中心、全国 PPP 综合信息平台项目管理库、《扬州湾头玉器特色小镇项目》项目报告（https://www.cpppc.org:8082/inforpublic/homepage.html#/preview/001720200118104955645cue0000lsk9sb0）.］

该案例与案例 2-3 列举的负债下的烂尾景区相比较，二者都是发挥各自的人文特色优势。然而，本例项目将准经营性资源转换为可经营性资源的方式，不仅减轻了政府的财政负担，还将市场机制运用在准经营性资源的投资和运营上，提高了经济效益。

四、区域政府竞争与企业竞争的比较

区域政府竞争与企业竞争的相同点是区域政府竞争和企业竞争都应遵循市场规律。企业主要存在投入端、生产端和管理技术端三个方面的竞争，且企业竞争是在市场规律的作用下进行的追求利益的最大化和成本的最小化；在此需要着重强调的是，区域政府竞争同样需要遵循市场规律。区域政府的"三类九要素"竞争可以类比企业在投入端、产出端和管理技术端三个角度的竞争，这"三类九要素"的竞争均有投入成本需要财政支出负担，因此，区域政府竞争的 DRP 模型就是在财政支出有限的前提下，优化支出结构，追求的是财政收入最大化和支出成本的最小化。这说明区域政府的竞争是在市场规律的作用下进行的，也同样是在资源约束下优化资源配置的过程。

区域政府竞争与企业竞争的不同点主要包括以下九个方面。

第一,竞争的目标函数不同。企业竞争的目标函数是自身利益的最大化,同时也是成本的最小化,如式(1-1)所示,其实质反映的是企业家追求自身财富增长的过程。区域政府竞争的目标函数是财政收入的最大化,如式(2-1)所示,其实质反映的是区域政府追求本区域内经济和社会可持续增长的过程。因为区域政府财政收入的目的是财政支出,增强区域政府的竞争力,而随着区域政府的职能不断扩张、人口不断增加、城市规模不断扩大、科技水平不断提高、社会福利事业不断扩大,需要更多的财政支出来支持,因此,财政收入成为衡量区域政府开展社会经济各项活动能力大小的重要指标。另外,从成本的角度来看,区域政府增强竞争力的成本需要由财政支出来负担,而财政支出又受财政收入的约束,因此,区域政府增强其竞争力的一个根本方法就是增加财政收入。实际上,财政收入主要方式有税收收入、收费收入、国债收入和国有资产收入等,其中最主要来源于税收收入。

第二,达成目标的手段不同。企业在投入端、生产端和管理技术端三个方面的竞争中获得利益最大化,主要通过增加投入、提高质量和要素生产率的方式来实现。而区域政府在"三类九要素"竞争中获得财政收入最大化,则主要通过优化财政支出结构和政策的创新而提高区域内的全要素生产率来实现。此外,相比于企业的竞争,区域政府竞争的手段具有强制力,这也是造成企业竞争存在非中性的原因之一。

第三,实现目标的路径不同。区域政府对有形的准经营性资源和无形的政策资源进行投入,目的主要是要通过提高区域内生产的效率来实现财政收入的最大化。企业利润最大化的实现,持续和有效的投入是关键,只有不断地投入,才能获得持续的生产要素,提高技术水平。也就是说,企业主要依靠投入来实现利润的最大化。

第四,投融资机制不同。企业的投融资属于在投入端的竞争,目的是企业利益的最大化,因而其投融资着重于提高效率。区域政府的投融资的目标则主要有两点:一是为了解决市场失灵的问题,二是为了区域政府之间的竞争,所以区域政府的投融资必须兼具公平与效率。另外,区域政府由于有国家与政府的信用和公信力的潜在保障,其在投融资方面相对于企业要更加容易。例如,现行文献在研究城市债时发现,政府的贷款明显挤出了私人贷款,尤其是小微企业的贷款。

第五,价格决定机制不同。企业竞争无论是在投入端、产品端,还是在管理技术端，竞争的领域大多都私人产权明晰，因此都遵循市场规则，根据供给和需求来定价。而区域政府竞争时，其提供的除了用于民生经济的公共品以外，还有城市经济的准公共物品，不同于企业提供的商品具有排他性，其难以根据市场规则的供需来进行市场定价。目前，这类公共品和准公共品的价格主要是由政府通过管制定价的方式来决定，而主要的定价方式有平均成本定价法、二部定价法和负荷定价法等。

第六，竞争导向不同。企业作为市场中的微观主体主要是需求导向型的，也就是说，市场需要什么，企业就生产什么，体现了企业在产品端的竞争，企业产品的产量、结构都由市场需求的大小和结构来决定，因此，企业能否生存的关键是其占据市场需求的大小。区域政府的竞争并不全是需求导向，而更多是供给导向。区域政府的竞争一部分是需求导向的，也就是说，区域政府的竞争要符合产业经济的需求，因为区域政府竞争的城市经济与企业竞争的产业经济有很强的互补性，二者相辅相成、相互促进。但是，区域政府的竞争又不局限于需求导向，因为区域政府的超前引领将优化城市经济的供给，并反过来促进产业经济的发展。

第七，竞争领域不同。企业在产业经济领域展开竞争，区域政府在城市经济领域展开竞争，这一点是企业竞争区别于区域政府竞争的根本所在。但是，由于区域政府在竞争中，尤其是在经济发展水平中其竞争载体主要是国有企业，因此很容易产生错误的认识——区域政府与企业存在竞争。这里需要明确的是，区域政府和企业之间不会存在竞争，而普遍存在的疑问——国企与企业存在竞争，实质是区域政府竞争导致的企业竞争非中性。

第八，竞争角色不同。企业竞争是在微观经济领域，企业在市场中发挥微观主体的作用。虽然区域政府在中观经济领域参与竞争，但同时其也是市场经济的维护者。也就是说，区域政府在区域经济发展中兼具"准宏观"和"准微观"的双重属性，这是其区别于企业的主要不同点。一方面，区域政府对产业经济进行规划、引导、扶持，对城市经济进行投资、开发、运营，发挥其准微观的属性，成为区域经济微观利益主体的集中代表；另一方面，区域政府对产业经济调节、监督、管理，对民生经济基本托底、公平公正、有效提升，发挥准宏观的属性，成为区域经济社会中的国家代表。正是因为区域政府具有双重属性，才使得其在发挥准宏观属性的强制性作用和准微观属性的竞争性作用时，容易造成对企业的区别对待，即竞争的非中性。

第九，管理模式不同。区域政府主要采用 DRP 系统，企业则主要采用企业资源规划系统（enterprise resource planning，ERP）系统。正如前文提到的，二者竞争的函数不同，企业与区域政府着重管理调控的资源也有所不同。ERP 系统主要是对生产的投入端、产品端和管理技术端的资源进行调控和配置，以期以市场为导向，提高资源使用率和市场占有份额，从而提高竞争力。DRP 系统主要是通过政府的财政支出结构的优化，提高区域政府在"三类九要素"上的竞争力，从而提高区域政府在区域生产函数式（2-1）中的投入，并优化区域生产函数，从而增加其财政收入，提高竞争力水平。

企业竞争与区域政府竞争虽然在竞争的目标函数、达成目标的手段、实现目标的路径、投融资机制、价格决定机制、竞争导向、竞争领域、竞争角色、管理模式方面有诸多不同，但二者都是在市场规则下参与竞争的。另外，二者之间虽然不存在竞争（二者分别在两个领域内各自参与竞争），但又是相互联系的：企业竞争是区域政府竞争的基础，区域政府竞争又反作用于企业竞争。这一点通过企业生产函数式（1-1）和区域生产函数式（2-1）就可以看出：区域生产函数是由企业生产函数扩展而来的，不仅需要区域政府的投入，而且最基础的是需要企业的投入。也就是说，企业竞争力是区域政府竞争力的基础，而区域政府竞争力的提升将提高区域对要素的吸引力，增强企业在投入端、产品端和管理技术端的竞争力，二者并不互斥，而是一个相互促进的过程。

五、小结

区域政府通过财政收入和财政支出对中观经济资源进行调配。首先，区域政府竞争的目标是多元的，既有经济目的，也有政治目的，但落到实处就是区域政府追求财政收入的最大化，这一点亦被现有文献证实。其次，区域政府通过财政支出实现对中观经济三类资源的管控。由于不同的资源类型有不同的财政支出方式，其收益率也会有所不同，因此，政府应该根据其经济发展阶段，相机抉择财政支出结构，以使其财政收入达到最大化。

区域政府对中观经济资源的调配，最应关注的是准经营性资源此类生成性资源。首先，由于可经营性资源的效率更高，非经营性资源容易出现只注重社会性，而忽略经济性、重复建设等低效现象，因此，政府应该更加关注准经营性资源向可经营性资源的转换。其次，准经营性资源向可经营性资源的转换，受到区域政府自身的财政状况、市场需求和社会民众的可接受程度等因素的影响。最后，准经营性资源向可经营性资源的转换，最需要解决的是投资载体、融资和运营方式三大问题。现实中，准经营性资源向可经营性资源的转换，已有大量的实践经验。

本节对企业竞争和区域政府竞争的异同点进行了比较。企业竞争与区域政府竞争的相同点主要是：二者都是在市场机制的作用下参与竞争，其竞争都应符合市场规律。其不同点主要表现在以下九个方面：竞争的目标函数不同；达成目标的手段不同；实现目标的路径不同；投融资机制不同；价格决定机制不同；竞争导向不同；竞争领域不同；竞争角色不同；管理模式不同。但同时二者又是互补与促进的关系：企业竞争是区域政府竞争的基础，区域政府竞争会反作用于企业竞争。在此很容易产生的疑惑是：区域政府是否会与企业存在竞争？答案是否定的，其根本原因在于二者的竞争领域不同。

❋ 本章小结 ❋

梳理本章的逻辑，可以总结为：资源生成是中观经济学研究的基础和起点，区域政府作为中观经济资源调配的主体，在中观经济的资源生成领域具有"准宏观"和"准微观"的双重属性，并在资源生成领域参与区域的竞争。总而言之，区域政府存在"三类九要素"竞争。虽然区域政府竞争的目的是多元的，但可将其概括为追求财政收入的最大化。通过不同类型的财政支出对不同类型资源的调配，可以实现财政收入的最大化。

本章从中观经济学的角度重新认识区域政府的作用，涉及诸多资源生成领域的新概念，下面将总结本章提到的重点概念，它们在本书后续章节将被反复提到。

资源生成：资源包括可经营性资源、准经营性资源、非经营性资源三类资源。

生成性资源：准经营性资源属于生成性资源，具有动态性、经济性、生产性和高风险性四大特点。生成性资源可以分为三类：原生性资源、次生性资源和逆生性资源。

政府双重属性：即准宏观属性和准微观属性。准宏观属性是指对可经营性资源的调节、监督、管理和对非经营性资源的基本托底、公平公正、有效提升。准微观属性是指对可经营性资源的规划、引导、扶持和对准经营性资源的投资、运营、参与。

"三类九要素"竞争：指经济发展水平（项目投资、产业链配套、进出口贸易）、经济政策措施（基础设施投资政策，人才、科技扶持政策，财政、金融支持政策）和经济管理效率（政策体系效率、环境体系效率、管理体系效率）三类的竞争。

DRP 模型：区域政府竞争力决定机制回答了结构性问题，即如何通过优化财政支出结构，在财政收入有限的前提下，权衡"三类九要素"的竞争力，从而增加整体的竞争力。

财政收入与财政支出：通过财政支出结构的优化来追求财政收入的最大化，这是区域政府作为中观经济资源调配的主体面临的最优化问题。由于不同类型的财政支出对应着不同类型的资源，在不同的发展阶段，不同类型的资源对经济推动作用的大小有所差异，不同类型财政支出的边际收入也有所不同，因此，财政支出结构的优化要与相应的经济发展阶段相适应。

准经营性资源的转换：准经营性资源是生成性资源，兼具可经营性资源和非经营性资源的特点，在一定条件下可以实现转换。其转换受到区域政府自身的财政状况、市场需求和社会民众的可接受程度等因素的影响。准经营性资源转换为可经营性资源需要解决投资载体、融资和运营方式三大问题。

思考讨论题

1. 区域政府双重属性指的是什么？区域政府的准微观属性主要管控什么资源？区域政府的准宏观属性主要管控什么资源？

2. 请搜索资料，分别举出区域政府对可经营性资源、准经营性资源和非经营性资源管控的例子。

3. 具有双重属性的政府作用与西方经济学中的政府作用有何异同？（除了书中所提到的，是否还有其他异同？）

4. 何谓区域政府竞争？

5. 请搜索资料，举出区域政府参与竞争的例子。

6. 请简述企业竞争的具体表现形式。

7. 请简述区域政府竞争的具体表现形式。

8. 请简述企业竞争与区域政府竞争具体表现形式的相似之处。

9. 请列举区域政府竞争在经济发展水平上竞争的实例。

10. 请列举区域政府竞争在经济政策措施上竞争的实例。

11. 请列举区域政府竞争在经济管理效率上竞争的实例。

12. 请根据区域政府"三类九要素"竞争指标体系,结合实际省级数据,实证测算我国各省的"三类九要素"竞争指标得分,并进一步进行对比分析。

13. 请试选取某几个区域政府作为研究对象,用 DRP 模型构建实证模型,对比区域政府的竞争力。

14. 请写出本书提到的区域政府竞争最优化问题的目标函数。

15. 请思考区域政府竞争的目的还有什么?区域政府竞争的目标函数是什么?

16. 区域政府在竞争过程中如何通过财政支出实现对三类资源的管控?

17. 请简述准经营性资源转换的影响因素以及转换方式。

18. 请阐述企业竞争和区域政府竞争的相同点与不同点。二者在其他方面还存在相同点和不同点吗?

第三章　企业和区域政府遵循现代市场经济规则活动

本章将在前两章的基础上具体讨论本书的核心——市场竞争双重主体（企业和区域政府）。首先，从市场的角度来看，需要重新明确现代市场经济的横向体系和纵向体系。微观经济学提到的市场经济一般只适用于产业经济，因为微观经济学认为，市场经济只有产业经济和公共经济两个部分。但是，在中观经济学根据资源生成理论，将资源分为产业经济、城市经济与民生经济三类后，微观经济学对市场经济的定义就不再适用了。为此，中观经济学在资源生成的前提下提出了现代市场经济的横向体系和纵向体系。其次，从竞争主体的角度来看，企业竞争和区域政府竞争虽然有诸多不同之处，但都需要在市场规则的作用下进行竞争，即企业和区域政府都遵循现代市场经济规则，二者是现代市场经济的双重竞争主体。最后，从政府的角度来看，政府不再置于市场之外，其不仅是市场经济的维护者，也是市场经济的参与者。微观经济学在考虑市场经济时仅仅是产业经济部分，并将公共经济视为市场失灵的部分，因此，政府一直扮演的都是置身于市场之外的"守夜人"的角色，发挥的作用主要是维护产业经济在市场中的运行，解决市场失灵问题，为大众提供公共经济。虽然宏观经济学中凯恩斯主义将政府拉入了市场，认为政府的购买会在需求侧刺激经济，但一直以来都缺乏微观理论的支持。与微观经济学和宏观经济学不同的是，在中观经济学将资源分为可经营性资源、准经营性资源和非经营性资源后，区域政府不仅是"守夜人"（准宏观属性），需要在现代市场经济纵向体系中发挥作用，维护现代市场经济的秩序，还要在准经营性资源（城市经济）领域参与竞争（准微观属性），此时区域政府是在供给侧对经济产生影响。

本章主要在中观经济学的视角下，从市场和竞争主体两个角度重新审视市场经济。

　　第一节为现代市场经济横向体系和纵向体系。首先，在横向体系明确将市场经济由产业经济扩展到城市经济，将竞争主体由企业扩展到区域政府；其次，在纵向体系对市场经济进行了系统的梳理，且说明纵向体系不仅适用于产业经济还适用于城市经济。现代市场经济体系最突出的特点就是扩展了政府在市场经济中的作用，政府不仅是市场经济的"守夜人"和调控者，同时还是市场经济的维护者和参与者。

　　第二节为有效市场和有为政府。一方面，对现代市场经济有了更加明晰的定义，由于现代市场经济不仅适用于产业经济，而且适用于城市经济，因此需要对市场失灵进行重新的定义，并将其主要分为三类："市场机制缺陷性"失灵，主要是指市场机制在产业经济中发挥不了作用；"市场机制空白性"失灵，主要是指市场机制不能在生成性资源领域发挥作用；"市场机制障碍性"失灵，主要是指市场主体行为违背市场规则。另一方面，在现代市场经济体系下，区域政府也发生了角色的扩展，即由单纯的"守夜人"角色，扩展为市场经济的维护者和市场经济的参与者的双重角色，因此，政府失灵的定义也有了变化："民生经济不足型"政府失灵、"产业政策缺失型"政府失灵和"城市建设空白型"政府失灵。

　　第三节为企业和区域政府是现代市场经济的双重竞争主体，这也是本书的核心主题。在现代市场经济体系下，现代市场经济存在企业和区域政府双重竞争主体，二者最核心的区别就是竞争领域不同——企业在产业经济领域存在竞争，区域政府在城市经济领域存在竞争。但是区域政府在参与竞争时一个重要的中介就是国有企业，因此会存在竞争非中性的问题，这也是目前学者认为政府扭曲了市场的原因之一。本节将从中观经济学的角度重新阐述竞争非中性，提出竞争非中性不仅存在于企业竞争中，而且存在于区域政府竞争中。另外，企业竞争的非中性主要分为两类：一是区域政府在行使准宏观属性造成的竞争非中性，二是区域政府在行使微观属性参与竞争时造成的竞争非中性。面对不同类型的竞争非中性，应该采取不同的约束措施来保障竞争中性。与此同时，更重要的是，二者是相互补充、共同促进的关系。

第一节　现代市场经济横向体系和纵向体系

本节将从资源生成的角度对现代市场经济进行重新定义和划分。微观经济学普遍认为，市场仅在企业参与的产业经济发挥作用，政府是在市场之外的"守夜人"和调控者。而中观经济学在资源生成的视角下，重新对资源的类型进行划分，提出了准经营性资源这一生成性资源，并由此将政府作为准经营性资源的竞争主体引入市场经济。在此逻辑下，市场经济根据不同类型的资源构成了现代市场经济横向体系，同时根据市场主体的经营活动周期，构成了现代市场经济纵向体系。

一、现代市场经济横向体系

现代市场经济横向体系将市场经济扩展到生成性资源领域。这种扩展包含两个层次：适用资源类型的扩展和市场主体的扩展。首先，市场不仅仅存在于产业经济中，还存在于城市经济和国际经济中。其次，市场横向体系中存在双重经济主体——企业和区域政府。现代市场经济的横向体系并没有否定以往微观经济学的观点，而是在此基础上进行了扩展，也就是说，产业经济依旧是市场经济的基础领域，城市经济和国际经济是市场经济的生成性领域。

现代市场经济横向体系在资源类型上的扩展，主要是指市场不仅存在于产业经济中，而且存在于城市经济和国际经济中，资源生成理论是现代市场经济横向体系理论的基础。其中，产业经济属于可经营性资源领域，城市经济与国际经济属于准经营性资源领域，因此，现代市场经济横向体系在资源类型上的扩展也就是从可经营性资源领域扩展到准经营性资源领域。微观经济学普遍将市场经济应用到产业经济，也就是可经营性资源领域，而将城市经济和国际经济这类准经营性资源与民生经济这类非经营性资源一同概括为公共物品，视为市场失灵的部分，因此，城市经济和国际经济这类准经营性资源理论上一直以来被认为是需要政府提供的公共物品。但在现实中，城市经济和国际经济并不总是由政府承担，例如，公共基础设施中的一种项目运作模式——政府和社会资本合作的PPP模式就是鼓励私营企业、民营资本与政府进行合作，参与公共基础设施的建设；中国长征火箭公司准备将国际经济中的太空经济作为一门大生意来经营，不仅在资金方面引入战略投资者，还在运营方面打造商业发射服务。① 根据现实与理论的差距，中观经济学将生成性资源这类在资源分类中的模糊部分单独定义为准经营性资源，表明其不仅具有非排他性、非竞争性的公共品属性，还具有经济性与生产性的可经营性资源的属性。总而言之，准经营性资源属性包括动态性、经济性、生产性和高风险性四个特点。正是因为城市经济和国际经济这类准经营性资源具有经济性和生产性的特点，所以市场规则同样适用于城市经济和国际经济这类准经营性资源。

现代市场经济横向体系在市场主体上的扩展，主要是指市场横向体系中存在双重经济主体——企业和区域政府。现代市场经济横向体系将市场经济由可经营性资源领域扩展到准经营性资源领域，由于企业是可经营性资源的市场竞争主体，区域政府是准经营性资源的市场竞争主体，因此，现代市场横向体系存在企业和区域政府双重经济主体。在微观经济学研究范围内，市场经济仅存在于企业竞争当中，市场机制（价格、供求和竞争）成为研究企业竞争的理论基础。中观经济学提出的现代市场经济横向体系将区域政府作为一类经济主体纳入经济体系，主要回答市场机制如何成为区域政府竞争的理论基础，以及区域政府如何在市场机制的作用下实现准经营性资源的有效配置。

现代市场经济横向体系在市场主体的扩展，不仅丰富了现代市场经济的内涵，还扩展了区域政府的作用——区域政府是市场经济的参与者。从市场经济的角度将区域政府作为一类竞争主体纳入市场经济，这是与微观经济学观点最大的不同。古典经济学派主张绝对自由的市场经济而将政府这一部门置于市场经济之外，因此限制了政府的作用，并认为政府仅是市场经济的"守夜人"。虽然凯恩斯学派主张加强政府对市场经济的干预，但只是认为政府支出的增加在需求侧对经济有推动的作用。而本书提出的区域政府是市场经济的参与者将区域政府作为一类经济主体从供给侧引入市场经济。也就是说，区域政府作为准经营性资源领域的竞争主体，在供给侧与企业竞争相互联系，共同推进区域经济的发展。这将为经济学理论的研究提供一个全新的视角。尤其是在"国内国际双循环"的背景下，将

---

① 王腾腾：《是时候把航天当一门大生意来做了》，载《南方日报》2016年10月31日第A11版。

第三章 企业和区域政府遵循现代市场经济规则活动

从理论上为国内大循环提出一个新的增长动力点。

虽然现代市场经济横向体系在资源领域和市场主体方面进行了扩展，但是现代市场经济体系并没有否定可经营性资源（市场经济）在市场经济中的作用：产业经济依旧是市场经济的基础领域，企业依旧是市场经济最基本的组织形式。而城市经济和国际经济作为生成性资源领域，在市场经济中为产业经济的发展提供条件，与产业经济相互补充，共同促进区域经济的快速发展。例如，在现代市场经济体系中发展出来的城市经济基础设施建设作为生成性资源将影响产业经济的发展：软硬件基础设施建设将进一步完善城市的建设，方便生产生活，从而为产业经济吸引更多的资本和劳动力，促进产业经济的发展；智能城市的建设则将完善大数据的基础设施建设，为产业经济发展的信息沟通搭建起"高速公路"，从而进一步促进产业经济的发展。

二、现代市场经济纵向体系

现代市场经济纵向体系并不仅仅是将市场经济定义为由市场进行资源配置的经济形式，而是具体定义市场是怎样构成的。正如麦克米兰所说："市场设计并不是要么市场、要么政府的问题，而是市场加上政府才能解决的问题。"① 实际上，现代市场经济纵向体系的构成不仅需要市场的力量，更需要政府的作用。这也是与以往微观经济学者观点的不同之处，即政府并不是完全置于市场之外的，而是市场经济的维护者。当然，中观经济学提出政府参与到市场经济的建设当中，并不是说政府直接或间接干预资源的配置，而是在坚持市场机制在资源配置中的决定性作用的前提下，政府作为"修理工"，为市场提供正常有效运作所需的"零件"。

现代市场经济纵向体系首先强调了市场构成的体系性，尤其是功能结构的体系性，其次是竞争体系，最后是信息传播体系。由此，现代市场经济纵向体系主要包括以下六个子体系：市场要素体系、市场组织体系、市场法制体系、市场监管体系、市场环境体系、市场基础设施。其中，市场要素体系、市场组织体系是现代市场经济纵向体系的基础性体系，市场法制体系、市场监管体系是现代市场纵向体系的约束性体系，市场环境体系、市场基础设施是现代市场纵向体系的条件性体系。下面具体介绍市场

---

① ［美］约翰·麦克米兰：《市场演进的故事》，余江译，中信出版社2006年版，第228页。

要素体系、市场组织体系、市场法制体系、市场监管体系、市场环境体系、市场基础设施六个子体系的主要内涵。

（1）市场要素体系。它是现代市场经济纵向体系的核心体系，主要包括各类市场（例如商品市场、服务市场、技术市场、金融市场、人才市场和信息市场等）和市场的最基本元素——价格、供求和竞争。市场要素体系主要连接了微观经济学定义的市场经济，是市场经济运行必不可少的最基本的单元，也是现代市场经济纵向体系中的基础性体系。

（2）市场组织体系。它是市场要素与市场活动的主体或组织者的集中地，主要包括各种类型的市场实体（例如零售市场、批发市场、人才市场、劳务市场、金融市场等）、各种类型的中介机构（例如咨询、培训、信息、会计、法律、产权、资产评估等服务机构）和市场管理组织（例如各种商会、行业协会、监管组织等）。市场组织体系也连接了微观经济学定义的市场经济，而企业依旧是现代市场经济纵向体系中最基本的组织形式，因此，它与市场要素体系共同构成现代市场经济纵向体系中的基础性体系。

（3）市场法制体系。市场经济具有产权经济、契约经济和规范经济的特点，因此，规范市场价值导向、交易行为、契约行为和产权行为等的法律法规的整体就构成了市场法制体系。我国的经济法包括公司法、外商投资企业法、合伙企业法、个人投资法、证券法、票据法、破产法、金融法、保险法、房地产法、环境法、自然资源法、反垄断法、反不正当竞争法、消费者权益保障法和产品质量法、财政法、税法、计划法、产业政策法、价格法、会计法和审计法等法律制度，其目的主要是规范产权行为（例如房地产法等）、交易行为（例如反垄断法、反不正当竞争法等）、契约行为（例如公司法、外商投资企业法、合伙企业法等）和市场价值导向（例如产业政策法、环境法等）。从法律体系的健全程度来看，市场法制体系包括市场相关的立法、执法、司法和法制教育等。立法是法律体系建立的开端，法律教育是法律体系健全度最高的体现。建立市场法律体系的目的是以法律的强制性手段来约束市场经济的行为，因此，它是现代市场经济纵向体系中的约束性体系。

（4）市场监管体系。它是建立在市场法律体系基础上的、符合市场经济需要的政策执行体系，包括对机构、业务、市场、政策法规执行等的监管。市场监管体系主要根据市场法律体系制定的"游戏规则"来监督和管理市场主体的经济行为。市场法律体系是现代市场经济纵向体系的"边界",市场监管体系是现代市场经济纵向体系的"边裁",市场监管体系与市场法律体系共同构成现代市场经济纵向体系的约束性体系。

(5) 市场环境体系。它主要包括实体经济基础、企业治理结构和社会信用体系三大方面。其中,最重要的是建立健全市场信用体系,以法律法规规范、约束信托关系、信用工具、信用中介和其他信息要素,以及以完善市场信用保障机制为起点建立社会信用治理机制。信用的确立有利于信息的沟通、期望的确立和降低不确定性,换句话说,市场环境体系的建立是为市场经济搭建起信息沟通的桥梁,降低信息不对称性。例如,我国建立了国家企业信用信息公示系统(National Enterprise Credit Information Publicity System),公示的主要内容包括:市场主体的注册登记、许可审批、年度报告、行政处罚、抽查结果、经营异常状态等。因此,市场环境体系是现代市场经济纵向体系中的条件性体系。

(6) 市场基础设施。它是包含各类软、硬件的完整的市场设施系统。其中,硬件市场基础设施包括:市场服务网络、配套设备及技术等;软件市场基础设施包括:各类市场支付清算体系、科技信息系统、行业标准体系的建设等。各类软、硬件的完整的市场设施系统是成熟市场经济必备的基础设施。以市场支付清算体系为例,中国现代化支付系统(China National Advanced Payment System,CNAPS)是中国人民银行按照我国支付清算需要,利用现代计算机技术和通信网络开发建设的,能够高效、安全地处理各银行办理的同城、异地各种支付业务及其资金清算和货币市场交易的资金清算的应用系统。它是各银行和货币市场的公共支付清算平台,对我国经济、金融的发展和稳定发挥了重要的作用,并产生了深远的影响。其影响主要包括:加快资金周转,提高社会资金的使用效益;支撑多样化支付工具的使用,满足各种社会经济活动的需要;培育公共竞争环境,促进银行业整体服务水平的提高;增强商业银行的流动性,提高商业银行的经营管理水平;适应国库单一账户改革,提高财政资金的使用效益;支持货币政策的实施,增强金融宏观调控能力;支持货币市场资金清算,促进货币市场发展;防范支付风险,维护金融稳定。[①] 正是由于支付清算体系

---

① 《支付清算系统知识问答——中国现代化支付系统》,见中国人民银行重庆营管部网(http://chongqing.pbc.gov.cn/chongqing/107674/2927554/2666820/index.html)。

涉及生产生活的方方面面，为市场经济的发展提供了必要的支付基础设施，因此，市场基础设施与市场环境体系共同构成现代市场经济纵向体系的条件性体系。但是，由于市场基础设施的建设周期较长、成本较高，因而在国际层面的市场经济中，很容易在市场基础设施方面形成垄断势力，造成区域政府竞争的非中性。例如，美国依据美元的世界货币地位建立的纽约清算所银行同业支付系统（Clearing House Interbank Payment System，CHIPS），成为世界各国使用美元贸易的支付清算的基础设施，同时，美国亦可以以此作为制裁各个国家的手段，从而形成由支付清算基础设施构成的垄断势力，破坏市场经济的有效性。

总体而言，现代市场经济纵向体系的建立不仅需要市场的参与，还需要政府的作用。市场要素体系和市场组织体系这类市场的基础性体系是在市场环境下建立起来的，同时也是现代市场经济的核心体系。市场法律体系、市场监管体系这类市场的约束性体系，以及市场环境体系、市场基础设施这类市场的条件性体系不可能完全依靠市场的力量建立，而需要政府的有为作用。市场法律体系具有规范性、普遍性和强制性的特点，需要由国家的强制力来构建和保证实施，因此，市场法律体系是政府根据市场的环境、情况建立起来的。市场监管体系是在市场法律体系基础上建立的执行体系，用于监管市场的各类行为，如果仅依靠市场力量来执行则很容易出现寻租、合谋等问题，为此还需要政府的强制力和公信力来执行。以社会信用体系建立为例反观市场环境体系，虽然我国的企业社会信用查询系统有天眼查、企查查这类商业化的企业信息查询工具，但其最基本的企业信用数据主要是依靠政府部门（例如国家工商总局）的支持，因而市场环境体系的建立需要市场与政府的合作。市场基础设施是市场运行的公共品，因为其成本高，所以不可能依靠市场建立，而需要政府根据市场的实际需求来完善市场的基础设施。

现代市场经济纵向体系具有以下五个特点。

第一，六个子体系的形成是一个渐进的历史过程。其原因主要有两个：一是人们对市场体系的认识是一个不断完善的过程，二是科学技术的发展对市场体系提出了更高的要求。亚当·斯密的古典经济学派主张自由的市场经济，因此，这一阶段的市场体系抵制政府的作用。随后的凯恩斯学派虽然强调了政府干预的力量，但是无法"名正言顺"地将政府直接与市场联系起来。随着经济的不断发展、经济体量的不断扩大，现实中的市场体系并不仅仅依靠市场力量建立起来，对此，中观经济学指出，政府在市场体系建立中发挥着举足轻重的作用。另外，科学技术的不断发展，尤其是计算机、网络技术的不断发展，迫使市场体系不断升级。例如，在计算机技术发展之前，市场体系的建立并不需要支付结算系统这类软件的基础设施。随着大数据和人工智能的进一步发展，现代市场经济纵向体系还会进一步发展出适应市场需求的、更先进的体系。

第二，六个子体系是统一的。一方面，六个子系统之间是相互联系、相互作用的，统一称为成熟的现代市场经济纵向体系。市场要素体系与市场组织体系作为市场经济的基础，使得市场机制在资源配置中发挥决定性作用；市场法律体系和市场监管体系作为约束性体系，约束了市场的行为，制定了市场的行为规范，避免了市场竞次现象的发生，确保市场向健康、积极的方向发展；市场环境体系和市场基础设施作为条件性体系，为市场机制的运行提供了良好的环境和条件。另一方面，在六个子系统内，各个要素之间也是相互联系、相互作用、有机统一的。例如，在市场法律体系内部，规范产权行为的法律体系是其他类法律体系的基础，规范交易行为和契约行为的法律体系规范了市场主要的经济行为，规范市场价值导向的法律体系为市场行为画出了底线，这几类法律体系一同在市场中发挥作用，引导市场健康、有序地发展。

第三，六个子体系既相互独立，又相互制约。基础性体系是市场经济的核心，是发挥市场机制必不可少的一部分，缺少了基础性体系就无法称之为市场经济。约束性体系和条件性体系作为补充性体系，与基础性体系相互独立，但共同制约着基础性体系的发展。约束性体系为市场经济的发展制定了相应的规则，但是基础性体系又要求约束性体系的规范不能过度，否则就会丧失市场机制在决定资源配置时的决定性作用。条件性体系为市场经济的发展提供了更好的环境，也就是说，条件性体系的完善将助力基础性体系的建设和发展，而基础性体系的发展水平又会在客观上制约条件性体系的发展程度。例如，美国之所以有能力建立全球性的清算支付体系基础设施，是因为其基础性体系的高度发达，而清算支付体系基础设施又进一步巩固了其在全球经济活动中的地位。

第四，六个子体系功能是脆弱的。其原因主要有三方面：认识上的局限、政策上的时滞、全球化的冲击。首先，学界还没有认识到政府在建立健全现代市场经济体系中的重要作用。虽然凯恩斯后来肯定了政府干预的

作用，但对于政府对市场经济的干预仍主要持怀疑的态度，认为政府的干预会造成资源配置的扭曲。因此，在市场经济运行过程中普遍还是自由主义占上风，反对政府对市场经济的干预，这就造成了约束性体系实际发挥的作用有限。其次，政策上的时滞也是造成六个子体系功能脆弱的原因之一。政府缺少前瞻性，加之工作低效，导致政策的制定和执行都存在时滞，这些都将影响六个子体系功能作用的发挥。最后，在全球化的冲击下，由于国家间的地缘政治、贸易保护、最终诉求等方面差异较大，因此，约束性体系的建立难度巨大。

第五，六个子体系正在或即将作用于现代市场经济横向体系的各个领域。现代市场经济纵向体系与横向体系一同构建成完整的现代市场体系。微观经济学主要将可经营性资源（产业经济）纳入市场经济。实际上，现代市场经济体系同样存在于准经营性资源领域（城市经济、国际经济）。例如，上文提到中国长征火箭公司准备将国际经济中的太空经济作为一门大生意来经营，其实质就是在现代市场经济体系下对太空经济的开发和利用。但是，现阶段建立起来的现代市场经济纵向体系并不完善，还仅停留在基础性体系的建设过程中，约束性体系和条件性体系几乎还是空白。碳排放属于生成性资源领域中的逆生性资源，到目前为止，欧盟的碳排放权交易市场较为完善，欧洲碳排放交易体系（EU-ETS 交易系统）有一整套成熟的交易规则。2011 年，我国在北京、上海、天津、重庆、湖北、广东和深圳七省市开展了碳排放权交易试点工作；2013 年，深圳排放权交易所成为首个启动的碳市场。虽然我国碳市场的纵向体系建立还不算完善，但随着"碳中和"概念的提出，建立起完善的碳市场纵向体系、依靠市场力量配置这类逆生性资源已是大势所趋。

三、现代市场经济体系完善度的衡量指标体系

现代市场经济的横向体系和纵向体系的内容可以归纳为表 3-1。现代市场经济纵向体系的六个子体系——市场要素体系、市场组织体系、市场法制体系、市场监管体系、市场环境体系和市场基础设施——不仅作用于可经营性资源领域的产业经济，还作用于准经营性资源领域的城市经济及国际经济。下文将根据表 3-1 所示的现代市场经济的横向体系和纵向体系，建立测度现代市场经济体系完善程度的衡量指标体系。

表 3-1 现代市场经济横向体系和纵向体系

项目		现代市场经济横向体系	
		产业经济	城市经济和国际经济
现代市场经济纵向体系	市场要素体系	市场类型：商品市场、要素市场、金融市场等	
		市场机制元素：价格、供求、竞争	
	市场组织体系	市场实体：包括各类企业（例如零售商、批发商、金融企业、实业企业等）和各类市场（例如人才市场、劳务市场等）	
		市场中介机构：咨询、培训、信息、会计、法律、产权、资产评估等服务机构	
		市场管理组织：商会、行业协会、监管组织等	
	市场法制体系	法律规范的类型：市场价值导向、交易行为、契约行为和产权行为等	
		法律的健全程度：立法、执法、司法和法制教育	
	市场监管体系	监管目的：建立在市场法律体系基础上，符合市场经济需要的政策执行体系	
		监管内容：机构、业务、市场、政策法规执行等方面	
	市场环境体系	环境体系分类：实体经济基础、企业治理结构、社会信用体系	
		社会信用体系是重点	
		社会信用体系建立方式：法律制度规范、约束信托关系、信用工具、信用中介和其他相关信用要素	
	市场基础设施	市场基础设施分类：软件、硬件	
		软件：各类市场支付清算体系、科技信息系统、行业标准体系等	
		硬件：市场服务网络、配套设备及技术	

由于产业经济依旧是现代市场经济的基础性领域，因此，衡量指标体系应侧重于产业经济纵向体系的完善程度。根据纵向体系的六个子体系，一级指标包括基础性体系的发育程度、约束性体系的发育程度、条件性体系的发育程度。同时，我们不能忽略现代市场经济在生成性资源领域的扩展，因此第四个一级指标为生成性资源领域的市场发育程度。据此，形成了现代市场经济体系完善度的指标体系，如表 3-2 所示。具体二级指标的构建主要借鉴《中国分省份市场化指数报告（2018）》以及《中国省份

营商环境评价：指标体系与量化分析》。

表3－2　现代市场经济体系完善度的衡量指标体系

	一级指标	二级指标	评估内容
现代市场经济体系完善度	基础性体系的发育程度	产品市场的发育程度	价格由市场决定的程度
			减少商品市场上的地方保护
		要素市场的发育程度	金融市场的发育程度
			引进外资的程度
			劳动力流动性
			技术成果市场化程度
		市场中介组织的发育程度	律师事务所
			会计师事务所
			租赁及商业服务业企业
	约束性体系的发育程度	法律制度环境	对生产者合法权益的保护
			对知识产权的保护
			对消费者权益的保护
		政务环境	政府关怀
			政府廉洁
			政府效率
	条件性体系的发育程度	社会信用	信用市场建设
			商业机构信用意识
		市场基础设施的发育程度	市场服务网络、配套设备建设
			市场科技信息系统建设
	生成性资源领域的市场发育程度	碳排放市场的发育程度	碳排放执照排放量/地区碳排放总量
		污水排放市场的发育程度	污水排放执照排放量/地区污水排放总量
		城市基础设施建设的市场化程度	基础设施资金中私人投资所占比重

基础性体系的发育程度主要包括三方面：产品市场的发育程度、要素市场的发育程度和市场中介组织的发育程度。其中，产品市场的发育程度具体包括价格由市场决定的程度和减少商品市场上的地方保护两点；要素

市场的发育程度包括金融市场的发育程度、引进外资的程度、劳动力流动性、技术成果市场化程度四点；市场中介组织的发育程度包括律师事务所、会计师事务所、租赁及商业服务业企业三点。

约束性体系的发育程度主要包括法律制度环境和政务环境两方面。其中，法律制度环境包括对生产者合法权益的保护、对知识产权的保护、对消费者权益的保护三点；政务环境主要包括政府关怀、政府廉洁和政府效率三点。

条件性体系的发育程度主要包括社会信用和市场基础设施的发育程度两个方面。其中，社会信用包括信用市场建设和商业机构信用意识两点；市场基础设施的发育程度包括市场服务网络、配套设备建设和市场科技信息系统建设两点。

生成性资源领域的市场发育程度主要度量了逆生性资源和次生性资源，具体包括碳排放市场的发育程度、污水排放市场的发育程度和城市基础设施建设的市场化程度三个方面。其中，碳排放市场的发育程度用碳排放执照排放量/地区碳排放总量来度量，污水排放市场的发育程度用污水排放执照排放量/地区污水排放总量来度量，城市基础设施建设的市场化程度用基础设施资金中私人投资所占比重来度量。但是，市场基础设施发育程度和生成性资源领域市场化指标依旧缺少相关的统计数据，在未来的研究中可注重相关数据的搜集和整理，以弥补这方面的空白。

四、现代市场经济中区域政府的作用

区域政府在现代市场经济中既是"守夜人"和调控者，也是现代市场经济的维护者和参与者。微观经济学提倡政府应该作为市场经济的"守夜人"，其主要作用是解决市场失灵问题，认为政府不应该干预市场经济；宏观经济学则认为政府是市场经济的调控者，应该对市场进行干预，以期解决经济周期问题。但是，除此之外，中观经济学认为政府也是市场经济的维护者和参与者。

首先，市场经济虽然可以实现资源的有效配置，但是市场经济不能仅仅依靠市场本身建立起来。从现代市场经济的纵向体系可以看出，市场经济不仅需要市场要素体系、市场组织体系这类基础性的市场体系，还需要市场法制体系、市场监管体系这类约束性市场体系，以及市场环境体系、市场基础设施这类条件性市场体系来保障市场经济有效。基础性的市场体

系是由市场本身建立起来的，而约束性和条件性市场体系则需要依靠政府的作为。所以说，区域政府是现代市场经济的维护者。

其次，市场经济不仅存在于产业经济领域，而且存在于城市经济和国际经济领域。由于区域政府是生成性资源的调配参与主体，在现代市场经济的横向体系中，区域政府将作为一类竞争主体参与到市场竞争中。因此，区域政府是现代市场经济的参与者。

五、小结

本节主要介绍了现代市场经济的横向体系和纵向体系，提出了衡量现代市场经济体系完善度的衡量指标体系，总结了区域政府在现代市场经济中的作用和地位。

首先，现代市场经济横向体系主要将市场经济进行了扩展。这种扩展包括资源领域和市场主体两个方面：市场不仅存在于可经营性资源领域的产业经济中，还存在于准经营性资源领域的城市经济和国际经济中；市场主体不仅有企业，还有区域政府。由于产业经济依旧是市场经济的基础领域，城市经济和国际经济是市场经济的生成性领域，所以政府在横向体系中是市场经济的参与者。

其次，现代市场经济纵向体系包括三类六个方面：市场要素体系、市场组织体系是现代市场纵向体系的基础性体系，市场法制体系、市场监管体系是现代市场纵向体系的约束性体系，市场环境体系、市场基础设施是现代市场纵向体系的条件性体系。其具有以下五个特点：六个子体系的形成是一个渐进的历史过程；六个子体系是统一的；六个子体系既相互独立，又相互制约；六个子体系的功能是脆弱的；六个子体系正在或即将作用于现代市场经济横向体系的各个领域。

最后，从中观经济学的角度对区域政府的作用进行了扩展。区域政府在现代市场经济中既是"守夜人"和调控者，也是现代市场经济的维护者和参与者。中观经济学并没有反驳西方经济学对区域政府作用的界定，而是在其基础上做了进一步的延伸。这也可以从区域政府职责的角度回答何谓"有为政府"：不仅应该在解决市场失灵方面扮演好"守夜人"的角色，在对宏观经济进行调控方面扮演好调控者的角色，还应该在现代市场经济体系中扮演好维护者的角色，并在区域竞争中来扮演好参与者的角色。

第二节 有效市场和有为政府

上一节对现代市场经济体系进行了扩展和定义,不仅定义了市场的含义,还明确了政府的作用。本节将在此基础之上,详细介绍有效市场与有为政府的分类和组合模式。这不仅在理论上为研究市场与政府的关系提供一个新的视角,还在现实中为政府的职能提供一个评价标准。另外,与"有效"和"有为"同样重要的就是"失灵"问题。市场虽然可以有效地配置资源,但是这种有效配置需要在一定的前提条件下,例如私有制、对称的信息等,违反任意一种前提的市场都会存在市场失灵问题。即使政府可以担任"守夜人"、调控者以及维护者、参与者的角色,但市场还是会存在失灵的情况。本节将从资源生成的角度重新认识和定义有效市场、有为政府、市场失灵和政府失灵。

一、有效市场的类型

在微观经济学理论中,从帕累托最优的角度来看,有效市场是指通过价格信号和价格体系就能实现资源配置的帕累托有效的市场。从信息传递的角度来看,1970年美国金融学家尤金·法玛(Eugene F. Fama)认为,只要市场中的价格能够反映充分的信息,该市场就称为"有效市场"。进一步地,根据反映信息量,可将有效市场分为弱式有效市场、半强式有效市场和强式有效市场三类。而有效市场存在的前提是:市场没有摩擦(不存在交易成本和税收;所有资产完全可分割、可交易;没有限制性规定)、充分竞争、信息成本为零、信息对称、理性的市场参与者等。

中观经济学主要根据现代市场经济纵向体系六个子体系的功能实现情况来对有效市场进行定义和分类。弱式有效市场是指只存在市场要素体系和市场组织体系这类基础性体系的市场。半强式有效市场是指不仅存在市场要素体系和市场组织体系这类基础性体系,还存在市场法律体系和市场监管体系这类约束性体系的市场。强式有效市场是指市场要素体系和市场组织体系这类基础性体系、市场法律体系和市场监管体系这类约束性体系以及市场环境体系和市场基础设施这类条件性体系均建设完备的市场。

二、有为政府的类型

"有为政府"这一概念相较于有效市场更为模糊,而且目前以新结构经济学提倡的因势利导型有为政府为主。新结构经济学的发起人林毅夫教授在其2010年发表的《新结构经济学——重构发展经济学的框架》一文中提出,因势利导型政府应该在教育、金融、法律和硬性基础设施四个方面发挥自己的基本职能,以促进软硬件基础设施的及时改进,顺应产业升级的新要求。北京大学新结构经济学研究中心的王勇教授在其2017年发表的《论有效市场与有为政府:新结构经济学视角下的产业政策》一文中对"有为政府"的定义为:"如果全集是政府可以做的所有事情,那么去掉乱为和不作为这两个集合,剩下的补集就是有为的集合。"

中观经济学从资源分类的角度对有为政府进行定义和分类。弱式有为政府是指只关注非经营性资源(民生经济),并采取"基本托底、公平公正、有效提升"的原则进行调配和配套政策的政府。半强式有为政府是指不仅关注非经营性资源(民生经济),还关注可经营性资源(产业经济),并对可经营性资源采取"规划、引导;扶持、调节;监督、管理"的原则进行调配和配套政策的政府。强式有为政府是指不仅关注非经营性资源(民生经济)和可经营性资源(产业经济),还关注准经营性资源(城市经济),并对准经营性资源采取"参与城市竞争,维护市场秩序,遵循市场规则"的原则进行调配和配套政策的政府。

此外,从政府的职责角度来看,有为政府应该是扮演好四种角色的政府,即区域政府不仅应该解决市场失灵——扮演好"守夜人"的角色,对宏观经济进行调控——扮演好调控者的角色,还应该维护好现代市场经济体系以扮演好维护者的角色,并且更好地参与到区域竞争中以扮演好参与者的角色。但是,由于区域政府的角色是复杂的,其既是"游戏规则"的制定者,又是"游戏"的参与者,所以如何约束区域政府的行为是现实经济发展中亟待解决的问题。

三、有效市场与有为政府的模式组合

根据中观经济学对有效市场与有为政府的模式划分,二者的组合一共有九种模式。

第一种:"弱式有为政府+弱式有效市场"。这是市场与政府最低效的组合形式：一方面，市场仅具备基础性体系，而缺少保证市场机制健康有效作用的约束性体系和条件性体系；另一方面，政府只关注其职责中最基本的非经营性资源（民生经济），无法引导产业经济、经营城市经济。此时的政府既没能扮演好维护者与参与者的角色，也没有扮演好"守夜人"和调控者的角色。

第二种："弱式有为政府＋半强式有效市场"。弱式有为政府只关注民生经济，很难建立市场法律体系以及市场监管体系这类约束性体系，因此，这种模式无法存在。

第三种："弱式有为政府＋强式有效市场"。与第二种模式同理，无法存在。

第四种："半强式有为政府＋弱式有效市场"。这是政府虽然认识到市场的作用，但能力有限的模式：一方面，市场依旧仅具备了基础性体系；另一方面，政府不仅关注了民生经济，还关注了产业经济。此时的政府还没有能力为市场搭建起约束性体系与条件性体系。我国在改革开放初期就属于这种模式，即政府虽然在民生经济与产业经济都有所作为，但是市场经济的发育还不完善。

第五种："半强式有为政府＋半强式有效市场"。这是政府的作用与市场发育较为完善的模式：一方面，市场具备了基础性体系与约束性体系，可以基本维持市场机制的运行；另一方面，政府不仅关注民生经济，还对产业经济进行规划、引导、扶持和调节。这种模式常见于处于市场经济中期发展阶段的国家，例如中国在加入世界贸易组织之前的阶段。

第六种："半强式有为政府＋强式有效市场"。这是市场发育完善但政府未能在资源生成领域有所作为的模式：一方面，现代市场经济纵向体系的六个子体系健全完备；另一方面，现代市场经济体系仅存在于产业经济，还没有扩展到资源生成领域，也就是政府还未能认识到其在准经营性资源领域（城市经济）的作用和职责。这种模式比较符合当前美国的情况。

第七种："强式有为政府＋弱式有效市场"。这种模式在现实中依旧难以存在，因为强式的有为政府至少会建立起现代市场经济纵向体系中的约束性体系，以保障市场机制在产业经济中发挥稳定的作用。

第八种："强式有为政府＋半强式有效市场"。这是政府在资源生成领域发挥作用，但是未能建立完整的市场的模式：一方面，市场依旧在条件性体系上有所欠缺；另一方面，政府在非经营性资源、可经营性资源与准经营性资源领域都发挥着作用。但是，由于市场的不健全，市场机制未能在可经营性资源和准经营性资源领域发挥稳定的作用。这类似于当今我国的情况。

第九种："强式有为政府+强式有效市场"。这是市场与政府最有效的组合模式。一方面，市场的基础性体系、约束性体系与条件性体系都是健全的，确保了市场机制可以稳定、充分地发挥作用；另一方面，政府在非经营性资源、可经营性资源与准经营性资源领域都发挥着作用。这样便使得现代市场经济的纵向体系在可经营性资源领域（产业经济）以及准经营性资源领域（城市经济和国际经济）都能发挥作用。这是有为政府与有效市场的目标模式。

综合来看，有为政府与有效市场的组合形式是相互制约、相互推动的。在较弱的有效市场模式下，不可能存在较强的有为政府，例如"强式有为政府+弱式有效市场"。同样地，在较弱的有为政府模式下，也不可能存在较强的有效市场，例如"弱式有为政府+强式有效市场"。只有当有为政府达到一定程度时，才能使得市场体系健全，构建起强式有效市场。

四、市场失灵

在具体介绍在现代市场经济体系的市场失灵之前，我们先来回顾一下以往微观经济学对市场失灵的定义和分类。Pindyck 和 Rubinfeld 的《微观经济学》，Andreu Mas-Colell、Michael D. Whinston 和 Jerry R. Green 的《微观经济理论》，以及高鸿业的《西方经济学（微观部分）》（第六版）的微观经济学框架大同小异：先介绍最基本的市场经济的运行机制和结构，然后介绍在放松一部分前提条件后，市场存在失灵情况时的处理方法。微观经济学提到的市场失灵主要有三类：第一类是违反市场没有摩擦假定的市场失灵，主要包括外部性和公共品。因为所有制不明晰，所以市场机制无法有效地传递资源配置的信息，例如污水、废气的排放，从而造成了外部性这一类市场失灵；而公共品则由于非排他性和非竞争性的特点，无法私有制化，因此也无法通过市场机制来解决。对外部性的解决主要是明晰产权问题，政府可以通过制定排污标准、发放排污许可证等方法予以解决；公共品则主要依靠政府来提供，但是公共品价格的制定依然没有理论方法能够解决，通常使用的是平均成本定价法、二部定价法和负荷定价法等。第二类是当违反对称信息这一假设时，就会存在不完全信息导致市场无法有效传递信息这一情况出现，也就导致资源配置无效的结果，例如柠檬市场和道德风险的存在。信息的传递性发展出信息经济学和激励机制等理论方法以解决此类问题，而政府能做的就是尽量完善信用体系来建立健康的信息传递体系。第三类是当违反充分竞争这一假设时，就会因市场势力造成市场歧视、市场垄断，从而导致市场失灵。政府普遍的做法就是制定反垄断法，例如美国的《谢尔曼反托拉斯法》《联邦贸易委员会法》和《克莱顿法》，我国的《中华人民共和国反垄断法》，目的都是保证市场的公平竞争。

中观经济学对市场失灵的定义与以往微观经济学的定义没有本质上的区别：市场发挥不了作用的地方，便需要政府来发挥积极的作用。但与以往对市场失灵的分类方式不同的是，中观经济学主要根据市场在不同类型资源内发挥的作用来进行划分。具体而言，现代市场体系结构的市场失灵主要包括三类：市场机制缺陷性失灵，主要是指市场机制在产业经济中发挥不了作用；市场机制空白性失灵，主要是指市场机制不能在生成性资源领域发挥作用；市场机制障碍性失灵，主要是指市场主体行为违背市场规则。

市场机制缺陷性失灵与微观经济学的市场失灵对接，主要包括上述由产权问题、信息传递问题和公共品问题造成的市场失灵。这类市场失灵主要存在于产业经济，也是微观经济学一直以来研究的问题。造成市场机制缺陷性失灵的原因主要是现实的市场经济并不能完全符合微观经济学的理论假设前提。而从现代市场经济纵向体系的角度来看，市场机制缺陷性失灵是对微观经济学提到的市场失灵的更广泛层次的概括：当纵向体系的六个子体系功能出现缺陷或缺失时造成的市场失灵。上述三类市场失灵仅是市场机制缺陷性失灵的特例：公共品问题造成的市场失灵属于现代市场经济纵向体系中市场要素体系上的缺失和缺陷造成的失灵；私有制问题造成的市场失灵属于现代市场经济纵向体系中市场法制体系上的缺失和缺陷造成的失灵；信息传递问题造成的市场失灵属于现代市场经济纵向体系中市场环境体系上的缺失和缺陷造成的失灵。事实上，如果现代市场经济在市场监管体系存在缺陷，同样会存在市场失灵，例如，土地财政的"竞次"现象和"三聚氰胺"奶粉等质量问题，都是由于市场中缺少监管体系，市场无法及时反映质量问题，从而造成了市场的失灵。

市场机制空白性失灵是以往市场失灵研究中被忽略的部分，也是现代市场经济体系下最重要的部分。由于以往的微观经济学研究仅集中在产业经济，而没有考虑生成性资源领域（城市经济），所以将其笼统地归为民生经济或者公共物品,直接由政府提供。因此,市场机制无法作为这类资源进行配置的理论基础,也无法将市场对资源的有效配置的作用发挥出来。然而,现实的行动总是超前于理论的发展。实际上,区域政府的行为有时会根据市场来调配这类生成性资源,但是由于没有认识到政府在这类资源中竞争主体的作用,反而会出现反对政府过度干预的声音,这些都属于市场机制空白性失灵。

市场机制障碍性失灵与微观经济学的市场失灵对接,主要包括上述由于市场势力造成的市场失灵。这类市场失灵并不是因为违背了市场经济理论的假设,而是市场经济必然导致的一类结果(竞争必然会导致资源的集聚,例如"二八定律",从而导致垄断等市场势力的存在)。而从现代市场经济横向体系来看,市场机制障碍性失灵是指遵循市场机制后形成的与市场机制相违背的人为性障碍,而且市场机制障碍性失灵不仅存在于产业经济,还同样存在于生成性资源领域(城市经济)。微观经济学提到的市场势力造成的市场失灵仅仅是指在产业经济领域,是现代市场经济市场机制障碍性失灵的一个子集的特例。

五、政府失灵

政府失灵是指政府在市场经济中担任"守夜人"或者调控者的过程中,非但没有解决市场失灵问题或者提高市场经济的效率,反而导致有损经济效率、损失社会福利等问题的发生。一方面,政府失灵并不像市场失灵那样受到微观经济学的重视。还是以 Pindyck 和 Rubinfeld 的《微观经济学》,Andreu Mas-Colell、Michael D. Whinston 和 Jerry R. Green 的《微观经济理论》,以及高鸿业的《西方经济学(微观部分)》(第六版)为例,书中所讨论的都是市场的作用、结构、失灵以及解决方法等,政府的作用主要是解决市场失灵,是市场的"守夜人"。另一方面,政府失灵也没有受到宏观经济学的重视。以 N. Gregory Mankiw 的《宏观经济学》(*Macroeconomics*)和高鸿业的《西方经济学(宏观部分)》(第七版)为例,虽然凯恩斯之后的宏观经济学开始关注政府使用财政政策和货币政策对经济的调控作用,并提到了政府政策时滞带来的负向影响,但是,对政府失灵的分析并没有像微观经济学对市场失灵那样有着重的讨论。这主要是因为微观经济学和宏观经济学认为由市场机制配置资源最有效,政府只会造成扭曲和错配,政府本身就是造成失灵的原因,而政府的失灵主要是其本身低效造成的。

从现代市场经济横向体系的角度来看,政府在市场经济中不仅是"守夜人"和调控者,还是维护者和参与者,因此,从资源类型的角度来分类,政府的失灵主要包括以下三类:民生经济不足型政府失灵、产业政策缺失型政府失灵和城市建设空白型政府失灵。

民生经济不足型政府失灵,是指政府把民生经济当作负担而造成的政府失灵,是政府"缺知型"失灵。这类政府失灵是最根本的政府失灵,因为政府最根本的职责就是对民生经济进行基本托底,保障民生,维护社会稳定,为产业经济发展提供条件。民生经济不足型政府失灵一般出现在处于战乱中的国家。

产业政策缺失型政府失灵,是指政府对产业经济缺乏"规划、引导、扶持"和"调节、监督、管理"而造成的政府失灵,是政府"错知型"失灵。政府怎样实施产业政策一直以来都是经济学界争论的焦点。实际上,从中观经济学的角度分析,由于城市经济与产业经济是相互促进、相互补充的关系,因此,产业政策在经济发展过程中是必不可少的,而产业政策应该与产业经济和城市经济的发展相适应。可见,政府在产业经济上的失位主要是由于对产业经济与政府关系的不正确的认识而造成的政府"错知型"失灵。一般处于中等收入水平的国家比较容易出现产业政策缺失型政府失灵。

城市建设空白型政府失灵,是指缺少通过城市建设促进经济发展的政策措施,是政府"无知型"失灵。这类政府失灵也是以往研究政府失灵中被忽视的部分,却是现代市场经济体系最重要的部分。其不仅包括政府没有作为竞争主体参与城市经济的竞争造成的失灵,还包括政府虽然作为竞争主体参与城市经济的竞争,但没有遵循市场规则,而且对政府自身行为的监管不足造成的失灵。造成这类失灵的原因主要是既没有认识到政府存在双重属性,也没有认识到政府需要参与到城市经济的竞争中来,更没有认识到城市经济的建设依旧要在市场经济体制下进行,因此称之为政府"无知型"失灵。城市建设空白型政府失灵在各类各级政府中都是较为普遍的现象。

六、小结

有效市场与市场失灵、有为政府与政府失灵是两对互相对应的概念。对有效市场类型的定义和划分主要依据的是现代市场经济的纵向体系。对市场失灵的定义和划分主要依据的是现代市场经济的横向体系。对有为政

府和政府失灵的定义与类型划分主要依据的是对三类资源的划分。

本节从现代市场经济体系的角度定义和划分有效市场和市场失灵，不仅包含了以往研究根据市场机制作用的发挥对有效市场和市场失灵的分类，而且在此基础之上有所扩展。弱式有效市场仅具备了两个基础性的市场体系，半强式有效市场还具备了两个约束性的市场体系，强式有效市场包含了现代市场经济纵向的六个子体系。只有具备完备的现代市场经济纵向六个子体系，才能保障市场机制更好地发挥作用，对应着以往文献对有效市场的定义。另外，市场机制缺陷性市场失灵和市场机制障碍性市场失灵受到以往文献的普遍关注，例如，公共物品、外部性、信息不对称、垄断势力等市场失灵。但是，市场机制空白性失灵却普遍被忽略，这也是本书重新定义的市场失灵的主要创新点。

相比而言，以往文献对有为政府和政府失灵的定义并不清晰，因此，本节从三类资源的角度对其进行明确的定义和划分。政府是中观经济资源的调配主体，因此，有为的政府应当在中观经济的非经营性资源、可经营性资源和准经营性资源三类资源的配置中有所作为。

值得注意的是，有效市场的构建不仅要依靠市场的力量，还需要政府有所作为，也就是扮演好市场经济的维护者的角色。成为有为政府也不只是靠政府的作用，还需要政府在市场体系下约束自身行为，并对三类资源进行管控。

第三节 企业和区域政府是现代市场经济的双重竞争主体

本节将从市场竞争主体的角度进行分析，明确在资源生成的前提下，市场竞争包括企业和区域政府双重竞争主体。本节是本书的核心论点，是前面章节的逻辑总结。"企业是微观经济资源调配主体"是微观经济学主要研究的问题，同时也明确了企业竞争发生在产业经济领域。随着"资源生成"这一概念的提出，资源被分为可经营性资源、准经营性资源和非经营性资源三类。首先，从区域政府的角度来说，区域政府在对三类资源管控时具有准宏观属性和准微观属性，并在准经营性资源领域参与竞争，成为中观经济资源调配的主体。其次，从市场经济的角度来说，将市场经济扩展到资源生成领域就形成了现代市场经济的横向体系和纵向体系。正是由于区域政府存在双重属性,而且现代市场经济不仅适用于产业经济,还适用于城市经济,才使得区域政府同样作为一类竞争主体参与到市场竞争中,与企业共同构成现代市场经济双重竞争主体。

一、企业和区域政府是资源调配的主体

企业是微观经济资源调配的主体。这一点已在第一章做了详细的阐述,这里不再赘述。

区域政府成为资源调配的主体。这与以往的西方经济学观点大相径庭。但是需要明确的是:区域政府是中观经济资源调配的主体。这一点已在第二章做了详细的阐述,这也是中观经济学的主要研究范畴。正是现代市场经济体系理论的提出,将市场经济引申到了城市经济领域,而且提出了区域政府的准微观属性,才将区域政府作为一类资源调配的主体,这也是中观经济学的主要创新点之一。

企业与区域政府作为资源调配主体在不同领域的竞争过程中存在差别:竞争的目标函数不同;达成目标的手段不同;实现目标的路径不同;投融资机制不同;价格决定机制不同;竞争导向不同;竞争领域不同;竞争角色不同;管理模式不同。

但是,二者的竞争行为都必须遵循市场规则。区域政府虽然是资源调配的主体,但同样也是市场经济的调控者和维护者,因此,需要强调的是,区域政府的竞争更应该遵循市场规则。区域政府在资源生成的基础上配置资源需要回答的问题是:生成什么资源?生成多少资源?怎样生成资源?为谁生成资源?回答这些问题之前,我们要看到区域政府的目的是追求区域经济利益最大化,资源生成还是服务于区域的经济增长的,因此,区域政府在资源生成的基础上配置资源仍然要符合市场规则。

企业竞争和区域政府竞争最终成为区域经济发展的源动力。企业竞争是区域经济发展的源动力,因为企业竞争是市场经济的基础,而竞争导致了资源的流动,促进了技术的进步,最终使企业竞争成为区域经济发展的源动力。类似地,区域政府竞争同样是区域经济发展的源动力,因为区域政府竞争是市场经济的扩展部分,而区域政府竞争导致了资源的生成,促进了区域政府技术的进步、效率的提升,最终使区域政府竞争成为区域经济发展的源动力。

二、企业和区域政府的关系

关于企业和区域政府的关系,首先需要明确的是二者之间不存在竞争。其原因主要有两点:第一,二者竞争的资源领域不同。企业在产业经济领域内存在竞争,而区域政府在城市经济领域内存在竞争。但是,因为国营企业作为区域政府竞争的重要载体会与私营企业产生竞争,所以会被认为国营企业与私营企业在竞争过程中由于政府的原因存在竞争非中性,这也是学者认为政府应该减少市场干预的原因之一。第二,企业是在资源稀缺的条件下配置资源,而区域政府是在资源生成的基础上配置资源。其次,二者之间虽然不存在竞争,即二者分别在两个领域内各自参与竞争,但二者又是相互联系的:企业竞争是区域政府竞争的基础,区域政府竞争又反作用于企业竞争。也就是说,企业竞争力是区域政府竞争力的基础,而区域政府竞争力的提升又将提高区域对要素的吸引力,增强企业在投入端、产品端和管理技术端的竞争力。二者并不互斥,而是一个相互促进、相互补充的关系。

企业和区域政府的这种互补关系主要有两个层面:第一,从竞争的角度来看,企业竞争和区域政府竞争具有互补关系;第二,从资源的角度来看,可经营性资源(产业经济)与准经营性资源(城市经济)具有互补关系。下面从竞争的角度阐述企业和区域政府的互补关系。

一方面,企业竞争是区域政府竞争的基础。现代市场经济体系以及市场竞争双重主体的提出,虽然将市场经济扩展到了生成性资源的领域,区域政府作为一类竞争主体参与市场经济,但是市场经济的基础仍然是企业竞争。企业是市场经济最基本的组织形式,企业竞争是市场经济的基础,在此,中观经济学与微观经济学的研究基础并是不对立的,而是在肯定微观经济学的基础上进行了开创性的拓展。

另一方面,区域政府竞争与企业竞争是互补的关系。企业竞争与区域政府竞争的关系一直以来都是学者们普遍关注的问题。中观经济学定义的区域政府竞争主要发生在准经营性资源领域,而这类资源在微观经济学理论中被普遍认为是公共品,由政府承担。凯恩斯的需求主义理论认为,政府的支出是一种需求,会促进经济增长,但也会对私人投资产生挤出效应。因此,现行文献普遍研究的是这类挤出效应。例如前文提到的地方政府的债务会挤出企业尤其是私营企业的融资。但是,也有学者在做实证分析时发现,政府的投资不仅对私人投资有挤出效应,还会有挤入效应。类似地,2016 年,国家发展和改革委员会针对上半年民间投资增速同期减少 8.6% 做了回应,政府投资并没有对私人投资产生挤出效应。① 目前对挤入效应的机制分析仅停留在政府投资公共品的视角下(政府投资在基础设施领域属于本书提到的民生经济,这将改善产业经济的生产和生活条件与环境,从而吸引民间投资),是缺乏理论模型的支持。与此不同的是,中观经济学是在资源生成的前提下,从供给侧的角度对二者的关系进行解读,认为政府投资在准经营性资源领域(城市经济),与可经营性资源(产业经济)是互补的关系,而且宏观经济的生产不仅需要产业经济的投入,也需要城市经济的投入,这将为"挤入效应"提供一个全新的解读视角。这点与以往文献的主要区别就是将区域政府作为一个竞争主体引入市场经济,而不是仅将其置于市场经济之外。

下面将根据上述对区域政府竞争与企业竞争互补关系的理论分析,从实证的角度验证二者的互补关系。②

对两类资源互补性的验证可以借鉴资本技能互补理论的验证方法,回顾已有资本-技能互补性检验的方法,主要可以归结为三大类:两步条件法、超越对数函数法和 CES 生产函数参数估计法。但是,实证分析需要体现出上述理论分析的两点:第一,区域政府并不是在市场之外,而是参与到市场竞争中来。因此,在理论模型中的供给侧应该包含区域政府这类竞争主体。从资源的角度来说,就是区域生产函数的资源不应该仅包含产业资源,还应该包含城市资源。第二,区域政府这类竞争主体或者城市资源引入生产函数,与企业这类竞争主体或者产业资源是互补的关系。所以,下面将使用 CES 生产函数参数估计法来验证区域政府竞争与企业竞争是互补的关系。

宏观经济模型中的生产函数主要有资本、劳动两大类生产要素,在将政府引入模型的过程中,为了简化模型,在 CES 生产函数中仅将资本分为政府资本和私人资本两类,而不考虑劳动力的分类。其中,政府的资本属于准经营性资源(城市经济),私人的资本属于可经营性资源(产业经济),CES 生产函数为:

---

① 《发改委:政府对民间投资不存在挤出 民投回落存合理性》,见新浪财经网(http://finance.sina.com.cn/china/gncj/2016-07-25/doc-ifxuhukv7414505.shtml)。

② 本理论引自李粤麟、陈云贤《政府投资与私人投资的互补性——基于共同富裕时代背景》,载《金融经济学研究》2022 年第 1 期,第 171~173 页。

$$Y = \left\{\alpha(A_L L)^\rho + (1-\alpha)\left[\omega(A_G G)^\theta + (1-\omega)(A_I I)^\theta\right]^{\frac{\rho}{\theta}}\right\}^{\frac{1}{\rho}} \quad (3-1)$$

其中，Y 表示区域的总产出，L 表示劳动力，G 表示政府资本（准经营性资源或者城市经济），I 表示私人资本（可经营性资源或者产业经济），A_i 表示 $i(i=G,I,L)$ 要素增强型技术进步，α 和 β 代表分布参数决定要素相对重要程度，ρ 和 θ 为替代弹性参数。

根据希克斯替代弹性的定义可知，$[L,(G,I)]$ 双层嵌套型 CES 生产函数中政府资本 G 与私人资本 I 的要素替代弹性为：

$$\sigma_{GI} = \frac{1}{1-\theta} \quad (3-2)$$

当 $0 < \sigma_{GI} < 1$ 时，说明政府资本 G 与私人资本 I 是互补的，即政府资本的增加将导致私人资本的进一步增加；当 $\sigma_{GI} > 1$ 时，说明政府资本 G 与私人资本 I 是替代关系，即政府资本的增加将导致私人资本的减少。因此，只要保证式（3-1）估计出来的参数 $\theta < 0$，就能保证政府资本与私人资本是互补的关系，也就从实证的角度验证二者的互补性。

本书使用 Klump（2007）提出的标准化供给侧方法来估计式（3-1）的替代参数及要素增强型技术进步。根据 Klump（2007）理论，用平均值作为基准线可以利用更多信息，因此，设定 $Y_0 = \overline{\Lambda Y}$，$G_0 = \overline{G}$，$I_0 = \overline{I}$，$L_0 = \overline{L}$，$\eta_{G_0} = \overline{\eta_{G_t}}$，$\eta_{I_0} = \overline{\eta_{I_t}}$，$\eta_{L_0} = \overline{\eta_{L_t}}$，$t_0 = \overline{t}$，其中，$\Lambda$ 为规模因子，将基准线带入标准化生产函数，连同利润最大化一阶条件，得到估计各参数的标准化供给侧联立方程组：

$$\begin{cases} \ln\left(\dfrac{Y_t}{Y_0}\right) = \ln(\Lambda) + \dfrac{1}{\rho}\ln\left\{\eta_{L_0}\left(\dfrac{L_t}{L_0}e^{g_L}\right)^\rho \right. \\ \qquad\qquad \left. + (1-\eta_{L_0})\left[\left(\dfrac{\eta_{I_0}}{\eta_{I_0}+\eta_{G_0}}\right)\left(\dfrac{I_t}{I_0}e^{g_I}\right)^\theta + \left(\dfrac{\eta_{G_0}}{\eta_{I_0}+\eta_{G_0}}\right)\left(\dfrac{G_t}{G_0}e^{g_G}\right)^\theta\right]^{\frac{\rho}{\theta}}\right\} \\ \ln(\eta_{I_t}) = \ln\left(\dfrac{\eta_{I_0}}{1+\mu}\right) - \rho\ln\left(\dfrac{Y_t}{\Lambda Y}\right) + \theta\ln\left(\dfrac{I_t}{I_0}e^{g_I}\right) \\ \qquad\qquad + \dfrac{\rho-\theta}{\theta}\ln\left[\left(\dfrac{\eta_{I_0}}{\eta_{I_0}+\eta_{G_0}}\right)\left(\dfrac{I_t}{I_0}e^{g_I}\right)^\theta + \left(\dfrac{\eta_{G_0}}{\eta_{I_0}+\eta_{G_0}}\right)\left(\dfrac{G_t}{G_0}e^{g_G}\right)^\theta\right] \\ \ln(\eta_{G_t}) = \ln\left(\dfrac{\eta_{G_0}}{1+\mu}\right) - \rho\ln\left(\dfrac{Y_t}{\Lambda Y}\right) + \theta\ln\left(\dfrac{G_t}{G_0}e^{g_G}\right) \\ \qquad\qquad + \dfrac{\rho-\theta}{\theta}\ln\left[\left(\dfrac{\eta_{I_0}}{\eta_{I_0}+\eta_{G_0}}\right)\left(\dfrac{I_t}{I_0}e^{g_I}\right)^\theta + \left(\dfrac{\eta_{G_0}}{\eta_{I_0}+\eta_{G_0}}\right)\left(\dfrac{G_t}{G_0}e^{g_G}\right)^\theta\right] \\ \ln(\eta_{L_t}) = \ln\left(\dfrac{\eta_{L_0}}{1+\mu}\right) - \rho\ln\left(\dfrac{Y_t}{\Lambda Y}\right) + \rho\ln\left(\dfrac{L_t}{L_0}e^{g_L}\right) \end{cases} \quad (3-3)$$

其中，η_G、η_I、η_L 分别为政府资本、私人资本、劳动力收入份额，$\mu \geqslant 0$ 测度价格影响，g_{i_i} 为 $i(i=G,I,L)$ 要素技术进步的增长率为：

$$g_{i_i} = \frac{\gamma_i}{\lambda_i} t_0 \left[\left(\frac{t}{t_0} \right)^{\lambda_i} - 1 \right], i \in \{G,I,L\} \qquad (3-4)$$

其中，γ_i 为技术增长参数，λ_i 为技术曲率。

本节使用全国数据的维度为 1992—2017 年，总产出为收入法核算的名义 GDP 通过 GDP 平减指数平减后的实际 GDP。政府资本和私人资本都是根据每年的政府投资和私人投资通过永续盘存法估算得到，名义政府投资和私人投资通过每年《中国统计年鉴》的资金流量表得到，实际政府投资和私人投资均经过 GDP 平减指数进行平减后得到。各类要素的产出通过收入法估算，劳动力收入份额 = 劳动者报酬/总产出；私人资本收入份额 = （营业盈余 + 固定资本折旧 × 私人资本占总资本的比重）/总产出；政府资本收入份额 = 1 − 劳动力收入份额 − 私人资本收入份额。最后，使用非线性似不相关回归法对方程组式（3 − 3）进行参数估计，估计结果如表 3 − 3 所示。

表 3 − 3　参数估计结果

参数	估计值	标准误
Λ	0.913	0.008
ρ	0.142	0.039
θ	− 0.551	0.188
λ_L	1.341	0.217
γ_L	0.059	0.006
λ_G	− 0.364	0.114
γ_G	− 0.034	0.007
λ_I	− 0.953	0.153
γ_I	− 0.009	0.003

根据政府资本 G 与私人资本 I 的要素替代弹性式（3 − 2）可知：σ_{GI} = 0.645 < 1，也就是说，政府资本 G 与私人资本 I 是互补的。至此，从理论和实证的角度印证了本节提出的产业经济与城市经济或者企业竞争与区域政府竞争是互补关系的假说。这也为上文提到的政府的投资不仅对私人

投资有挤出效应，还会有挤入效应提供了一个中观经济学的解释视角：政府的投资作为准经营性资源与私人投资这类可经营性资源是互补的。也就是说，政府投资或者资本积累的增加会吸引更多的私人投资或者资本积累的增加，从而引致挤入效应。

三、竞争中性原则

"竞争中性"这一概念普遍被认为源于澳大利亚国内的经济改革，目的是约束政府对企业竞争的有偏向性的干预和对待，以实现不同类型的企业在竞争中具有平等、公平的竞争地位，使政府的政策和法律与竞争中性保持一致。2009年，经济合作与发展组织（OECD）在《竞争中性：维持公有企业和私营企业的公平竞争》中将竞争中性定义为：经济市场中没有经营实体享有过度的竞争优势或竞争劣势时的状态。在现实的区域间和国家间的竞争中，政府普遍都认可竞争中性的概念，但在实践中却很容易偏离竞争中性的原则。

现实中，竞争中性普遍被应用到国有企业和私营企业竞争与国际贸易竞争中。国有企业由于有政府的信用支撑以及与政府之间的特殊关系，很容易在与私有企业竞争中由于政府的有偏性政策和支持而获得比较优势，这就违背了竞争中性原则。例如，Huang 等（2020）在研究中国地方政府债对企业投资的挤出效用时指出，地方政府债对企业投资的挤出效应显著存在于私有企业，对国有企业的影响并不显著，而且地方政府债明显缩进了私有企业的融资约束，并不会对国有企业或者与政府有关的企业有显著的影响。这就是明显的政府干预造成竞争非中性的实例。Huang 等（2018）使用相同的实证策略和国际（发达经济体和新兴经济体）数据再次验证了上述结论。这说明，竞争非中性这一现象并不只是存在于中国的经济实践中，而是全球经济共同面临的问题。

讨论竞争中性原则实质就是回答政府与市场的关系，既有的西方经济学观点普遍将政府置于市场之外，认为政府仅具有宏观属性，负责解决市场失灵，提供公共物品，但在政府进行干预时，由于其干预具有强制性，很容易造成竞争非中性，即使凯恩斯提出了政府对刺激经济的重要作用，但也认为政府应在市场之外，而未在理论上解释为何在批判政府干预的同时，仍然需要政府的作用。这一点可以用中观经济学的理论进行解释：由于区域政府具有"准宏观"和"准微观"的双重属性，以及市场经济具有企业和政府的双重竞争主体,所以政府既是市场规则的维护者,又是市场经济的参与者。当政府作为市场规则的维护者时,中观经济学认为,政府应当遵循现在学界和实践中普遍倡导的竞争中性原则,避免由于强制的干预造成有偏颇的政策,这会打破市场规则,违背政府是市场规则维护者的原则。当政府是市场经济的参与者时,就需要政府的竞争、对城市经济的经营来参与市场经济的构建。所以,现有的经济理论无法解释为何需要政府的作用,其实质就是未认清政府也是市场竞争的主体。

下面从中观经济学的角度重新理解竞争中性原则。

(一) 竞争非中性的分类

在对竞争中性进行分类之前,首先需要明确的是,政府和企业之间不存在竞争,竞争非中性不是政府和企业之间的竞争。在中观经济学讨论政府竞争和企业竞争时,时常被提及的问题就是:政府会不会与企业竞争?实质上政府的竞争发生在城市经济领域,而企业的竞争发生在产业经济领域,二者的领域不存在重叠,因而不会出现政府和企业的竞争。为何会有"政府会不会与企业竞争"的疑问?除了是因为未能厘清市场竞争存在双重主体外,也是因为未认清竞争中性:政府的干预或者竞争使得部分企业(例如国有企业)获得不平等的竞争比较优势,所以会被认为是"政府与企业竞争",其实质是政府的干预或竞争造成了企业竞争的非中性。

在市场竞争双重主体的框架下,可将竞争中性原则分为企业竞争中性原则和区域政府竞争中性原则,而企业竞争非中性的存在也可根据政府的双重属性分为两类。

一方面,竞争非中性不仅存在于企业竞争中,也存在于区域政府竞争中。企业竞争存在非中性是大家普遍关注的一类竞争非中性:政府的干预或者竞争造成企业获得非市场经济的竞争比较优势,同时也造成了资源配置的扭曲,最典型的就是国有企业和私营企业的竞争存在非中性。但是,以往的研究未认识到区域政府的竞争也存在竞争非中性,而区域政府之间竞争的非中性普遍存在于国际层面的国家政府之间。例如,美国根据美元在世界经济体中的特殊地位,于 2008 年通过了禁止伊朗进入机构使用美国的清算支付系统 CHIPS 开展美元交易结算的法案,迫使伊朗与美元脱钩,以此对伊朗进行制裁,甚至 2012 年将伊朗四大行从 SWIFT(Society for Worldwide Interbank Financial Telecommunications,环球同业银行金融电讯协会）系统中剔除；2014年，美国又用同样的方式对俄罗斯进行金融制裁。区域政府存在"三类九要素"的竞争，而区域政府的非中性竞争也存在于"三类九要素"的竞争中。另一方面，企业竞争的非中性来源于政府的"准宏观"和"准微观"的双重属性。造成企业竞争存在非中性的不仅是准宏观属性政府的强制干预，还有准微观属性政府的竞争。如以往文献和实践普遍提及的国有企业与私营企业的竞争非中性的存在，其主要是源于政府的准宏观属性的强制干预，例如，国有企业由于和政府的特殊关系，会有更好的融资平台和渠道、更多的项目、更可靠的信用、更多的政策和税收优惠等。除此之外，最容易被混淆的是源于政府竞争的企业竞争非中性。例如，国企作为区域政府竞争的载体，当参与到项目投资、产业链配套和进出口贸易这一类要素的竞争中时，会在税收、土地、政策等资源上有所倾斜，从而导致国有企业和私营企业的不平等待遇，造成由政府竞争引起的企业竞争非中性问题。

总而言之，竞争非中性主要有三类：具有准宏观属性的政府通过干预造成的企业竞争非中性；具有准微观属性的政府通过竞争造成的企业竞争非中性；区域政府竞争的非中性。

（二）竞争中性的实现思路

竞争中性来源于澳大利亚的成功实践，其提出的《竞争原则协议》（*Competition Principles Agreement*）也明确提出了实现竞争中性的三类工具：公司化改造、税收/债务/监管中性、全成本定价。根据前文的分析，我们可以看出，这三类工具实质仅解决了一类竞争非中性：具有准宏观属性的政府通过干预造成的企业竞争非中性。在这里，我们将根据前文对竞争中性的分析，从市场竞争双重主体的角度提出实现竞争中性的新思路。

首先，针对不同类型的企业竞争非中性，对区域政府的不同类型属性提出相应的应对方式，对症下药。针对源于准宏观属性政府强制干预的企业竞争非中性，应该呼吁区域政府扮演好市场规则维护者的角色，而不应实施有偏颇的政策，扭曲市场规则和资源配置。这可以沿用《竞争原则协议》明确提出的实现竞争中性的三类工具。针对源于准微观属性政府竞争的企业竞争非中性，应该呼吁区域政府在竞争中遵循竞争中性原则。区域政府的非中性竞争很容易导致"竞次"现象，例如中美的关税大战，这将造成整体经济的低效，所以，要想实现区域政府的竞争中性原则，就要在区域政府竞争中实现政策协同性，制定"游戏规则"和惩罚机制。

其次，从市场经济体系六个子体系的角度，中观经济学提出了健全、完善竞争中性原则的思路。①

第一，在市场要素体系中，应在要素获取、成本确认、经营运行、债务中性和补贴约束等方面健全和完善竞争中性原则。

第二，在市场组织体系中，应在准入许可、企业经营形式、公共服务义务和各类营商主体公平竞争等方面健全和完善竞争中性原则。

第三，在市场法制体系中，应在市场价值导向、交易行为、契约行为和产权行为，尤其是在知识产权保护和税收中性等方面健全和完善竞争中性原则。

第四，在市场监管体系中，应在项目招商，招投标，政府采购和对机构、业务、市场、制度审查及监管中性等方面健全和完善竞争中性原则。

第五，市场环境体系主要包括实体经济基础、企业治理结构、社会信用体系三方面。目前，至关重要的是应在法律制度、信托关系、信用工具、信用中介规范，以及其他相关信用要素的规范上健全和完善竞争中性原则。

第六，市杨基础设施主要包括市场服务网络、配套设备及技术、各类市场支付清算体系和科技信息系统等。应针对不同竞争主体在区域市场、国家市场乃至国际市场上使用这些基础设施的标准，以健全和完善竞争中性原则。

（三）竞争中性与产业政策

产业政策是地方政府为了实现一定的经济和社会目标而对产业的形成和发展进行干预的各种政策的总和。② 目前，产业政策又回到了主流辩论中。③ 对于产业政策存在的必要性，虽然现在已经达成共识，但争论的焦

---

① 陈云贤：《市场竞争双重主体论——兼谈中观经济学的创立和发展》，北京大学出版社 2020 年版，第 254 页。

② 韩乾、洪永淼：《国家产业政策、资产价格与投资者行为》，载《经济研究》2014 年第 12 期，第 143～158 页。

③ Andreoni A, Chang H J. "The political economy of industrial policy: Structural interdependencies, policy alignment and conflict management". Structural Change and Economic Dynamics, 2019, 48, pp. 136 – 150.

点是"如何实施产业政策"①。

对于产业政策存在的必要性虽然没有太多的异议,但在这里有必要从中观经济学的视角分析"为什么需要产业政策"。这里我们主要从区域政府竞争、产业经济与城市经济的互补性两个角度进行分析。第一,从区域政府竞争的角度来讲,产业政策是必要的。区域政府存在"三类九要素"的竞争,其中第一类经济发展水平的竞争中对项目投资、产业链配套和进出口贸易的竞争就需要配套的产业政策支持,因为区域政府为了完成竞争目标必须对产业的形成和发展进行干预。第二,从产业经济与城市经济互补的角度来讲,产业政策是必要的。前文在阐述企业与区域政府的关系时着重强调了产业经济与城市经济是互补的关系,二者要相互匹配才能促进区域经济可持续快速发展。城市经济由区域政府经营,而作为有超前引领的区域政府在城市经济发展过程中需要配套相应的产业经济,才能在促进产业经济发展的过程中发挥好城市经济的作用。产业经济由企业经营,但是产业经济的发展一定要有配套的城市经济。正如第二章第一节在阐述区域政府的准微观属性时所提到的,不仅要重视准经营性资源,更要协调好可经营性资源与准经营性资源之间的比例关系。至于如何调节二者的比例关系,一个重要的把手就是制定相关的产业政策。

在"如何实施产业政策"上存在争议主要是因为学者在对产业政策作用的实证研究中发现产业政策的效果不尽如人意。这里列举中国学者研究产业政策对资本市场、创新和产业结构的影响。韩乾和洪永淼(2014)在研究产业政策对资产价格和投资者行为的影响时发现,产业政策仅在公布后较短时间内带来超额回报,长期并没有带来较高的收益率。这一现象主要是由产业政策公布的时滞与信息披露的信息传递异质性导致的。而这与产业政策的初衷背道而驰,使得真正需要扶持的企业得不到资金支持。黎文靖和郑曼妮(2016)在研究产业政策对创新的影响时发现,产业政策虽然激励了专利申请量的增加,但显著增加的仅是非发明专利,而且企业的创新是为了获得政府的补贴和税收优惠,即产业政策只激励了策略性创新:企业为"寻扶持"而创新,创新只求数量不求质量。吴意云和朱希伟(2015)在研究产业政策对行业集中度的影响时发现,地方政府相似的产

---

① Rodrik D. "Industrial policy: Don't ask why, ask how". *Middle East Development Journal*, 2009, 1, pp. 1-29.

业政策导致了我国行业集中化程度越来越低。这主要是由于地方的产业政策紧跟中央政府的产业政策而造成了趋同化。综合上述研究可以看出，造成产业政策效果不足的主要原因是产业政策的制定不完善和实施不到位。所以，目前学界争论的焦点主要集中在"如何实施产业政策"。

"如何实施产业政策"主要包含两方面：一是需要什么样的产业政策，二是怎样实施产业政策。针对这一问题，学者有各自站在不同角度的回答。例如，林毅夫（2018）从新结构经济学的角度认为实施产业政策要做到如下三点：一是有效的产业政策应从潜在比较优势产业入手，二是有效的产业政策需要对特定行业的约束进行动态分析，三是政府可以在缓解约束、释放经济结构转型潜力方面发挥促进作用。王文等（2014）认为有效的产业政策应该保证两点：一是确保促进行业竞争，二是确保产业政策的广泛程度。黄先海等（2015）提出产业政策存在一个最优的实施空间，而这个最优的实施空间与行业的异质性有关。Andreoni 和 Chang（2019）提出了一个产业政策实施的工具——政策篮子矩阵（The Policy Package Matrix）。下面从中观经济学的角度来回答产业政策应该如何实施的问题。

首先，需要什么样的产业政策？我们依旧从区域政府竞争、产业经济与城市经济的互补性两个角度进行分析。第一，从区域政府竞争的角度来看，产业政策是区域政府竞争的重要抓手，因此，这类产业政策的目的是增强区域政府的竞争力。第二，从产业经济与城市经济互补的角度来看，产业政策的目的是使产业经济与城市经济配套发展。例如，从案例 2-3 的对比中就可以看出，区域政府在城市经济建设过程中只有实行与之配套的产业政策，引导产业经济与城市经济配套发展，才能避免过度建设的"空城"与负债下的烂尾景区等失败案例的出现。

其次，怎样实施产业政策？产业政策要确保竞争中性。竞争中性与产业政策是密不可分的，因为区域政府无论是行政干预还是竞争都可能通过产业政策造成企业竞争的非中性。产业政策有横向和纵向两个维度，纵向的产业政策主要影响资源在产业间的分配，而横向的产业政策则更容易通过对企业的区别对待，使得企业竞争违背中性竞争的原则。[①] 这里我们主要考虑横向的产业政策。目前，经济学家对产业政策的思考也主要集中在

---

① 刘戒骄：《竞争中性的理论脉络与实践逻辑》，载《中国工业经济》2019 年第 6 期，第 5～21 页。

横向产业政策对企业的区别对待而造成的同行业内企业的非中性竞争。Huang 等（2018、2020）的研究指出，资金作为企业发展的"血液"，很容易由于竞争的非中性而使得资金流入效率较低的国企，长此以往将造成全要素生产率增速的下降，不利于长期的经济发展。因此，产业政策要根据上文提到的健全、完善竞争中性原则的思路来实现竞争中性原则。

（四）竞争中性与营商环境

企业竞争存在非中性的问题一直以来受到学者和政府的高度重视，因为企业作为市场经济的基础，在根本上决定着市场经济的活力，尤其是我国近年来着重强调改善营商环境。2019 年 10 月 8 日，国务院颁布了《优化营商环境条例》，将营商环境定义为"企业等市场主体在市场经济活动中所涉及的体制机制性因素和条件"，明确了优化营商环境的目的是"最大限度减少政府对市场资源的直接配置，最大限度减少政府对市场活动的直接干预，加强和规范事中事后监管，着力提升政务服务能力和水平，切实降低制度性交易成本，更大激发市场活力和社会创造力，增强发展动力"，同时，"国家加快建立统一开放、竞争有序的现代市场体系，依法促进各类生产要素自由流动，保障各类市场主体公平参与市场竞争"，主要涉及市场主体保护、市场环境、政务服务、监管执法、法治保障五个方面。[①]

营商环境的改善将在根本上解决竞争非中性的问题，有利于促进企业良性竞争。例如，夏后学等（2019）研究发现，优化营商环境有助于消除寻租影响，并促进企业的创新。魏下海等（2015）研究营商环境对民营企业家行为的影响时发现，营商环境越好，企业家用在经济活动中的时间越多；营商环境越差，企业家用在对外公关招待的时间越多。《优化营商环境条例》第二章关于市场主体保护的条例中着重强调了"权利平等、机会平等、规则平等"，明确了要着重关注中小微企业和投资者，是从市场主体的角度保障竞争的中性。

要改善营商环境，就需要对营商环境进行评价。国际上，世界银行于 2003 年首次发布了《全球营商环境报告》（*Doing Business*），发展到如今，

---

① 《优化营商环境条例》，见中国政府网（http://www.gov.cn/zhengce/content/2019-10/23/content_5443963.htm）。

Doing Business 2020 涵盖 12 个领域，如表 3-4 所示。其中 10 个领域——开办企业、施工许可办理、电力获得、财产登记、信贷获取、保护少数股东、纳税、跨境贸易、合同执行、破产办理——包括在营商环境评价指标体系内。此外，还有 EIU 营商环境评价指标体系、GEM 创业环境评价指标体系、OECD 创业环境评价指标体系等。在我国，2018 年以来，国家发展和改革委员会牵头研究并不断完善中国营商环境评价体系，《中国营商环境报告 2020》从衡量企业全生命周期、投资吸引力、监管与服务三个角度构建了 18 个一级指标和 87 个二级指标。同时，江苏省参照世界银行的标准制定了包含企业申请考办时间、投资项目审批速度和群众办事方便三个角度的指标体系。广东省则从业务咨询便利度、商事登记便利度和预备经营便利度三个角度衡量营商的便利程度。在学界，学者们也建立了多种衡量省际营商环境的指标体系。例如，李志军（2019）构建了涵盖政府效率、人力资源、金融服务、创新环境、公关服务和市场环境等 9 个一级指标和 17 个二级指标的中国城市营商环境评价指标体系。张三保等（2020）建立了涵盖市场环境、政务环境、法律政策环境、人文环境在内的 4 个一级指标和 12 个二级指标的中国省份营商环境评价指标体系。

表 3-4 世界银行营商环境测度的 12 个领域

指标设置	指标测度了什么
开办企业	开办企业的程序、时间、成本和最低法定资本金（考虑了男女性别的差异）
施工许可办理	施工许可办理的程序、时间、成本，以及质量和安全控制
电力获得	电力获得的程序、时间、成本，以及电力供应的可靠性和电费的透明度
财产登记	转让财产的程序、时间、成本，以及土地管理制度的质量（考虑了男女性别的差异）
信贷获取	担保法律和信用信息系统
保护少数股东	关联交易与公司治理中的小股东权利
纳税	频率、总税收、总税率和报税程序
跨境贸易	出口具有比较优势的产品和进口汽车零部件的时间及成本

续表 3-4

指标设置	指标测度了什么
合同执行	解决商业纠纷的时间、成本，以及司法程序的质量（考虑了男女性别的差异）
破产办理	商业资不抵债的时间、成本、结果、回收率，以及法律框架的力量
劳动雇佣	雇佣法规的灵活性
与政府的联系	通过公共采购和公共采购监管框架参与和赢得工程合同的程序和时间

［资料来源：世界银行 *Doing Business* 2020（https：//www.doingbusiness.org/en/reports/global-reports/doing-business-2020）。］

综合各类营商环境指标体系的指标构建可以看到，营商环境评价指标衡量的都是平均水平，也就是说，营商环境衡量的是区域整体或者平均的市场环境，而无法反映市场中的竞争非中性情况。但是，营商环境改善的一项目标就是保障公平。因此，营商环境指标体系应该将其加入一级指标，以衡量区域内不同类型企业的差异化。此外，从竞争非中性的角度来看，为了解决竞争非中性问题，可以根据营商环境指标体系构建竞争中性程度指标体系，用以衡量区域间存在竞争非中性的程度差异。

基于表 3-4 世界银行测度营商环境的指标，我们可构建出衡量企业竞争非中性程度的指标体系，如表 3-5 所示。由于竞争非中性主要源于区域政府的干预或者竞争，因此，测度企业竞争非中性程度的指标体系仅包括了开办企业、施工许可办理、电力获得、财产登记、信贷获取、保护少数股东、纳税、合同执行、破产办理以及与政府的联系这 10 个与政府密切相关的指标。每个指标的内容与含义不变，但测度的是同行业内，私企与国企在经营周期内解决各项事务存在的差异。

表3-5 企业竞争非中性程度的指标体系

指标设置	指标测度了什么
开办企业	同行业私企与国企在开办企业的程序、时间、成本和最低法定资本金之间的差异
施工许可办理	同行业私企与国企在施工许可办理的程序、时间、成本,以及质量和安全控制之间的差异
电力获得	同行业私企与国企在电力获得的程序、时间、成本,以及电力供应的可靠性和电费的透明度之间存在的差异
财产登记	同行业私企与国企在转让财产的程序、时间、成本,以及土地管理制度的质量之间存在的差异
信贷获取	同行业私企与国企在担保法律和信用信息系统之间存在的差异
保护少数股东	同行业私企与国企在关联交易与公司治理中的小股东权利之间存在的差异
纳税	同行业私企与国企在频率、总税收和总税率以及报税程序之间存在的差异
合同执行	同行业私企与国企在解决商业纠纷的时间、成本,以及司法程序的质量之间存在的差异
破产办理	同行业私企与国企在商业资不抵债的时间、成本、结果、回收率,以及法律框架的力量之间存在的差异
与政府的联系	同行业私企与国企在通过公共采购和公共采购监管框架,参与和赢得工程合同的程序和时间之间存在的差异

四、小结

本节是本书的核心章节,具体阐述了企业和区域政府是现代市场经济的双重竞争主体。首先,明确了企业和区域政府都是资源调配的主体,都需要在市场规则下进行资源调配,且二者都是经济发展的动力。其次,着重阐述了企业和区域政府二者的关系——二者虽然不存在竞争,但二者是互补的关系。虽然企业和区域政府之间不存在竞争,但是由于区域政府竞争的重要载体是国有企业,因此,区域政府的竞争会导致企业竞争的非中性问题。在此有两点是中观经济学的创新点。

第一，企业和区域政府存在互补关系。其互补关系主要有两个层面：从竞争的角度来看，企业竞争和区域政府竞争具有互补关系；从资源的角度来看，可经营性资源（产业经济）与准经营性资源（城市经济）具有互补关系。正是由于资源生成理论的开创，才将准经营性资源这类模糊边界的资源类型从传统经济学研究中抽出来，并明确了这类资源的竞争主体是区域政府。据此，本节建立了符合中观经济学观点的双层嵌套型CES生产函数，通过参数估计的方法从实证模型的角度证实了二者的互补关系，这也从供给侧的角度为以往文献验证的政府投资对私人投资的挤入效应提供了一个分析的视角。

第二，从中观经济学的角度，可将竞争非中性分为具有"准宏观"属性的政府通过干预造成的企业竞争非中性，以及具有"准微观"属性的政府通过竞争造成的企业竞争非中性、区域政府竞争的非中性。针对不同类型的竞争非中性，应根据造成竞争非中性的原因差异化施政。此外，根据对竞争非中性的重新认识，本节阐述了竞争非中性与营商环境、产业政策的关系，提出了衡量竞争中性的指标体系，并从中观经济学的视角回答了"产业政策存在的必要性"和"如何制定产业政策"这两个问题。

❋ 本章小结 ❋

本章主要介绍了现代市场经济体系的构成——横向体系和纵向体系，并在此基础上重新认识了市场与政府的关系：现代市场经济体系表明区域政府不仅是市场经济的维护者，还是市场经济的参与者。纵向体系的完备可以保障市场机制有效发挥作用，横向体系将市场经济由产业经济扩展到生成性资源领域——城市经济和国际经济。现代市场经济纵向体系需要依靠市场和政府共同的力量建立和维护，横向体系阐明了市场竞争存在企业和区域政府的双重竞争主体。

进一步，"有为政府"与"有效市场"这两个热门词汇在现代市场经济体系中不仅被赋予了新的含义，还被扩展到了生成性资源领域。根据纵向体系六个子体系的完善程度，可将"有效市场"进行定义和类别划分，根据资源的三种类型也可将"有为政府"进行定义和划分。而二者最理想的组合是完备的市场体系不仅能在产业经济中发挥作用，而且能在城市经济、国际经济这类准经营性资源领域发挥作用。

市场竞争双重竞争主体理论是本书的核心理论。一方面，虽然企业和区域政府由于竞争领域不同，二者之间不存在竞争，但是二者是相互促进、相互制约的互补关系。这一点与准经营性资源和可经营性资源要配套的思想是一致的。这是很重要，但被以往研究所忽略的一点，由此衍生出关于经济增长和经济结构的问题，例如，这种互补关系是怎么促进经济发展的？二者的最优结构是什么？另一方面，由于区域政府竞争的重要载体是国有企业，国有企业与私营企业之间的竞争会由于区域政府的行为存在竞争的非中性。同时，本章从中观经济学的角度对竞争非中性进行了新的定义和划分：具有准宏观属性的政府通过干预造成的企业竞争非中性，以及具有准微观属性的政府通过竞争造成的企业竞争非中性、区域政府竞争的非中性。并在此基础上，从资源生成的角度重新考虑了产业政策如何实施以及营商环境的评价问题。

思考讨论题

1. 请阐述现代市场经济横向体系和纵向体系的概念。
2. 现代市场经济横向体系主要在哪几个方面进行了扩展？
3. 请阐述现代市场经济纵向体系六个子体系的特点。
4. 请根据现代市场经济横向体系和纵向体系，建立衡量市场体系完善度的指标体系。
5. 请阐述政府在现代市场经济体系中的作用。
6. 请阐述有效市场划分的类型。
7. 请阐述有为政府模式的类型。
8. 请阐述有效市场与有为政府的组合模式，并列举现实中与之对应的例子。
9. 请阐述市场失灵的分类，并列举现实中市场失灵的例子。
10. 请阐述政府失灵的分类，并列举现实中政府失灵的例子。
11. 请阐述企业与区域政府都是资源调配的主体。
12. 请阐述企业与区域政府的关系。
13. 请阐述企业竞争与区域政府竞争是互补关系的原因。
14. 请从中观经济学的角度阐述竞争中性原则的概念。
15. 请从中观经济学的角度阐述竞争中性原则与以往的竞争中性原则有何异同点。

16. 请阐述竞争非中性的分类。
17. 请阐述区域政府如何保证企业竞争中性和区域政府竞争中性。
18. 请尝试将竞争非中性作为一类一级指标,构建营商环境评价指标体系。
19. 请尝试建立竞争中性的评价指标体系。
20. 请阐述产业政策的必要性和如何实施产业政策。

第四章　企业竞争和区域政府竞争同样呈现三大定律

虽然企业竞争是在产业经济领域的竞争，区域政府竞争是在城市经济领域的竞争，二者在竞争的行为目的、发展方式、管制因素与评价标准和所属资源类型等方面均不相同，不属于同一层次的竞争，但二者都在市场经济下竞争和进行资源配置，因此，其竞争发展难免会有类似的发展规律，而对发展规律进行观察、总结和整合之后得到的就是我们所说的定律。企业竞争和区域政府竞争的共同作用，使得区域经济发展呈现三大定律：二八效应集聚律、梯度变格均衡律和竞争合作协同律。

在此，我们需要梳理一下中观经济学理论体系的发展脉络。中观经济学主要是从资源生成这一理论出发点开始，将原有对资源设定模糊的领域——准经营性资源——提了出来，并做了清晰的界定，从而提出了可将资源分为可经营性资源（对应产业经济）、准经营性资源（对应城市经济）和非经营性资源（对应民生经济）三类。在这三类资源的基础上，尤其是准经营性资源的提出，明确指出了区域政府不仅有宏观属性，而且具有"准宏观"和"准微观"的双重属性，即区域政府不仅充当了一个区域的"国家代表"，基本托底、公平公正、有效提升非经营性资源和调节、监督、管理可经营性资源，而且充当了一个区域的"微观利益代表"，规划、引导、扶持可经营性资源并投资、运营、参与准经营性资源。另外，从广义的角度来讲，政府通过对产业经济（可经营性资源）的导向、调节、预警作用，对城市经济（准经营性资源）的调配、参与、维序作用，对民生经济（非经营性资源）的保障、托底、提升作用来参与区域政府的竞争；从狭义的角度来讲，政府参与区域政府竞争只是对城市经济的调配、参与、维序。正如前文提到的，"政府竞争"并不是一个新词，有很多学者都在研究政府的竞争，但是其重点更多的是放在外商直接投资和官员晋升上，其实质还是从产业经济的竞争或者政治经济学的角度出发，没有跳出传统经济学研究的视角。但是,传统西方经济学并不主张政府干预产业的竞争,那么,应该怎么回答这个问题?这部分研究虽然提供了一个视角,但是还没有从根本上回答区域政府为什么要参与竞争以及区域政府要竞争的是否为产业经济。正是生成性资源这一概念的提出,不仅将资源界定的模糊区域进行了明确的界定,而且对政府竞争的资源领域进行了明晰。区域政府需要竞争,但不是在产业经济领域的竞争,而是在城市经济领域的竞争。这是因为企业是产业经济的竞争主体,而区域政府才是城市经济的竞争主体。这也说明了市场存在双重竞争主体,即参与市场竞争的主体不仅有企业,还有区域政府。正是通过城市经济的竞争,区域政府不断创造资源,形成了新的比较优势,从而达到了政府超前引领的作用。

通过上述对中观经济学体系脉络的梳理,我们可以看出,中观经济学更多关注和解决的是结构性问题,即通过结构的优化来推进总量的前进。例如,对产业经济(可经营性资源)起导向、调节、预警作用,对城市经济(准经营性资源)起调配、参与、维序作用,对民生经济(非经营性资源)起保障、托底、提升作用,其实质反映了对整个经济体内三类资源结构的配置问题,而具体反映在政府支出函数上可以看到,在不同的发展阶段,区域政府对三类资源的重视程度不同,因此对不同资源的支出权重也会改变。再如,市场竞争的双重主体——企业是产业经济的竞争主体,区域政府是城市经济的竞争主体——体现的也是两类资源的结构问题,区域政府在参与竞争的过程中,不仅要重视基础设施建设方面的竞争,更要协调好可经营性资源即产业经济与准经营性资源的比例关系,否则就会出现资源调配失败的案例,而导致这些失败的最主要的原因就是没有解决结构性的问题。Barro(1990)根据以往理论和文献的研究,将政府的支出、基建的支出等作为需求侧,提出基础设施建设将有利于全要素生产率的提高。那么,基础设施建设是不是越多越好?怎么解释政府基础设施投资失败的案例(如案例2-3)?凯恩斯主义虽然提出过多的政府支出会挤出私人投资,但还是无法从根本上解释结构性问题,也无法解释政府投资的基建为什么还要和产业经济协调。而中观经济学认为,城市经济与产业经济是相辅相成的互补关系,产业经济是发展的根本,城市经济将助力产业经济的发展,二者在发展的同时要解决好结构性的问题。因此,从中观经济学的角度对企业竞争和区域政府竞争规律的总结,同样主要体现了竞争产生的结构性问题——不平等和不均衡的问题。

二八效应集聚律是指大部分资源掌握在少数主体手中（大部分产业经济资源掌握在少数企业手中，大部分城市经济掌握在少数区域政府手中），仅有少部分资源掌握在大多数主体手中（大量企业手中仅掌握了一小部分产业经济资源，大量区域政府手中仅掌握了一小部分城市经济资源），因此使得区域产生了集聚现象，从而使得少部分区域集中了大部分资源。体现在国家层面的区域政府竞争就是一国的经济发展主要集中在一部分地区，例如我国的东南沿海地区。体现在国际层面的区域政府竞争就是主要的资源都集中在少数发达国家手中。

梯度变格均衡律是指在区域的产业经济、城市经济和民生经济的均衡发展过程中，呈现出梯度结构的均衡，即所有区域不可能同时达到一个发展阶段，而是"先富带动后富"的梯度发展。这实际上体现的也是发展的结构性问题。但中观经济学认为这并不是一种不平衡的体现，而是一种梯度结构的均衡。因为每个区域的先天禀赋存在巨大差异，即使存在后天努力，也不可能从根本上磨平差异，所以无论是企业竞争还是区域政府竞争，存在梯度结构都是正常的，这是一种梯度变格均衡。但是，梯度变格均衡律并不代表"后富"无法赶超"先富"，即"先富"一定是"引领者"，"后富"只能追随，"先天优势"无法改变，其最主要的还是要靠政府的超前引领，不断生成资源，创造新的比较优势，创造"后天优势"，不断实现梯度的变革。

竞争合作协同律是指在梯度结构均衡中，企业竞争和区域政府竞争必然存在着竞争与合作。这一定律是在前两个结构性定律的基础上发展起来的竞争与合作协调的定律。正因为在竞争的过程中逐步产生了差异，有了不同的梯度，不同发展阶段的企业和区域政府才需要以合作来实现共赢。例如长三角经济发展带、粤港澳大湾区的发展，都是竞争合作协同律的具体表现。

本章将具体介绍企业竞争和区域政府竞争的二八效应集聚律、梯度变格均衡律和竞争合作协同律这三大定律。

第一节　二八效应集聚律

二八效应集聚律是二八定律在企业竞争和区域政府竞争层面的具体体

现，类似于马太效应（Matthew Effect），即强者越强、弱者越弱的极化现象。二八定律是指任何一组东西仅有20%是最重要的，其余的80%（大多数）却是次要的。二八定律又称帕累托法则（Pareto's Principle）、朱伦法则（Juran's Principle）等，最早是帕累托在19世纪与20世纪之交通过统计调查发现，很大比例的财富掌握在一小部分富人手中，而大部分民众却只掌握了小部分财富。二八定律体现的是不平衡的现象和不平衡的关系，被广泛应用到财务管理、投资活动、市场营销、人力资源、医学、工程等生活和科学领域。而区域发展中的区域政府竞争和企业竞争同样呈现出二八定律，即最具竞争力的区域集聚了更多更重要的资源，本书将其称为"二八效应集聚律"。

一、二八效应集聚律在企业层面的具体表现

市场份额占比是企业竞争时二八效应集聚律的典型表现。企业竞争的最终目标是利润和收益的最大化，企业竞争的具体表现形式主要有三个方面：产品端、投入端和管理技术端。产品端主要包括产品质量竞争、产品包装竞争、营销能力竞争、品牌竞争等；投入端主要包括人才竞争、资金来源竞争、原材料竞争、设备竞争等；管理技术端主要包括管理能力效率竞争、技术水平竞争、信息化水平竞争等。企业层面的二八效应集聚律最明显的是企业在产品端的竞争。企业在产品端竞争的直接目标是获取更多的市场份额，切分更大的"蛋糕"，从而获取更高的收益。

以典型的智能手机生产企业为例，智能手机厂商生产的产品可替代性强，企业创新专利的附加值高，具有很强的规模经济效应，因此，市场份额是智能手机厂商竞争的焦点。如表4-1所示，2019年全年4个季度全球智能手机厂商市场份额排名前五的企业分别是三星、华为、苹果、小米和OPPO，这5家企业在4个季度的市场份额占比分别为68.6%、68.7%、68.7%、69.2%。近70%的市场份额被5家企业占据，即体现为智能手机生产企业通过产品端竞争，最后使得大部分的市场份额被小部分企业占据的二八效应集聚律。

表 4-1 2019 年全球智能手机厂商市场份额各季度市场份额

企业名称	第 1 季度市场份额（%）	第 2 季度市场份额（%）	第 3 季度市场份额（%）	第 4 季度市场份额（%）
三星	21.7	22.3	21.3	18.4
华为	17.9	17.2	18.2	15
苹果	13	11.1	12.4	18.9
小米	8.3	9.4	8.8	8.8
OPPO	7.7	8.7	8	8.1

（资料来源：Wind 数据库。）

另外，企业本身的地理分布也会呈现二八效应集聚律。下面将以世界 500 强企业为例，从国际层面、国家层面和区域层面三个角度分析企业在地理分布上表现出的二八效应集聚律。

首先，在国际层面，根据财富中文网发布的 2020 年《财富》世界 500 强排行榜，如表 4-2 所示，中国高水平创新企业个数已反超美国，远远领先于其他国家：中国拥有 133 家世界 500 强企业，继 2019 年再次超过美国的 121 家，成为拥有世界 500 强企业最多的国家。中美两国拥有世界 500 强企业 254 家，占全球的半数以上；中国、美国、日本、法国、德国、英国这 6 个国家拥有世界 500 强企业 387 家，占全球总数的 77.4%。在国际层面上，世界 500 强的地区分布表现出明显的二八效应集聚律，即大部分世界 500 强企业集中在少数几个经济体量大或较发达的国家。

表 4-2 2020 年世界 500 强各国分布情况

所在国家	中国	美国	日本	法国	德国	英国	瑞士	韩国	加拿大	荷兰
企业数（家）	133	121	53	31	27	22	14	14	13	12

注：表中只列举了拥有 500 强企业数超过 10 个的国家。
（资料来源：财富中文网。）

其次，在国家层面，中国国内 133 家世界 500 强企业在各省或地区的分布情况如表 4-3 所示。北京拥有世界 500 强企业数最多，为 55 家，广东拥有 14 家，上海和台湾分别拥有 9 家，香港拥有 7 家，其他省（直辖

市、自治区）的500强企业数不超过5家。因此，从整体来看，世界500强企业最主要集中在北京、上海、广东、台湾、香港这5个省市或地区，共94家，占全国总数的70.7%。在国家层面上，世界500强的地区分布同样表现出明显的二八效应集聚律，即大部分世界500强企业集中在少数几个经济发展中心的省市或地区。

表4-3 2020年世界500强在中国各地分布情况

企业数（家）	所在地区
55	北京
14	广东
9	上海、台湾
7	香港
5	福建、山东、山西、浙江
4	江苏
2	安徽、河北、陕西、新疆
1	甘肃、河南、广西、湖北、辽宁、江西、吉林

（资料来源：财富中文网。）

最后，在区域的层面，以粤港澳大湾区为例，世界500强企业在粤港澳大湾区内的分布如表4-4所示。其中，深圳拥有8家，香港拥有7家，广州拥有3家，佛山拥有2家，珠海拥有1家。粤港澳大湾区共有21家世界500强企业，意味着粤港澳大湾区这一部分区域高度集聚了大量的高水平创新企业。而在粤港澳大湾区内部，深圳和香港拥有世界500强企业的数目最多，分别为8家和7家，共占粤港澳大湾区世界500强企业总数的71.4%。在区域层面上，世界500强的地区分布表现出明显的二八效应集聚律，即大部分世界500强企业集中在少数几个经济发达区域。

表4-4　2020年世界500强粤港澳大湾区上榜企业及营收情况

所在地区	公司名称	营业收入（百万美元）	利润（百万美元）
深圳（8）	中国平安保险（集团）股份有限公司	184280.3	21626.7
	华为投资控股有限公司	124316.3	9062.1
	正威国际集团	88862.1	1807.3
	中国恒大集团	69127.1	2501.3
	招商银行	57252.1	13442.5
	腾讯控股有限公司	54612.7	13506.6
	万科企业股份有限公司	53252.7	5626.7
	深圳市投资控股有限公司	28854.5	1593.7
香港（7）	中国华润有限公司	94757.8	3571.6
	联想集团	50716.3	665.1
	招商局集团	49126	5233.1
	友邦保险集团	47242	6648
	怡和集团	40922	2838
	长江和记实业有限公司	38165.5	5083.7
	中国太平保险集团有限责任公司	31912	585.8
广州（3）	中国南方电网有限责任公司	81978.1	1833.1
	广州汽车工业集团	53662.1	564.5
	雪松控股集团	41276.7	122.1
佛山（2）	碧桂园控股有限公司	70335.3	5724.9
	美的集团股份有限公司	40440.4	3504.6
珠海（1）	珠海格力电器股份有限公司	29023.6	3574.8

（资料来源：财富中文网。）

二、二八效应集聚律在区域层面的具体表现

区域政府竞争的直接目标是政府的财政收入，而根本目标则是区域内经济的发展，因此，区域政府竞争的二八效应集聚律最主要是体现在其区

域内的经济发展的整体情况，其中最核心的体现就是地区生产总值。下面以粤港澳大湾区中广州、深圳、珠海、佛山、惠州、东莞、中山、江门、肇庆、香港、澳门11个地区为例，上述11个地区2019年的地区生产总值数据如图4-1所示。可以看出，香港、广州和深圳这3个粤港澳大湾区最主要的地区，仅占了粤港澳大湾区的27%的地区数量，而三地的占地面积也仅占粤港澳大湾区整体11个地区的约19%，但地区生产总值总量约占粤港澳大湾区整体的65.2%。因此，粤港澳大湾区内整体经济形势符合二八效应集聚律，即少部分发达地区集聚了大部分的经济总量。

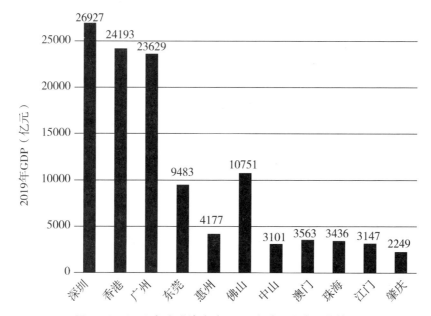

图4-1　2019年粤港澳大湾区11个地区生产总值情况

注：香港数据及中国澳门数据是根据港币和澳门元与人民币汇率换算成人民币后的估值。

（资料来源：2020年广东统计年鉴、香港统计年鉴、澳门统计年鉴。）

　　经济发展水平主要包括三个要素的竞争：项目投资竞争、产业链配套竞争、进出口贸易竞争；经济政策措施主要包括三个要素的竞争：基础设施投资政策竞争，人才、科技扶持政策竞争和财政、金融支持政策竞争；经济管理效率主要包括三个要素的竞争：政策体系效率竞争、环境体系竞争、管理体系效率竞争。在本节，我们主要将项目投资竞争和人才、科技竞争作为两个点，通过数据对比分析区域政府在"三类九要素"竞争中表现出来的二八效应集聚律。

首先以项目投资竞争为例。基础研究是创新的起点，因此，我们将基础研究项目资助情况的分析作为项目投资竞争的一个角度。2019年粤港澳大湾区基础与应用基础研究基金资助项目情况如图4-2所示。整体而言，资助的项目数与项目资助金成正比，即资助的项目越多，资助的金额越大。从地区来看，广州受资助的项目和金额最多，其次是深圳。广州和深圳仅占粤港澳大湾区18%的地区数，却集聚了83%的基础研究资助项目数，以及84%的基础研究资助项目资金，是二八效应集聚律的典型体现，即少部分区域集聚了大量的项目及项目资金。

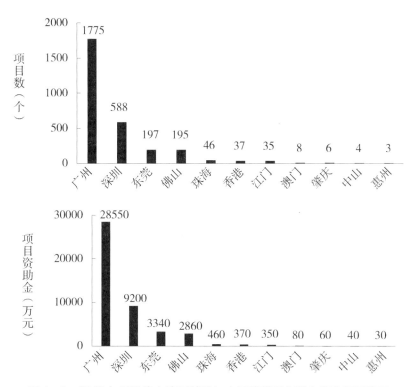

图4-2 2019年粤港澳大湾区基础与应用基础研究基金资助项目情况

（资料来源：《广东科技创新动态数据》2020年第6期、《2018年香港创新活动统计》。）

其次以人才、科技竞争为例。人才、科技是区域经济发展的重要投入要素。人才不只是劳动力,更重要的是其背后的人力资本和创新能力,因此,人才、科技竞争的实质是技术水平和创新水平的竞争。尤其是高学历人才更是区域政府人才竞争的重点,正如前文提到的近几年各地展开的"抢人大战",就是区域政府通过政策手段进行人才竞争的实例。2019年粤港澳大湾区除香港和澳门以外其他9个地区博士和硕士人才引进情况如图4-3所示。广州、深圳引进了绝大部分来粤港澳大湾区发展的博士和硕士人才,广州、深圳仅占这9个地区22%的地区数,却集聚了68%的新引进博士、83%的新引进硕士,这同样是二八效应集聚律的典型体现,即少部分区域集聚了大部分的人才。

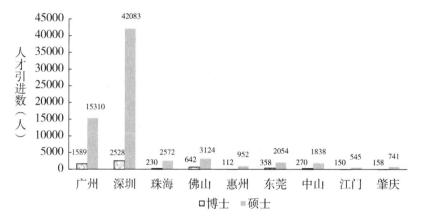

图4-3 2019年粤港澳大湾区(除香港和澳门)人才引进情况

(资料来源:《广东科技创新动态数据》2020年第6期。)

另外,高校是创新人才和科技的重要载体。在此,我们对粤港澳大湾区的高校情况也进行类似的分析。2019年粤港澳大湾区11个城市普通高等院校分布情况如图4-4所示。其中,广州拥有的普通高等院校最多,为82所。广州、深圳、香港仅占粤港澳大湾区27.3%的城市数量,但却集聚了66%的高校。这也体现了创新人才与人才和科技载体的匹配性,即人才集聚在人才和科技载体较密集的区域,而人才和科技载体较密集的区域也会为人才提供更多的平台。

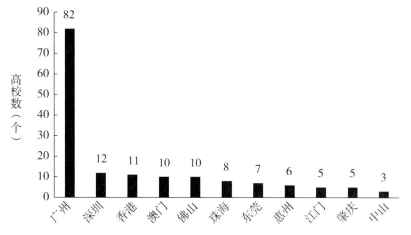

图 4-4　2019 年粤港澳大湾区 11 个城市普通高等院校分布情况

（资料来源：《广东科技创新动态数据》2020 年第 6 期。）

总之，通过本章对区域政府竞争的根本目标——区域内地区生产总值以及区域政府竞争的项目投资和人才、科技这两类要素来看，区域政府在竞争过程中会呈现二八效应集聚律，即少部分较发达区域内的区域政府集聚了更多的竞争要素，少部分发达区域占据了大部分的生产总值。

三、二八效应集聚律的三大特征

第一，企业竞争与区域政府竞争同生同长。企业竞争与区域政府竞争虽然在竞争的行为目的、发展方式、管制因素、评价标准和所属资源类型方面均不相同，也不属于同一层次的竞争，但是企业竞争力的提升是区域政府竞争的基础，而区域政府竞争力的提升将进一步助力企业的竞争力。因此，企业和区域政府作为现代市场竞争的双重竞争主体，虽然所属竞争层级不同，但二者又是相互促进的关系。这具体表现为具有竞争力的企业大多聚集在具有竞争力的区域政府所在的区域，目的是通过具有竞争力的区域政府的资源生成，从而助力企业的发展，进一步增强企业的竞争力；而具有竞争力的区域政府所在区域能吸引更多具有竞争力的企业，从而进一步提高区域政府的竞争力。

第二，企业竞争与区域政府竞争的发展轨迹不同。企业竞争在经济发展的要素驱动阶段、投资驱动阶段、创新驱动阶段和财富驱动阶段的运行轨迹，主要表现为完全竞争、垄断竞争、寡头垄断和完全垄断的演变与争夺过程，即在区域经济递进发展的过程中，企业竞争呈现"由强渐弱"的迹象；而区域政府的"三类九要素"竞争，从由产业经济竞争主导的增长阶段到由城市经济竞争主导的增长阶段，再到由创新经济竞争主导的增长阶段，最后到由竞争与合作经济主导的增长阶段，一直呈现"由弱渐强"的发展轨迹。这主要源于企业竞争与区域政府竞争的行为目的、发展方式、管制因素、评价标准和所属资源类型等方面的不同。企业在竞争发展的过程中，不断集聚资源，形成了企业竞争的二八效应集聚律，从而获得了垄断势力，削弱了竞争性。与此相反，从要素驱动发展到投资驱动、创新驱动和财富驱动阶段，区域政府在竞争发展过程中，通过"三类九要素"竞争不断生成资源从而增强其竞争力，是一个区域从比较优势向竞争优势发展的过程，因此，此时的区域政府竞争呈现"由弱渐强"的发展轨迹。

第三，在世界范围内，企业竞争与区域政府竞争的结果最终都符合二八效应集聚律。这一点已经在本节的前两部分做了详细的阐述和说明。企业竞争的二八效应集聚律的体现主要是其是否占据了大量的市场，市场决定了其销售量，从而决定了其产量，而区域政府竞争的二八效应集聚律的体现则主要在"三类九要素"的竞争上。对"三类九要素"的竞争体现了区域政府的竞争力，从而决定其对区域内经济发展的推动力，同时也体现了区域政府和企业在竞争过程中的目标、手段、方法等方面的不同。整体而言，企业和区域政府的竞争基本都符合二八效应集聚律，因为二八效应集聚律主要体现的是竞争主体的实际竞争能力。同时，二者又是相辅相成、互相推动的。企业竞争的二八效应集聚律将带动区域政府竞争二八效应集聚律的形成，而区域政府竞争的二八效应集聚律又将继续推动企业竞争的二八效应集聚律的持续。总之，企业和区域政府作为市场竞争的双重主体，二者虽然不属于同一层级的竞争体系，但又不是分离的，因此，二者最终竞争力体现出来的二八效应集聚律会出现趋同的现象。我们会发现，在企业竞争的二八效应集聚律中集聚了大量资源的少部分企业大概率会坐落在区域政府竞争二八效应集聚律中集聚了大量资源的少部分区域内。其具体表现为少部分领先区域形成了产业集聚、城市集聚和民生福利提升的局面。

四、二八效应集聚律的产生原因

二八效应集聚律产生的根本原因是资源在市场机制下优化配置的结果。在企业竞争和区域政府竞争的共同作用下,二八效应集聚律具体表现在区域发展过程中产生的集聚现象,即资源向更发达的区域集中。在资源自由流动的前提下,资源自然会流动到生产率更高、资源配置更合理的企业和区域政府,从而表现为大部分资源集聚在少部分企业或者发达区域和国家。这种格局很难被打破,即使大部分企业和区域可能一直在变化,但是集聚了大量资源的少部分企业和区域的状态几乎会保持较长的时间。中观经济学则在资源稀缺和资源生成的理论下对二八效应集聚律进行了解释。

首先,从资源稀缺的角度来看,二八效应定律的产生主要来源于企业在市场规则的作用下的竞争,这与区域经济的增长极理论是一致的。增长极理论认为,区域经济的增长必然会选择特定的地理空间作为增长极,其雄厚的发展实力和比较优势通过虹吸效应使得大量资源集聚于此。这主要体现的是增长极通过发挥先天的比较优势来获取资源。因此,从资源稀缺的角度来说,企业的竞争和要素的自由流动,使得要素集聚在少部分具有"先天优势"的企业和区域。但是增长极理论在解释要素集聚时,仅仅是在资源稀缺前提下进行分析,所以其比较优势只能是先天获得,并且后续根据先天优势逐步积累。从区域的角度来讲,其先天优势主要是地理位置和产业资源的丰富度。以胡焕庸线为例,其以黑龙江爱辉和云南腾冲为两点,连线将中国分为两大部分,线东南方仅占国土面积的36%,却集聚了96%的人口,这就是典型的源于地理、交通、气候等"先天优势",根据市场规则,资源自由流动而产生区域间的二八效应集聚律。

其次,在资源生成的理论下对二八效应集聚律进行解释,区域政府竞争是二八效应集聚律长期保持的原动力。先天的比较优势无法选择,而且随着时间的推移,先天比较优势很有可能会失去。一个很典型的例子就是在20世纪70年代末改革开放之初,深圳作为试点,打开了中国的大门,谱写了深圳发展的奇迹。从中观经济学的研究视角来分析,可以看出深圳作为第一个打开国门的试点,在当时形成了与其他区域相比较大的比较优势,但随着社会的发展和政策的推进,以及我国对外开放程度的不断提高,深圳的对外开放这一比较优势逐渐失去,不过,其仍然集聚着大部分的发展资源。这仅仅是依靠原来的比较优势逐步积累，在吃"老本"吗？答案当然是否定的。如今，深圳已发展成为创新高地，靠的不只是其前期比较优势的积累，更多的是区域政府通过理念创新、制度创新、组织创新、技术创新不断生成资源，形成新的比较优势，实现政府的超前引领，才留住了汇集的资源。

换言之，区域政府竞争的溢出效应进一步推动了资源的二八集聚效应，即区域政府在竞争过程中推出的政策及其配套的财政支出等，提升了区域经济的竞争力。正如第二章第二节提到的，区域政府的"三类九要素"竞争将提高区域政府经济发展水平方面的竞争力，不仅增加了项目投资，完善了产业链配套，提高了进出口贸易总量，而且带来了很大的正向溢出效应。例如，项目投资的增加和产业链的完善将提高对资金的需求，提高资金的边际产出，从而促进资金的流入；类似地，项目投资的增加和产业链配套的完善会增加劳动力的需求，从而吸引劳动力的流入。现实中很明显的例子就是新产业工人的迁移、中国的改革开放以及2008年金融危机后中国提出的财政刺激计划，大量基础设施建设的开展，吸引了大批农民由农村迁移到城市。这都体现在资源生成领域，区域政府竞争的溢出效应进一步推动了区域经济的二八效应集聚律。

因此，企业竞争和区域政府竞争的二八效应集聚律分别是在资源稀缺和资源生成的前提下市场配置后的产物。二八效应集聚律的形成，靠的不仅是企业在资源稀缺的情况下的竞争，还有区域政府在资源生成的前提下的竞争。同时，只有企业竞争和区域政府竞争的双轮驱动，才能使得汇集大量资源的区域长期保持资源的集聚，形成二八效应集聚律。

最后，从竞争理论的角度来看，二八效应集聚律其实是规模经济的现实表现。规模经济是厂商生产理论的一个概念，指的是由于扩大生产规模而使经济效益得到提高。换言之，企业生产规模的扩大、所占市场比例的提高，使企业生产力提高，成本相对降低，从而获得超额利润，并进一步推动企业巩固扩大市场占比，不断迭代，形成了仅少部分企业却占据了大部分市场的规律，即企业的二八效应集聚律。对于区域政府来说，扩大城市经济的生成性资源，不仅降低了城市经济的边际成本，而且间接降低了企业的生产成本，从而增加了区域经济的吸引力，使得要素集聚，产出占比得以提高。企业竞争和区域政府竞争带来的两个层面的二八效应集聚律共同作用，最后少部分领先区域形成了产业集聚、城市集聚和民生福利提升,这就使得区域发展呈现梯度格局,即下一节要具体阐述的梯度变格均衡律。

五、小结

本节将二八定律应用于解释企业和区域政府双重主体竞争构成的区域经济发展规律,并将其定义为二八效应集聚律。二八效应集聚律是指大部分资源掌握在少数主体手中(大部分产业经济资源掌握在少数企业手中,大部分城市经济掌握在少数区域政府手中),仅有小部分资源掌握在大多数主体手中(大量企业手中仅掌握了一小部分产业经济资源,大量区域政府手中仅掌握了一小部分城市经济资源),由此使得区域经济发展产生了二八效应集聚现象,即少部分发达区域集中了大部分资源。

此外,本节还具体分析了二八效应集聚律在企业层面和区域层面的具体表现、三大特征及其产生的原因。

二八效应集聚律的具体表现主要有企业和区域两个层面。其中,对于企业层面的二八效应集聚律,本节主要从其市场份额占比和地理分布两个方面进行数据展示和分析;对于区域层面的二八效应集聚律,本节主要从其地区生产总值、项目投资竞争和人才、科技竞争三个方面进行数据展示和分析。无论是企业层面还是区域层面,本节所关注的方面均体现了二八效应集聚律。

二八效应集聚律表现出三大特征:一是企业竞争与区域政府竞争同生同长;二是企业竞争与区域政府竞争的发展轨迹不同;三是在世界范围内,企业竞争与区域政府竞争的结果最终都符合二八效应集聚律。

本节进一步总结分析了二八效应集聚律产生的原因:资源在市场机制的作用下优化配置的结果。值得注意的是,二八效应集聚律的产生不仅是资源稀缺的前提下的市场配置后的产物,还是资源生成的前提下的市场配置后的产物。只有在企业竞争和区域政府竞争的双轮驱动下,才能使得汇集大量资源的区域长期保持资源的集聚,形成二八效应集聚律。另外,从竞争理论的角度来看,二八效应集聚律其实是规模经济的现实表现。

第二节 梯度变格均衡律

梯度变格均衡律是从资源生成的角度对企业竞争和区域政府竞争的区域经济规律的总结。换句话说,梯度变格均衡律具体表现为:区域经济发展重心从产业经济向城市经济和共享经济发展的梯度变格过程。梯度变格均衡律主要有三个梯度阶段。第一个阶段是区域发展重点从产业经济扩展到城市经济,区域经济不仅是在资源稀缺前提下的资源配置,而且是在资源生成前提下的资源配置。这一阶段资源稀缺前提下的资源配置则是资源生成前提下资源配置的前提条件,而资源生成前提下的资源配置是资源稀缺前提下资源配置的重要推动力,二者互相促进、相互补充。第二阶段是生成性资源的均衡,因为生成性资源不仅有正向性资源(原生性资源和次生性资源)还有负向性资源(逆生性资源),所以正向性资源的开发将成为企业竞争和区域政府竞争的新平台,助推区域经济发展,不断创造新的区域经济增长点;而负向性资源的产生却给区域经济增长或人类社会和谐带来诸多弊端,故而在生产资源的过程中要把握二者的均衡性。第三阶段是产业经济、城市经济和共享经济的整体均衡,具体表现为区域的经济增长目标由单一转向多元,此时经济增长不再仅仅追求投资、消费和出口的均衡,而更加追求产业、生态、民生事业、城市建设的均衡发展,即一国各区域都追求宜居、宜业、宜游的全面均衡,促进社会全面发展。

梯度变格均衡律在区域经济的发展中具体表现为横向和纵向两个维度。从纵向、历史的角度来看,某个区域的发展历程呈现梯度变格的均衡,即从第一阶段生成资源的引入,到第二阶段生成性资源的均衡,再到第三阶段产业经济、城市经济和共享经济的整体均衡的演进过程。从横向、某个时间点来看,不同区域间呈现梯度结构的均衡,即在某一个时间点,不同区域不可能处于同一个发展阶段,而是不同发展水平的地区处于相应的发展阶段,如较发达的区域处于第三阶段,更关注产业经济、城市经济和共享经济的整体均衡;而较不发达的区域开始将发展重点由产业经济转向城市经济,以及处理好生成性资源与产业经济的均衡关系。

一、竞争型经济增长

在具体阐述梯度变格均衡律的三个阶段之前，我们有必要简单介绍一下竞争型经济增长的四个阶段，这是因为梯度变格均衡律实质对应着竞争型经济增长的四个阶段。竞争型经济增长包括产业经济竞争主导的增长阶段（要素驱动阶段）、城市经济竞争主导的增长阶段（投资驱动阶段）、创新经济竞争主导的增长阶段（创新驱动阶段）以及竞争与合作经济主导的增长阶段（共享驱动阶段），其实质反映的也是由产业经济向城市经济和共享经济不断全面发展的过程。

产业经济竞争主导的增长阶段主要依靠的是区域的产业经济推动区域的初始经济发展。这一阶段的主要竞争主体是企业，而政府不仅要发挥其准宏观属性，对产业经济进行调节、监督、管理，还要发挥其准微观属性，对产业经济进行规划、引导、扶持。具体而言，在产业经济竞争主导增长阶段的初期，主要依靠区域的"天生基因"——要素——作为企业生产发展的生产要素发展产业经济，这是把"蛋糕"做成型的过程；当产业经济在"天生基因"的基础上发展到一定程度时，就需要区域政府发挥其准微观属性展开竞争，招商引资、招财引智，这是把"蛋糕"做大的过程；随后，区域政府需要在前期竞争的基础上更深层次地展开政策配套和环境优化的竞争，这是把做大的"蛋糕"做强的过程。

城市经济竞争主导的增长阶段主要依靠的是区域政府的城市基础设施投资对经济的推动。这一阶段的主要竞争主体是政府，并将资源配置由产业经济领域扩展到生成性资源领域。这里的城市基础设施建设主要包括硬件基础设施和软件基础设施两个部分。其中，硬件基础设施主要指城市能源供应系统、供水排水系统、交通运输系统、邮电通信系统、环保环卫系统和防卫防灾安全系统等工程性基础设施；软件基础设施主要指行政管理、文化教育、医疗卫生、商业服务、金融保险和社会福利等社会性基础设施。随着现代化和智能化的发展，城市基础设施建设还包括城乡一体化进程和智能城市开发两个部分。在这一阶段，区域政府主要根据区域内企业和民众的需求不断生成资源，其生成资源的总量和结构会随着产业经济的发展而不断优化。例如，在经济发展初期，区域经济的发展更加需要硬件基础设施建设，因此，区域政府会"大兴土木"为企业和产业经济的发展"铺路"，此时，硬件基础设施建设投资的边际效益最大，生成性资源的结构也就倾向于硬件基础设施。当经济发展到一定阶段，经济的总量不断扩大，硬件基础设施建设达到一定的存量时，就更加需要软件基础设施建设，此时需要区域政府加大社会性基础设施建设，这将增加区域政府的竞争力。这时软件基础设施建设投资的边际效益最大，生成性资源也就倾向于软件基础设施。根据上述分析可以看出，无论是硬件基础设施还是软件基础设施，都体现了城市基础设施建设与产业经济的互补性，即二者同生同长，相互促进。

创新经济竞争主导的增长阶段主要依靠创新驱动经济的发展，对企业来说，要进行技术层面的创新；对区域政府来说，则要进行理念、技术、管理和制度的创新。创新是发展的根本动力，这一点在学术界已达成共识。索洛模型是现代宏观经济学的基石，该模型指出，经济发展除了依靠要素的投入，还依靠技术的进步。在此阶段，技术的创新和进步直接依靠企业，因为企业是创新的主体，但同时，技术的创新和进步还需要区域政府的理念创新、技术创新、管理创新和制度创新，因为区域政府的双重属性决定其不仅服务于微观企业主体，还将参与区域竞争，所以政府的理念、技术、管理和制度创新将助力企业的技术创新。理念创新是指区域政府对区域发展规划和未来展望的理念需要与时俱进、与时创新；技术创新指区域政府应该将产业发展带来的技术应用到区域政府的日常工作和竞争中，提高区域政府的技术水平；管理创新是指区域政府应该加强管理的规范性，提高组织管理创新能力，提高区域政府的竞争力，以应对日趋庞大复杂的市场；制度创新是确定区域竞争优势的起点和根本。

竞争与合作经济主导的增长阶段主要依靠共享与合作驱动经济的发展。此阶段，区域政府在参与竞争的同时，更加强调合作、共享和协同。具体而言，产业经济方面应该在竞争的基础上进行优势互补、紧密协作和联动发展，以形成现代产业体系；城市经济方面应该互联互通、资源共享；企业的创新技术方面应该强调创新共同体，实现创新的帕累托最优；区域政府的创新方面应该强调创新共享，形成思想性公共产品、物质性公共产品、组织性公共产品和制度性公共产品，以助力共享驱动的持续发展。

针对区域经济竞争型经济增长的四个阶段，区域经济的发展呈现梯度推移的规律。从纵向来看，一个区域的经济发展是从产业经济开始，不断扩展到城市经济、创新经济和共享经济的过程，即呈现为四个竞争型经济增长阶段的递进。如图4-5所示,即为1—2—3—4的递进过程,而这个发展历程是一个漫长的历史进程。从横向来看,在每一个时间节点,不同的区域处在不同的经济增长阶段,而且随着经济增长阶段的递进,所能达到该阶段的区域数量会更低。也就是说,处于产业经济增长阶段的区域数量最多,而处于共享经济增长阶段的区域数量最少。而对于一个区域来说,要由要素驱动阶段不断向投资驱动阶段、创新驱动阶段和共享驱动阶段不断推移发展,其中最主要的是要依靠区域政府充分发挥好其准宏观属性和准微观属性,不断生成资源,不断在理念、技术、管理和制度上创新。

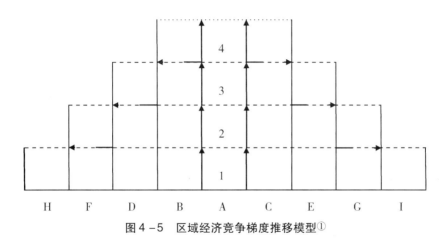

图4-5　区域经济竞争梯度推移模型①

值得注意的是,在现实的经济发展进程中,竞争型经济增长的四个阶段并不是严格递进的模式,而是存在阶段之间的融合和穿插的。也就是说,区域经济的发展并不是严格地由要素驱动阶段递进到投资驱动阶段,而是会出现两个阶段并存或者交替出现的情况。此外,由于区域政治制度、历史渊源、文化思想等方面的差异,要素驱动阶段和投资驱动阶段可能会出现反向的梯度推移过程。究其缘由,笔者认为,要素驱动阶段和投资驱动阶段的这种融合和穿插,主要是因为企业生产所需的要素与区域政府提供的基础设施有很强的互补性,二者互为补充、互为促进。由于现有

---

①　陈云贤:《市场竞争双重主体论——兼谈中观经济学的创立和发展》,北京大学出版社2020年版,第152页。

经济模型的构建者没有认识到基础设施这类资源的准经营性,仅将其看作公共产品,从而忽略了企业生产所需的要素与区域政府提供的基础设施之间的互补性。案例4-1以旧金山湾区和日本东京-横滨-筑波创新走廊的发展历程为例,说明了实际中要素驱动阶段递进到投资驱动阶段并不是严格递进,而是相互融合和穿插存在的过程。

【案例4-1】

旧金山湾区

19世纪中期,黄金在加州被发现,吸引了全美乃至全世界的淘金客。旧金山早期的发展得益于其资源禀赋——黄金和港口。一方面,黄金作为旧金山湾区早期的资源比较优势,推动了采金和冶炼技术和行业的迅速发展;另一方面,港口作为旧金山湾区天然的地理比较优势,为旧金山湾区的发展提供了交通比较优势。这一阶段的旧金山湾区成功地将比较优势转化为财富,积累了经济发展所需的大量财力和人力。为了适应此阶段产业经济的迅猛发展,政府推动了城市经济的建设,对内修建铁路网络,对外发展港口运输业,以适应产业经济的进一步发展。可以看出,旧金山湾区发展的初期是由要素驱动阶段发展到投资驱动阶段的过程,这与其政治经济制度和历史渊源是一致的。

基础设施的完善,为产业经济的进一步发展奠定了基石。第二次世界大战(以下简称"二战")期间,军工产业的发展和近代高新技术产业的发展都离不开旧金山湾区前期基础设施的搭建,这也为其创造了比较优势。现在旧金山湾区的产业核心不再是黄金,而是高新技术,旧金山湾区如今也成为全球高科技中心。也就是说,"二战"以来的旧金山湾区发展都是投资驱动阶段推进要素驱动阶段的过程。

由旧金山湾区发展的历程可以看出,区域的发展不是单纯的要素驱动阶段到投资驱动阶段的过程,还有可能出现要素驱动阶段—投资驱动阶段—要素驱动阶段的交替过程。

日本东京-横滨-筑波创新走廊

日本东京-横滨-筑波创新走廊的建立和发展时间较短。横滨作为东京湾区专攻对外贸易的港口,与东京的发展历史可以追溯到19世纪;筑波被纳入创新廊道则源于东京为分散日益增加的人口、转移部分城市职能，而在此建立卫星城这一初衷。

日本东京－横滨－筑波创新走廊依附于东京湾区，而东京湾区在19世纪中叶还仅仅是一个物流中心，自明治时代起，由于优良的港湾条件以及19世纪后半期的不断填海造陆，工业沿着东京湾西岸东京和横滨之间发展，形成京滨工业地带。由此可以看出，日本东京－横滨－筑波创新走廊发展的初期，是投资驱动阶段推进要素驱动阶段的过程，即其先天地理优势和后天基础设施构建的交通优势推动了该地区的工业发展。

从日本东京－横滨－筑波创新走廊的建立和发展可以看出，区域的发展可能并不都源于要素驱动阶段，尤其是有先天地理优势的港口，由于交通设施的建设需要加大对基础设施的投资，这类区域的经济发展大多都需要经历投资驱动阶段——要素驱动阶段的发展过程。

二、梯度变格均衡律的三个阶段

梯度变格均衡律实质是产业经济、城市经济和共享经济协同发展的均衡性趋势。这里将结合竞争型经济增长的四个阶段具体阐述梯度变格均衡律的三个阶段。

第一阶段，区域的资源配置领域出现资源稀缺与资源生成相配对的状态。这一阶段主要是区域的发展由产业经济扩展到了城市经济，亦即开始将资源生成作为发展的一个重点。该阶段对应着竞争型增长阶段的要素驱动阶段向投资驱动阶段演变的过程。从案例4-1可以看出，这一阶段区域的发展是产业经济与城市经济相互补充、相互促进的过程，在现实的经济发展过程中，可能会出现先发展基础设施建设，再发展产业经济的情况。总而言之，这一阶段体现了产业经济和城市经济互补的特性。

第二阶段，区域的资源生成领域出现正向性资源（原生性资源和次生性资源）与负向性资源（逆生性资源）相掣肘的态势。这一阶段的主要问题是资源生成领域的资源配置问题。该阶段对应着竞争型增长阶段的投资驱动阶段向创新驱动阶段演变的过程。逆生性资源的生成无疑会对经济发展产生负面影响，纵观历史可以看出，解决逆生性资源生成的"钥匙"不应只是简单粗暴地"围堵"（制定相关法律法规，限制逆生性资源的生成），其根本应在于创新。

逆生性资源的生成实质就是经济发展过程中对环境造成的污染，这一阶段在任何国家或区域发展过程中都是不可避免的。尤其是在工业革命开始以后，英国、美国、德国等国家都曾经历过严重的污染问题，其中烟雾和水污染问题最为严重。例如，1948年，美国宾夕法尼亚州西部山区工业小镇多诺拉的烟雾造成人员伤亡；德国德累斯顿附近穆格利兹河，因玻璃制造厂所排放污水的污染而变成了"红河"；等等。

二氧化碳排放对全球气候的影响一直都是联合国和各国关注的重点问题。图4-6为中国、美国、印度与其他国家1990—2018年二氧化碳排放量。可以看出，随着2001年加入世贸组织，我国在经济快速发展的同时，二氧化碳排放量也呈现快速增长的趋势，特别是在2005年以后已经超越了美国。习近平总书记在2020年9月22日召开的联合国大会上表示："中国将提高国家自主贡献力度，采取更加有力的政策和措施，二氧化碳排放力争于2030年前达到峰值，努力争取2060年前实现碳中和。"这体现了大国的担当。

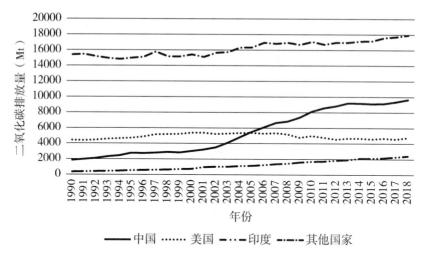

图4-6 中国、美国、印度与其他国家1990—2018年二氧化碳排放量
（资料来源：www.climatewatchdata.org。）

逆生性资源的生成不仅不利于经济的发展，更会威胁到人类的生存，因此，这一阶段更加需要受到重视。而当环境出现问题时，历史上各国的普遍做法就是制定相关的约束条文，例如英国1863年颁布的《碱业法》、

1876 年颁布的《河流防污法》，中国 2015 年开始实施的《中华人民共和国环境保护法》。尤其是针对温室气体的排放，联合国制定了三份多变气候协定：1992 年的《联合国气候变化框架公约》、1997 年的《京都议定书》和 2016 年的《巴黎协定》。但是，要想达到相关约束条文的标准，其根本还要依靠创新技术：水污染的治理需要依靠创新研发出更先进的水处理设备；有害气体的治理需要依靠技术创新研发出更先进的气体处理设备。尤其是二氧化碳的排放根源在于能源的使用，其治理不仅针对二氧化碳排放的治理，还针对清洁能源的使用，这就需要科学技术的进步与发展。正向性资源与负向性资源相掣肘的第二阶段，对应着竞争型增长阶段的投资驱动阶段向创新驱动阶段演变的过程。

第三阶段区域的经济增长目标由单一转向多元。这一阶段将实现产业经济、城市经济和共享经济三类资源的均衡发展。也就是说，此时区域不仅将产业经济发展作为经济增长的目标，而且将全面可持续发展作为经济增长的目标，并且此时的三类资源的均衡发展有两层含义：区域内的均衡以及区域间的均衡。其中，区域内的均衡是指产业经济、城市经济和共享经济这三类资源在区域内均衡发展，共同促进经济发展；区域间的均衡是指在同一时间点，不同区域间应该是竞争与合作的关系。这一阶段对应着竞争型增长阶段的创新驱动阶段向共享驱动阶段演变的过程。

三、梯度变格均衡律的纵向表现

梯度变格均衡律的纵向表现指的是一个区域的发展会表现出三个阶段递进的过程，即首先由产业经济过渡到城市经济，然后是生成性资源内部的均衡，最后是产业经济、城市经济和共享经济相互协调的均衡发展。其对应着竞争型经济增长梯度变格 1—2—3—4 的发展规律。下面以日本东京 – 横滨 – 筑波创新走廊为例，具体阐述其在发展过程中表现出来的梯度变格均衡律。

日本东京 – 横滨 – 筑波创新走廊的兴起最早源于东京和横滨天然优良港湾的条件，随着 1951 年《港湾法》以及 1967 年《东京湾港湾计划的基本构想》的制定，政府不断发展基础设施建设和城市经济，以助力产业经济的发展，这对应着梯度变格均衡律的第一阶段。同时，这一阶段的要素驱动和投资驱动并不是严格的递进过程，而是相互融合、互相补充、相互促进的过程。

在此发展过程中，日本出现了严重的环境污染问题。例如，1968年，日本东京港的雾霾问题非常严重；20世纪五六十年代日本的水俣病事件；1955—1972年日本富山县神通川流域的"痛痛病"事件；等等。但是，在此阶段，日本大力发展科技，走廊的"创新大脑"筑波科学城成果显著——截至2019年，筑波已诞生了6位诺贝尔物理学、化学奖得主。1985年在筑波召开的以"人类、居住、环境和科学技术"为主题的国际科技博览会更体现了日本用创新治理逆生性资源的想法，这为逆生性资源的治理提供了技术支持。这对应着梯度变格均衡律的第二阶段。

在整个发展过程中，日本东京-横滨-筑波创新走廊分工明晰，东京作为日本的政治中心，金融业和高端制造业发达，起到核心枢纽的作用；横滨起到临港工业功能作用，同时聚集了高端制造业；筑波拥有筑波科学城，起到"创新大脑"的作用。[①] 其产业发展的核心也由起初的对外贸易逐步转向高新技术、生物技术和环境技术，开始关注实现健康长寿社会和低碳生活。也就是说，其不仅关注产业经济和城市经济的发展，还开始关注民生经济的发展。这体现出日本东京-横滨-筑波创新走廊逐步由创新驱动走向共享驱动的梯度变格均衡律的第三阶段。

四、梯度变格均衡律的横向表现

梯度变格均衡律的横向表现就是，在某个节点，不同区域处在不同的发展阶段。这一表现在现实的经济发展中是普遍存在的。在国际上，不同国家发展水平阶段不同，发达国家普遍开始进入第三阶段，发展中国家普遍迈入第二阶段，而很多欠发达地区还处在第一阶段；在国家层面上，我国东南沿海的较发达区域一直走在全国前列，开始关注三类资源的均衡发展，而西北部地区可能更多处于第一阶段。正是由于不同区域所处的阶段不同，才为区域间的分工合作提供了可能，才构成了横向的梯度变格均衡律。尤其对于国家层面的省际区域发展来说，横向的梯度变格均衡是普遍且长期存在的。例如，东南沿海城市是我国经济发展的排头兵，吸引了全国大部分生产资料、资源，但是西北部地区的城市却为我国的生态文明建设做出了不可小觑的贡献。

---

① 周振江、石义寿：《世界知名创新走廊的发展经验与启示》，载《科技创新发展战略研究》2020年第2期，第29～35页。

以往经济学家、政治家、民众普遍将这种发展阶段的不同看作是不平衡发展，学者们也普遍从某一切入口出发，研究产业结构的不平衡、人口资源的不平衡、城镇化的不平衡、金融发展的不平衡等。但中观经济学认为，这种发展阶段的不同实质上是梯度变格的均衡，也是资源稀缺情况下资源优化配置的结果。这一点与比较优势理论有相似之处：都是在相互合作、贸易的基础上强调"取长补短"，正是由于各区域所处梯度阶段不同，才可能互相发挥比较优势，实现互补、均衡式发展。

现实中，粤港澳大湾区的发展就呈现横向的梯度变格均衡律。广州、深圳、香港和澳门经济发展水平高，集聚了大量创新、技术、人才、资本等要素，是粤港澳大湾区的创新极。广、深、港、澳作为粤港澳大湾区的发展极点，经济发展水平一直走在广东和全国的前列，其发展目标也由单一的经济增长，转向产业经济、城市经济和共享经济三类资源的均衡发展。其中，深圳在2021年3月23日的深圳市政府新闻办新闻发布会上，具体介绍了其作为先行示范区制定的《深圳市生态系统生产总值（GEP）核算技术规范》。GEP即生态系统生产总值，也就是生态系统服务价值，是指生态系统为人类福祉和经济社会可持续发展提供的最终产品与服务价值的总和。由此可见，深圳已经处于梯度变格均衡的第三个阶段。而除广、深、港、澳四地的其他地区，仍处于梯度变格均衡的第一阶段向第二阶段过渡的时期，还在积极发展其产业经济，创新其城市经济。以东莞为例，近年来，它在发展制造业的同时，注重基础设施建设，以制造业为主，承接了深圳创新成果的转化作用。

类似的还有长三角G60科创走廊（包括上海、嘉兴、杭州、金华、苏州、湖州、宣城、芜湖、合肥九个城市）形成了"一廊一核九城"的总体空间布局。上海作为国际化的大都市，作为G60的"一核"，聚集了高校、金融机构、人才和资金等大量的创新资源；其他八城则根据自身发展的现状，明确各自的创新定位，承载了创新转化制造业的作用，类似于粤港澳大湾区中东莞的作用。能够做到合理分工就是九个城市梯度变格均衡的表现，也正是由于各个城市所处阶段不同，发展的重点不同，才能使得各个城市之间可以合理分工，形成梯度的均衡。

五、梯度变格均衡律的产生原因

区域的发展表现出梯度变格均衡主要是由其先天的资源禀赋和区域政

府的竞争力共同决定的。其中，梯度的产生主要取决于先天的资源禀赋的差异，梯度变格的推进则主要依赖有为的区域政府。

从梯度变格均衡的横向表现来看，梯度的产生是不可避免的，这主要取决于一个地区先天的地理位置、生产资料、文化底蕴等"天生"的资源禀赋的差异。硅谷的最初发展得益于其独有的黄金资源，从而吸引了大量淘金客，为其后续发展奠定了生产资料基础；日本东京湾区的最初发展得益于其先天的优良港湾条件，不断填海造陆，由此建立了大量港口等交通运输枢纽，为其后续发展做好了基础设施的准备；粤港澳大湾区的最初发展则得益于深圳改革开放窗口的特殊地位、优良的地理位置和其商文化的积淀，从而为后续发展奠定了产业的基础。时至今日，在同一时间点，"幸运"的区域凭借其"先天"的资源已然先于其他地区进入梯度变格的第二阶段或者第三阶段，但是地理优势相对不明显、资源禀赋相对较差的区域则不像这些区域发展如此之快，而仍处于梯度变格的第一阶段或者第二阶段。

从梯度变格均衡的纵向表现来看，一个区域能顺利地进行梯度的递进，主要还是依靠有为的区域政府。日本东京－横滨－筑波创新走廊就是从建设好要素流动的渠道——海路起步的，依托东京湾区，借助东京的先进科创水平和横滨的对外贸易港口作用，依靠国家政策不断扶持筑波的发展，使其发挥好"创新大脑"的作用。与"波士顿128公路"和硅谷类似，日本东京－横滨－筑波创新走廊也是主要依靠国家的财政支出孵化和成长起来的，这就充分体现了有为政府在促进区域梯度递进时的重要作用。目前，深圳市政府提出的GEP就体现了区域政府的有为，它力争引导区域由单一目标转向多维目标，以推动区域的梯度变格。

区域政府参与竞争引导梯度结构推移，主要源于以下五个方面。第一，区域政府参与竞争致使区域的资源禀赋发生变化，尤其是高级生产要素会随着经济发展和资源投入而发生变化。例如，各省开展的"抢人大战"、对外开放使得国外资本和技术被引进，就是区域政府在竞争过程中吸引了高层次生产要素的流入，这将在根本上改变区域内的要素结构，从而使得梯度推移。第二，区域政府参与竞争引起区域的产业结构发生变化，例如传统产业、新兴产业和未来低碳绿色新技术产业等。其中最典型的就是"碳达峰"和"碳中和"的提出。正如前文所提到的，对逆生性资源的配置主要依靠的是创新科技的力量，因此，这将在一定程度上影响我国产业的结构,使其由低效、高耗能转向高效、低耗能,同时也将引领我国产业转向重点发展低碳的绿色技术产业,发展新能源。第三,区域政府参与竞争引起区域的产业链和供应链发生变化,例如产业数字化、数字产业化,对现有产业的全方位、全角度、全链条改造。2020年4月9日,中共中央、国务院发布的《关于构建更加完善的要素市场化配置体制机制的意见》明确指出,要进行市场化配置的要素主要有五种:土地、劳动力、资本、技术、数据。政府对数字经济的扶持政策将引导产业的数字化转型,也将推动数字产业化。第四,区域政府参与竞争引起区域的产业创新能力发生变化,如新技术、新产品、新模式、新业态、新产业。政府参与竞争要有超前引领,也就是说,区域政府要做的并不是因势利导,而是要鼓励创新,发挥自身的比较优势,如我国5G的发展目前已走在世界的最前端。第五,区域政府参与竞争致使区域的市场环境等发生变化。营商环境的改善是最近受到特别关注的热点,而营商环境的改造就是政府的超前引领。为市场创造更好的竞争环境,将推动市场化的进程,从而为梯度的推移打好市场基础。

此外,梯度变格均衡律是二八效应集聚律的进阶表现。前文具体介绍了二八效应集聚律的具体表现和产生原因,即正是先天资源禀赋和后天有为政府的超前引领才能使二八效应集聚律得以长久保持。而二八效应集聚律产生的背后意味着这一区域的发展更好更快,会处于梯度变格均衡律的更高阶段。相反,二八效应集聚律的虹吸效应也会使得其他地区的资源流入二八效应集聚的区域,造成其他地区的经济发展较为迟缓,从而处于梯度变格均衡律的较低阶段。因此,正是二八效应集聚律的产生,使得各区域的发展阶段出现梯度,才会形成梯度变格均衡律。

需要注意的是,区域政府竞争的结果就是形成梯度结构。梯度无法顺利向前推移甚至倒退,是区域政府竞争失败的结果。区域资源禀赋仅决定了区域起始所处的梯度位置,但和同等位置的区域相比,每个区域能否顺利推进到下一阶段就取决于区域政府的竞争。例如,中等收入陷阱就是区域政府竞争失败的具体表现。中等收入陷阱是指发展中国家在工业化进程中奉行GDP增长方式,经过一段时间的经济高速增长使人均收入达到中等收入水平时,由于道德沦丧、法治崩溃、坑蒙拐骗黑横行、假冒伪劣毒充斥、腐败与两极分化严重等,迅速形成既得利益集团并使既得利益集团迅速垄断国家资源、掌控国家经济命脉、掌握国家大部分财富,从而造成国内市场萎缩、产业升级乏力、增长停滞不前、民族主体性削弱、经济对外依赖性增强的状态。

拉美地区和东南亚一些国家是陷入"中等收入陷阱"的典型代表，一些国家的收入水平长期停滞不前。如图4-7所示，菲律宾1960年人均GDP为1206.9美元（以下均指2010年不变价，不再赘述），1980年为1923.7美元，2000年为1830.9美元，2020年为3269.7美元。在1960—2000年40年的时间内，菲律宾的人均GDP没有本质的提升，在21世纪的头20年时间里，其人均GDP提升的幅度也远低于其他国家。还有一些国家的收入水平虽然在提高，但始终难以缩小与高收入国家的鸿沟，如马来西亚1960年人均GDP为1235.2美元，1980年为3026.4美元，2000年为6392.6美元，2020年为10616.9美元；阿根廷1960年人均GDP为7362.5美元，1980年为10318.2美元，2000年为10730.6美元，2020年为11342美元；墨西哥1960年人均GDP为3741.9美元，1980年为7677.2美元，2000年为8861.9美元，2020年为8927.3美元。这些国家虽然在20世纪存在20年人均GDP翻番的增长阶段，但是近年来，这些国家的人均GDP都没有明显的增加，也未能跨过发达国家的门槛。截至2020年，上述4个国家仍被世界银行列为中等收入国家。国际上公认的成

图4-7 部分国家人均GDP（2010年不变价美元）

［资料来源：世界银行官网（https://data.worldbank.org.cn/indicator/NY.GDP.PCAP.KD?view=chart）。］

功跨越"中等收入陷阱"的国家和地区有日本、以色列、"亚洲四小龙",但就比较大规模的经济体而言,仅有日本和韩国实现了由低收入国家向高收入国家的转变。其中,日本 1960 年人均 GDP 为 6260.7 美元,1980 年为 19345.3 美元,2000 年为 31430.6 美元,2020 年为 34366.5 美元;韩国 1960 年人均 GDP 为 1027.5 美元,1980 年为 4055.8 美元,2000 年为 16992.5 美元,2020 年为 31264.9 美元。日本和韩国分别都用了 10 多年的时间由中等收入国家进入高收入国家行列。有的国家可以跨越"比较优势陷阱",实现梯度的顺利推移,主要是源于区域政府在竞争中能够实现超前引领。因此,区域政府竞争的结果就是梯度结构的产生。

六、小结

本节主要介绍了梯度变格均衡律的概念、三个阶段及其产生原因。

首先,本节将梯度变格均衡律发展的三个阶段与竞争型经济增长的四个阶段相结合进行比较:第一阶段(区域的资源配置领域出现资源稀缺与资源生成相配对的状态)对应着要素驱动阶段向投资驱动阶段递进的过程;第二阶段(生成性资源的均衡)对应着投资驱动阶段向创新驱动阶段递进的过程;第三阶段(产业经济、城市经济和共享经济的均衡)对应着创新驱动阶段向共享驱动阶段递进的过程。

其次,梯度变格均衡律有横向和纵向两个具体表现,本书具体以日本东京-横滨-筑波创新走廊、粤港澳大湾区、旧金山湾区的发展为例,从梯度变格均衡律的角度重新厘清了在其发展的阶段所表现出的梯度变格均衡。特别要指出的是,横向的梯度变格在现行的文献中被普遍定义为不平衡的发展,但中观经济学认为这是一种梯度的均衡。

最后,梯度变格均衡律的产生源于区域的先天资源禀赋和区域政府的竞争力。梯度变格的产生是由一个地区先天的地理位置、生产资料、文化底蕴等"天生"资源禀赋的差异决定的,但是,对一个区域来说,如何顺利完成梯度变格递进则主要取决于有为的区域政府。区域政府参与竞争通过五个方面的变化——区域的资源禀赋发生变化、区域的产业结构发生变化、区域的产业链和供应链发生变化、区域的产业创新能力发生变化、致使区域的市场环境等发生变化,从而引导梯度结构产生推移。另外,从二八效应集聚律的角度来说,二八效应集聚律的虹吸效应使得区域间的发展阶段存在梯度,因而才会形成梯度变格均衡律。需要注意的一点是,与企

业竞争有破产这一退出机制相类似的是,区域政府竞争的结果是梯度结构的产生。

笔者认为,本节提到的梯度变格均衡律与比较优势理论既有一致之处,也有不同。其一致之处表现在二者都是在区域间存在贸易的基础上提出来的,因此才会使得不同发展阶段的区域存在合作,才会有不同区域根据自己的禀赋发挥自己的比较优势,强调了区域在贸易中的合作关系。其不同之处表现在比较优势理论是一个相对静态的概念,而梯度变格均衡律则是一个相对动态的概念。此外,梯度变格均衡律强调了一个区域的梯度演进需要的是有为政府的超前引领,而不能全部依靠区域的先天资源禀赋和贸易的合作关系。

第三节 竞争合作协同律

竞争合作协同定律是二八效应集聚律和梯度变格均衡律发生作用后的必然产物。由于先天资源禀赋的差异和区域政府竞争力二者的共同作用,各地区的经济发展出现了二八效应集聚律和梯度变格均衡律,其实质就是各地区在发展过程中不断产生差异,而这种差异是结构性的差异,是无法避免的,因此体现出梯度变格均衡律。正是由于不同区域经济的结构性差异,才需要各区域政府根据该地区的优势和结构与处于其他梯度和结构的区域政府合作,实现优势互补,从而表现出竞争合作协同律。

俗话说,"分久必合,合久必分",根据博弈论的"囚徒困境"可知,当二者相互竞争时,所能达到的纳什均衡并不是帕累托最优,因为帕累托最优是在二者相互合作共谋时产生的,所以相互合作的结果并不稳定,任何一方在合作约定的目标下违反约定都将获得更高的效益。如何使区域在发展过程中更好地竞争与合作是区域政府需要面临的挑战,这需要区域政府在区域间经济发展的竞争合作过程中做到如下三个方面的协同性:首先是规则协同性,这是区域间竞争合作协同发展的前提,而合作的前提,就是要达成共识,统一目标;其次是政策协同性,这是区域间竞争合作协同发展的必要条件,政策的协同是为了协同规则,政策是政府超前引领的重要手段,手段是达成目的的重要抓手,因此,在合作协同的过程中,除了内在的目的协同以外,也要在外在的手段上达成协同;最后是创新协同性，这是区域间竞争合作协同发展的主要动力，创新将有利于协同目标和规则的达成。

需要注意的是，竞争合作协同律强调在区域政府根据区域间结构性差异进行合作的同时，也要注重区域政府的竞争，这是创造比较优势、实现区域梯度升级，并区别于比较优势理论的关键点。

一、竞争合作协同律的规则协同性

竞争合作协同律的最终落脚点是各区域经济共生共长，合作共赢。"公平与效率、合作与共赢、和平与稳定"是区域间竞争合作协同发展必须遵守的前提条件和目标。也就是说，区域间的目标是一致的，即合作共赢。这就需要各区域在竞争合作协同的过程中遵循区域间的经济竞争规律——公平与效率，遵守区域间的共同治理规则——合作与共赢，保证区域间的安全秩序规则——和平与稳定。

在国家内部的区域政府的规则协同性更容易达到，因为从行政角度划分各区域，虽然它们分属不同的省市自治区或者州郡等，但是各地区都从属于一个国家，都有一个共同的上级政府——中央政府，所以国家内部的区域政府"天生"便有规则协同性，即为了共同的目标——国家的繁荣和富强而共同奋斗。

但是，在国际层面的区域政府——各个国家——的规则协同性相对来说是竞争合作协同的第一难题，因为每个国家的诉求和遵循的国际合作规则不尽相同。我国一直以来都是以"合作共赢"的原则进行国际交流与合作的，一直倡导"人类命运共同体"。2013年，习近平总书记提出了建设"丝绸之路经济带"和"21世纪海上丝绸之路"的合作倡议，从此开启了"一带一路"（The Belt and Road，B&R，"丝绸之路经济带"和"21世纪海上丝绸之路"的简称）的建设和合作进程。截至2020年11月，我国已经与138个国家、31个国际组织签署了201份共建"一带一路"的合作文件。这体现了我国在区域合作中一直以来的目标都是合作共赢。但是，近年来，全球各国的目标出现了分歧——英国脱欧，美国退出联合国教科文组织、退出巴黎协定、退出跨太平洋伙伴关系协定、退出世界卫生组织，反全球化浪潮不断兴起。由此可见，现在国际层面每个国家的诉求和目标不再都是合作共赢，而这将会扰乱区域间经济竞争公平与效率的规律，例如国家之间的贸易战，甚至还会威胁国家层面区域间的安全秩序规

则——和平与稳定。因此，世界在经历了几十年和平稳定发展阶段、保持了一定时间的规则协同性之后，现阶段的规则协同性受到了巨大的挑战，这将影响国际层面的区域政府的竞争合作协同性。

总结国家层面区域政府和国际层面区域政府在规则协同性上的差异，我们可以看出，区域政府是否能够顺利实现规则协同性，在很大程度上取决于其是否有上一级政府。因为同一层级的区域政府是"兄弟关系"，而与上一层级的区域政府则是"父子关系"；上一级政府的存在可以调节区域政府之间的关系，为区域政府的发展制订期望目标，因此，在拥有上一层级政府的情况下区域政府更容易实现规则协同性。

二、竞争合作协同律的政策协同性

政策的协同主要是为了达到规则的协同，从而实现合作共赢，因此，政策协同是达到规则协同的必要条件。在实现共同目标时所实施的政策要保证协同主要是为了遵循区域间的经济竞争规律——公平与效率。企业竞争对产业资源起调节作用，区域政府竞争对城市资源和其他生成性资源起调节作用。企业竞争和区域政府竞争是两个层次的竞争，二者之间不存在竞争，但由于政府参与某一具体项目竞争的载体主要是国有企业、国有合资企业和国有股份制企业，很容易因其特殊所有制而获得与民营企业比起来更多的特权，从而干扰市场经济的运行，甚至造成恶性竞争。因此，为保障经济竞争的公平，必须在企业竞争中运用好竞争中性原则、推出适度的产业政策，在区域政府竞争中为本区域做好系列政策的配套措施；为保障区域间经济竞争的效率，区域政府在区域间协同制定政策，推进新型工业化、新型城镇化、智能城市开发、科技项目建设、基础设施现代化和农业现代化等就变得尤为重要。

政策协同性实质是为了规范区域政府竞争的行为。在规范企业竞争行为时，区域政府的普遍做法是设立监管部门、质检部门、制定反垄断法等。从竞争中性的角度考虑，保障政策协同性可以保证竞争中性原则，有利于维护市场经济秩序，避免"竞次"现象的产生，从而使市场对资源的配置起到决定性作用。但是，政策协同性无论是在国家层面的地方政府竞争还是在国际层面的国家政府竞争中都是一项挑战，因为区域政府竞争不同于企业竞争，其具有很强的弹性，但缺乏退出机制，而且区域政府竞争并没有第三方仲裁机构的组织来约束其竞争行为。因此，区域政府在竞争过程中很容易出现"竞次"现象,也很容易出现垄断行为。

相较于约束企业竞争行为,我们可以看出,要想实现政策协同性就要成立第三方的仲裁机构。企业竞争的第三方仲裁机构就是政府的监管部门、质检部门等。但是,目前对区域政府竞争的约束的重视度不够,对区域政府竞争的约束并不清晰,尤其是国际层面的竞争,虽然有联合国等国际组织的约束,但还是会有一些国家依靠其在世界经济的霸主地位而违反约定,这对区域政府的政策协同性的实现提出了巨大的挑战。这也是在如今反全球化态势下的重要议题。

三、竞争合作协同律的创新协同性

创新是发展的根本动力,这一点不仅适用于产业经济,而且适用于城市经济。创新技术的发展将使企业提高边际产出,必要生产时间低于社会平均水平,从而获得超额利润。而区域政府在竞争过程中,同样需要开展理念、制度、组织、技术创新,才能提高效率,更有效地生成资源,从而实现超前引领。

创新为何需要协同?这主要是因为创新活动具有很强的规模经济效应:一是重大科技项目存在资金投入多、周期长、失败可能性高和风险大等系列问题,需要各竞争主体的创新协同;二是新的科技成果的获得需要综合运用人类智慧,这有赖于各竞争主体的创新协同;三是跨区域、跨领域、跨国界的思想性、物质性、组织性和制度性公共物品的不断形成,需要各竞争主体的创新协同。下面列举区域间创新协同的成功案例。

【案例4-2】
日本东京-横滨-筑波创新走廊

日本东京-横滨-筑波创新走廊是依托东京湾区建立起来的创新廊道,全长约110千米。东京作为日本的政治中心,金融业和高端制造业发达,起到了核心枢纽作用:东京聚集了全日本20%的大学和30%以上的大学教员,集聚了全日本25%以上的民间研究机构和50%的顶级技术型公司。2018年,世界500强企业中有7家金融企业、4家汽车与零部件企业、10家TMT企业的总部位于东京。横滨起到临港工业功能作用,同时聚集了高端制造业;筑波则拥有筑波科学城,起到"创新大脑"的作用。筑波被纳入创新廊道源于东京为分散日益增加的人口、转移部分城市职能而在此建立卫星城这一初衷。

日本东京-横滨-筑波创新走廊的发展源于20世纪70年代,在50多年的发展过程中,东京发挥其枢纽核心的作用,横滨发挥其交通运输的作用,筑波发挥其卫星城和"创新大脑"的作用,使得日本东京-横滨-筑波创新走廊得到了巨大的发展:截至2019年,筑波已有6位诺贝尔物理学、化学奖得主。这段时间不仅聚集了大量顶尖人才,也吸引了众多创新企业:截至2013年,筑波科学城有近2万名研究人员,其中有1/4来自海外,博士占到一半;截至2016年年底,筑波科学城拥有大约20万人、31个国立科研机构、300余个民间科研机构和企业等。这都为日本东京-横滨-筑波创新走廊的建设进一步做好了人才、企业等创新资源的准备。

四、实践中的竞争合作协同律

虽然在理论上竞争合作协同律是建立在规则协同性的基础上,经历制定政策协同性,最后实现创新协同性的过程,但在现实的经济实践中,并不总是表现出"规则协同性(达成共识,统一目标)—政策协同性(统一'游戏'规则)—创新协同性"的理想发展规律,而更多的是"创新协同性—政策协同性—规则协同性"的过程,这种现象在国际层面的国家政府竞争中表现更为明显。由于国家政府具有政治性、民族性和传承性等独特的特性,因此,其协同更容易在创新中产生,因为创新的规模经济效应使得其更容易在创新协同中获得"好处"。相反,规则协同性是最后达成,也是最难达成、最容易被打破的,这主要是因为各个国家的诉求都是追求本国的利益,所以很难在统一目标上达成共识,而且即使暂时达成了共识,也很容易被打破。最典型的案例就是WTO、跨太平洋战略经济伙伴关系协议等国际经济组织的成立目的就是为参与各国统一目标制定"游戏"规则,达到规则协同性和政策协同性,但是,近几年一些国家的"退群"行为打破了这种规则协同性和政策协同性。相反,在国家层面的地方区域政府更容易首先在规则协同性和政策协同性上达到共识,因为其虽然代表了地方区域的经济利益,但从根本上还是为了实现国家的经济发展。

总而言之,在实践中,不同层面上的区域政府竞争在竞争合作协同律方面的实现路径有所差异。拥有上一层级政府约束的国家内部的区域政府竞争，更容易实现"规则协同性—政策协同性—创新协同性"的理想发展规律，而缺乏上一层级政府约束的国际层面的国家政府之间的竞争则更多遵循的是"创新协同性—政策协同性—规则协同性"的实现路径。

五、竞争合作协同律的产生原因

竞争合作协同律产生的客观原因是区域间存在梯度差异，其根本原因则是区域政府的竞争。换句话说，区域政府的竞争合作协同律体现的是合作，是为了更好地参与竞争，此时的区域政府并不是零和博弈，也不是非此即彼，而是区域间经济合作的互惠互利。二八效应集聚律和梯度变格均衡律都说明，在经济发展过程中区域间存在结构性的差异。正是由于区域间存在结构性的差异，区域间的竞争与合作才有存在的可能。而区域间竞争合作实质是指区域政府的竞争与合作。在区域间存在梯度差异以及区域政府遵循市场规则和区域间存在贸易的前提下，理性的行为就是进行合作，发挥各自的比较优势，这更有利于合作各方的经济发展，并由此形成了竞争合作协同律。

从经济规律的角度分析，竞争合作协同律的产生是规模经济效应的具体表现。在全球化背景下，人们谈及竞争合作最容易想到的就是：一架波音飞机的零件分别由几个国家生产，最终在美国组装完成。这也是竞争合作协同律的具体表现。各个国家根据本国所处的发展阶段，发挥各自的比较优势，各自分工，每个国家负责其中一项技术和零件的生产，由此可以产生规模经济效应，不仅减少了边际生产成本，还提高了产出效率，从而提升了整体的经济效益。

六、静态竞争合作协同律与动态竞争合作协同律

前文所述都着重强调合作协同性，这只是竞争合作协同律相对静止的某一状态，为此，本书将其定义为静态竞争合作协同律。实际上，动态竞争合作协同律是相对动态概念上的竞争合作协同律，强调区域政府是竞争协同与合作协同的动态过程。

正如本章第二节所述，在给定时间点，区域间呈现了横向的梯度变格均衡律，而区域间的结构性差异在给定的情况下，区域间应该各自发挥比较优势，强化分工合作，达到合作协同，这样将有利于合作各方的经济发展。但是，梯度变格均衡律在纵向上是一个动态递进的过程，因此，竞争

合作协同律强调区域政府在给定时间点上参与横向分工合作的同时,要在规则协同性、政策协同性和创新协同性的基础上加强自身的竞争力,不断创造比较优势,加速区域梯度的递进,才能有利于区域在合作时处于上游、附加值高、技术含量高的产业当中,促进区域更好地参与合作。

因此,静态竞争合作协同律更加注重区域政府间的合作协同,动态竞争合作协同律是在区域政府合作协同的前提下,进一步强调竞争的协同。但是,不论合作协同还是竞争协同,都应遵循规则协同性、政策协同性和创新协同性。下文提到的竞争合作协同律都是指静态竞争合作协同律。

七、小结

本节具体介绍了竞争合作协同律的含义及其产生原因。

竞争合作协同律包括规则协同性、政策协同性和创新协同性三个方面。笔者认为,规则协同性是区域间合作的前提,因为规则协同性是指区域间在发展目标上达成一致;政策协同性是区域间合作的必要条件,因为政策协同性是区域间制定的"游戏"规则,约束区域政府的竞争合作的行为;创新协同性是区域间合作的动力,因为创新和科学是无国界的,具有很强的溢出效应和规模经济效应,但同时又具有投入大、风险高、产出不确定的特点,因此更加需要区域间的创新合作。在规则协同性、政策协同性和创新协同性三者中,最难实现的是政策协同性,这主要是由于区域政府竞争缺乏退出机制以及第三方部门的监管。这也是在如今反全球化态势下的重要议题。

虽然笔者认为"规则协同性—政策协同性—创新协同性"是理论上实现竞争合作协同律的路径,但在实践过程中,会出现"创新协同性—政策协同性—规则协同性"的实现路径。笔者将其归因于区域政府在竞争过程中是否有上级政府约束的差异。正是由于有上一级政府的约束,才使得区域政府更容易实现规则协同性和政策协同性;而如果缺乏上一级政府的约束,区域政府则很难达到规则协同性,因为各自都有自己的经济诉求,所以也很难实现政策协同性。

竞争合作协同律的产生,客观上是二八效应集聚律和梯度变格均衡律的必然产物,即区域间存在发展的差异为竞争合作协同律准备了客观条件,其根本源于区域政府的竞争。但是,类似比较优势理论,竞争合作协同律产生的前提依旧是区域间存在正常的贸易。

梯度变格均衡律与比较优势理论有相似之处，也有不同之处。竞争合作协同律与比较优势理论同样也有异同点。其相同之处都要在自由贸易的前提下，才能发挥比较优势，才能有分工合作；不同的是，竞争合作协同律在强调合作的同时并没有放弃竞争，因为竞争合作协同律是建立在梯度变格均衡律的基础之上的，而梯度变格均衡律强调区域的梯度是一个动态的过程，如何顺利递进依靠的是区域政府的竞争。因此，在区域间存在梯度相互合作的同时，区域政府间也要存在竞争，不断为本区域创造比较优势，才构成了中观经济学提出的竞争合作协同律。

第四节　共同富裕

共同富裕是竞争合作协同律的最终表现，是社会主义的本质要求和奋斗目标，也是中国特色社会主义的根本原则。《中华人民共和国国民经济和社会发展第十四个五年规划和2035年远景目标纲要》首次将"共同富裕"写入五年规划当中："坚持尽力而为、量力而行，健全基本公共服务体系，加强普惠性、基础性、兜底性民生建设，完善共建共治共享的社会治理制度，制定促进共同富裕行动纲要，自觉主动缩小地区、城乡和收入差距，让发展成果更多更公平惠及全体人民，不断增强人民群众获得感、幸福感、安全感。"① 中央财经委员会第十次会议研究了扎实促进共同富裕问题，对共同富裕的定义和共同富裕的实现，进行了明确的解释。② 第一，什么是共同富裕？会议强调了四点：其一，在范围层面，共同富裕是全体人民的富裕，不是少数人的富裕，也不是整齐划一的平均主义。其二，在内容方面，共同富裕是人民群众物质生活和精神生活都富裕。其三，在实现方面，要分阶段促进共同富裕，对共同富裕的长期性、艰巨性、复杂性要充分估计。其四，在指标方面，扩大中等收入群体比重，增加低收入群体收入，合理调节高收入，取缔非法收入，形成中间大、两头小的橄榄型分配结构，促进社会公平正义，促进人的全面发展，使全体人

---

① 《中华人民共和国国民经济和社会发展第十四个五年规划和2035年远景目标纲要》，见中国政府网（http://www.gov.cn/xinwen/2021-03/13/content_5592681.htm）。

② 《习近平主持召开中央财经委员会第十次会议》，见中国政府网（http://www.gov.cn/xinwen/2021-08/17/content_5631780.htm）。

民朝着共同富裕目标扎实迈进。第二，如何实现共同富裕？其一，在发展层面，要坚持以人民为中心的发展思想，在高质量发展中促进共同富裕。其二，在分配层面，构建初次分配、再分配、三次分配协调配套的基础性制度安排。其三，在税收层面，加大税收、社保、转移支付等调节力度并提高精准性。其四，在目标层面，参照"浙江省建设共同富裕示范区"的目标设定，包括经济发展、缩小差距、公共服务、精神文化、生态文明、社会和谐6个大类指标、30多个细化指标。由此可见，共同富裕的建设是我国未来一段时期的发展重点。

一、浙江共同富裕示范区

为何选取浙江作为共同富裕示范区？国家发展和改革委员会（以下简称"国家发展改革委"）从三个角度给出了解释：首先，浙江省省情具备开展示范区建设的代表性。其次，浙江具备开展示范区建设的基础和优势。一是富裕程度较高。2020年，浙江生产总值为6.46万亿元，人均生产总值超过10万元，居民人均可支配收入5.24万元，仅次于上海和北京，是全国平均水平的1.63倍。城、乡居民收入分别连续20年和36年居全国各省区第1位。二是发展均衡性较好。浙江城乡居民收入倍差为1.96，远低于全国的2.56，最高最低地市居民收入倍差为1.67，是全国唯一一个设区市居民收入都超过全国平均水平的省份。三是改革创新意识较为浓烈。浙江探索创造了"最多跑一次"等多项改革先进经验，创造和持续发展了"依靠群众就地化解矛盾"的"枫桥经验"，各地普遍具有比较强烈的改革和创新意识，便于大胆探索和及时总结提炼共同富裕示范区建设的成功经验和制度模式。同时，浙江在市场经济、现代法治、富民惠民、绿色发展等多个领域也取得了一些显著成果。最后，浙江开展示范区建设的空间和潜力较大。①

浙江共同富裕的发展目标是：到2025年，浙江省推动高质量发展建设共同富裕示范区取得明显实质性进展。经济发展质量效益明显提高，人均地区生产总值达到中等发达经济体水平，基本公共服务实现均等化；城

---

① 《国家发展改革委有关负责同志就〈中共中央 国务院关于支持浙江高质量发展建设共同富裕示范区的意见〉答记者问（一）》，见中国青年网（https：//baijiahao.baidu.com/s？id=1702184954254189756&wfr=spider&for=pc）。

乡区域发展差距、城乡居民收入和生活水平差距持续缩小，低收入群体增收能力和社会福利水平明显提升，以中等收入群体为主体的橄榄型社会结构基本形成，全省居民生活品质迈上新台阶；国民素质和社会文明程度达到新高度，美丽浙江建设取得新成效，治理能力明显提升，人民生活更加美好；推动共同富裕的体制机制和政策框架基本建立。到2035年，浙江省高质量发展取得更大成就，基本实现共同富裕。人均地区生产总值和城乡居民收入争取达到发达经济体水平，城乡区域协调发展程度更高，收入和财富分配格局更加优化，法治浙江、平安浙江建设达到更高水平，治理体系和治理能力现代化水平明显提高，物质文明、政治文明、精神文明、社会文明、生态文明全面提升，共同富裕的制度体系更加完善。[1]

表4-5列出了浙江省各市2019年几个主要的经济指标。从区域来看，杭州和宁波是经济发展水平最高的地区，人均生产总值是相对落后地区的近两倍，财政收入更具有较大的差异。从城乡收入差距来看，全省的城镇居民人均可支配收入大约是农村居民可支配收入的两倍。由此可以看出，虽然浙江成为共同富裕示范区具有一定的优势，但也依旧存在地区发展不平衡和城乡收入差距过大两类问题。

表4-5 2019年浙江省各市主要经济指标

城市	年末常住人口（万人）	生产总值（亿元）	人均生产总值（元）	全社会就业人员年末数（万人）	财政总收入（亿元）	住户存款年末余额（亿元）	城镇居民人均可支配收入（元）	农村居民人均可支配收入（元）
杭州	1036.00	15373.05	152465	720.00	3650.04	11677.34	66068	36255
宁波	854.20	11985.12	143157	589.09	2784.83	7475.47	64886	36632
温州	930.00	6606.11	71225	575.94	936.87	7601.83	60957	30211
嘉兴	480.00	5370.32	112751	336.00	945.40	4313.44	61940	37413
湖州	306.00	3122.43	102593	193.90	540.55	2444.97	59028	34803

---

[1]《中共中央 国务院关于支持浙江高质量发展建设共同富裕示范区的意见》，见中国政府网（http://www.gov.cn/gongbao/content/2021/content_5621189.htm）。

续表 4-5

城市	年末常住人口（万人）	生产总值（亿元）	人均生产总值（元）	全社会就业人员年末数（万人）	财政总收入（亿元）	住户存款年末余额（亿元）	城镇居民人均可支配收入（元）	农村居民人均可支配收入（元）
绍兴	505.70	5780.74	114561	348.00	825.36	4723.28	63935	36120
金华	562.40	4559.91	81224	354.50	661.50	5348.64	59348	28511
衢州	221.80	1573.52	71087	135.00	223.36	1382.35	46933	24426
舟山	117.60	1371.60	116781	75.60	230.59	971.65	61479	36784
台州	615.00	5134.05	83555	408.30	729.83	5333.52	60351	30221
丽水	221.30	1476.61	66936	144.30	228.13	1841.34	46437	21931

（数据来源：浙江省统计局《2020 年浙江统计年鉴》。）

二、一个模型分析

下面主要研究差距税收是否可以减少技术进步偏向带来的收入不平等这一问题。研究思路为：以技术进步偏向视角研究政府在通过税收维系再分配公平时，对初次分配的技能溢价的影响，并探究技能偏向型技术进步在其中的影响机制。在熊彼特质量增长型内生技术进步模型和技术进步偏向模型的基础上加入实行差距税收的政府部门，以建立本书的理论模型框架。理论模型结果显示：第一，技能劳动力与非技能劳动力的税收差距对城乡收入差距的影响主要与经济结构相关。第二，税收差距主要通过两个路径影响城乡收入差距，一是技术进步的方向，二是劳动力市场结构，而最后的影响方向则取决于两个作用的大小。第三，技能劳动力与非技能劳动力的税收差距总会促进技能偏向型技术进步。根据理论模型的主要结论，本书进行了数值模拟，以探究实行这种差距税收将在什么样的经济结构中发挥更大的效力。结果显示：当经济体的技能劳动力与非技能劳动力之间替代弹性为正，并接近于单位替代弹性，且技术产品的发挥效率越高时，这种差距税收对初次分配的城乡收入差距的降低效果越明显。

在做具体分析之前，需明确本书提到的税收差距的含义。我国自 1980

年开始建立个人所得税制度,经历多次改革,不断提高个人所得税免征额。最近一次个税起征点提高是在2018年,经十三届全国人大常委会第五次会议表决通过了关于修改个人所得税法的决定,起征点确定为每月5000元,相较2011年个税改革提高了1500元,这次起征点的提高意味着减税向中低收入者倾斜。新个税法还规定,个税的部分税率级距进一步优化调整,扩大3%、10%、20%三档低税率的级距,缩小25%税率的级距,30%、35%、45%三档较高税率级距不变。此次个税改革旨在整体减税,并减轻中低收入者税负,通过经济杠杆进行收入再分配以调节收入,缩小贫富差距。我国对不同收入群体实行不同税率的宗旨,总结起来可以概括为"高收入者多交税,低收入者少交税"。由于技能劳动力与非技能劳动力的工资水平普遍存在差异,即技能溢价,因此,结合我国"高收入者多交税,低收入者少交税"这一税收原则可知,技能劳动与非技能劳动的工资税收是存在差距的。本书提到的差距税收均指技能劳动力与非技能劳动力工资平均税率的差距。

  差距税收必定会在二次分配中缩小收入差距,那么差距税收是否会影响初次分配的技能溢价?这是本书需要重点回答的问题。在具体分析该问题之前,首先介绍一下目前的研究现状和现实背景。

  新时代下,我国更加注重高质量发展,更加关注发展不平衡的问题,如存在技术进步偏向、东西发展差距、南北发展差距、城乡收入差距、贫富差异等。造成收入差距的原因一直备受学者关注,其中,以Acemoglu为代表的学者试图从技术溢价的角度来解释不同类型劳动者的收入差距(Autor et al.,1998;Acemoglu,2002;Weiss and Garloff,2011;Behar,2016)。技能溢价与技能偏向型技术进步可谓一对"孪生兄弟",总是"同来同往"。宋冬林等(2010)根据技能偏向型技术进步会增加技能劳动力的技能溢价这一原则,用以验证技能偏向型技术进步在我国的存在。由此,回顾对技能溢价与技能偏向型技术进步影响因素的研究可以发现,二者的影响因素是基本一致的,主要有劳动力市场结构(王永进,2010;赵颖,2012)、对外开放(邵敏、刘重力,2011;Conte et al.,2011)、资本(Slavik et al.,2017;雷钦礼、李粤麟,2020)、资源与环境(Acemoglu et al.,2012,2016;余东华、孙婷,2017)等。可以看出:这类文献普遍关注的都是有效的市场怎样通过技能偏向型技术进步来解释技能溢价,鲜有文献关注政府作为税收者通过税收实现再分配公平时,对初次分配的技能溢价和城乡收入差距的影响。因此，本书将使用理论模型进行分析，以弥补这方面的空白。

（一）理论分析

在进行具体的模型分析之前，有必要先明确技能偏向型技术的定义。本书延用雷钦礼和李粤麟（2020）对技术进步偏向的定义，即当技能劳动力要素的创新产品市场价值相对于非技能劳动力要素的创新产品市场价值有所提升时，则认为技术进步是偏向于技能劳动力的。与 Hicks 和 Acemoglu 从技术研发结果的角度对技术进步偏向的定义①不同，该定义从技术研发的激励的角度去定义技术进步偏向。本书使用的理论模型是内生技术进步模型，因此，选用从激励技术研发角度定义的技术进步与本书模型更为契合。

具体而言，将技能劳动创新产品的平均市场价值与非技能劳动创新产品的平均市场价值之比用 $\frac{V_S}{V_U}$ 来表示，则技术偏向性指数 Tsc 为：

$$Tsc = \frac{\mathrm{d}\left(\frac{V_S}{V_U}\right)}{\mathrm{d}t} \bigg/ \frac{V_S}{V_U} \qquad (4-1)$$

当 $Tsc > 0$ 时，表明技能相对于非技能创新产品的市场价值更高，这将激励企业偏向于研发技能劳动力的创新产品，即技术进步偏向于技能；当 $Tsc < 0$ 时，表明技能相对于非技能创新产品的市场价值更低，这将激励企业偏向于研发非技能劳动力的创新产品，即技术进步偏向非技能；$Tsc = 0$ 则表明技术进步中性。

1. 内生技术进步模型设定

经济由政府部门、以家庭为单位的代表性消费者、最终生产厂商、要素密集型产品生产厂商和研发企业五大部门构成。以家庭为单位的代表性消费者效用函数为常跨期替代弹性效用函数：

$$L = \ln C + \delta_U \ln U + \delta_S \ln S \qquad (4-2)$$

其中，以家庭为单位的代表性消费者的效用不仅由消费 C 决定，而且其参

---

① Hicks 和 Acemoglu 对技术进步偏向的定义为：当技术进步使得技能劳动力的边际产出增加时，则认为技术进步偏向于技能劳动力，反之亦然。

与的技能劳动和非技能劳动同样会存在效用[①],δ_U 和 δ_S 分别为非技能劳动和技能劳动产生效用的参数。代表性消费者通过最大化其效用目标决定最终产品的需求,由于最终生产厂商为竞争行业,因此其为价格接受者。将劳动力分为技能劳动和非技能劳动,最终厂商投入要素密集型产品并使用双层嵌套型CES生产函数生产最终产品,令 Y_i 代表 $i(i=K,S,U)$ 要素密集型产品,则最终生产厂商的生产函数为:

$$Y = \{\alpha Y_K^\rho + (1-\alpha)[\beta Y_S^\theta + (1-\beta)Y_U^\theta]^{\frac{\rho}{\theta}}\}^{\frac{1}{\rho}} \quad (4-3)$$

要素密集型产品生产厂商投入技术产品和要素来生产其相应的要素密集型产品。考虑质量增长型内生技术进步模型,此时要素密集型厂商的生产函数为:

$$Y_i = \frac{1}{1-\gamma}(\int_0^1 q_i(j)x_i(j)^{1-\gamma}dj)i^\gamma, i=K,S,U \quad (4-4)$$

其中,$x_i(j)$ 代表体现于 $i(i=K,S,U)$ 要素的第 j 种技术产品(创新产品)的数量,$q_i(j)$ 表示该种技术产品的质量,技术的类别为连续变量,并不失一般性地将类别总数标准化为1。$1-\gamma$ 为技术产品在实际中发挥的效率。根据式(4-4)可知:技术进步不只是体现在技术产品质量的提升,技术产品数量的增加同样是技术进步的一种表现。

研发企业以垄断价格 $\chi_i(j)$ 和边际成本 $\varphi q_i(j)$(当创新产品的质量提高,生产难度提高,生产边际成本也相应增加)寻求利润最大化,从而决定技术产品的质量 $q_i(j)$ 及其投入数量 $x_i(j)$。研发企业通过研发提高技术产品质量,每次创新成功后,其质量提高 λ_i 倍,其研发成功概率为:

$$Prob_i = \frac{\eta_i R_i}{q_i} \quad (4-5)$$

其中,R_i 为研发投入,η_i 为研发效率。一个产品的质量越高,其研发成功概率越低。

2. 内生技术进步模型分析

首先考虑生产部门,将最终产品价格标准化为1,则最终厂商寻求利润最大化问题如下:

[①] 以往文献往往认为闲暇产生效用,但是,由于单位家庭的既定时间相同,劳动是闲暇的对立面,因此,使用劳动产生效用和使用闲暇产生效用的效果相同。因本书主要将劳动区分为技能劳动和非技能劳动,故选择认为劳动可以产生效用。

$$\text{MAX}_{Y_i} \pi = Y - P_S Y_S - P_K Y_K - P_U Y_U \quad (4-6)$$

结合式（4-4），通过对式（4-6）求一阶条件得到要素密集型产品价格为：

$$\begin{cases} P_K = \dfrac{\partial Y}{\partial Y_K} = Y^{1-\rho} \alpha Y_K^{\rho-1} \\ P_S = \dfrac{\partial Y}{\partial Y_S} = Y^{1-\rho}(1-\alpha)\beta \left[\beta Y_S^\theta + (1-\beta) Y_U^\theta\right]^{\frac{\rho-\theta}{\theta}} Y_S^{\theta-1} \\ P_U = \dfrac{\partial Y}{\partial Y_U} = Y^{1-\rho}(1-\alpha)(1-\beta) \left[\beta Y_S^\theta + (1-\beta) Y_U^\theta\right]^{\frac{\rho-\theta}{\theta}} Y_U^{\theta-1} \end{cases} \quad (4-7)$$

然后，要素 S, U 密集型企业寻求利润最大化问题如下：

$$\text{MAX}_{i, x_i(j)} \pi_i = P_i Y_i - \omega_i i - \int_0^N \chi_i(j) x_i(j) \mathrm{d} j, i = S, U \quad (4-8)$$

结合式（4-4），通过对式（4-8）求一阶条件得到均衡状态下技术产品和要素的需求函数分别为：

$$\begin{cases} \chi_i(j) = P_i q_i(j) x_i(j)^{-\gamma} i^\gamma \\ \omega_i = \dfrac{P_i Y_i \gamma}{i} \end{cases} \quad (4-9)$$

接着，研发企业作为垄断者寻求利润最大化问题为：

$$\text{MAX}_{x_i(j)} \pi_i(j) = \left[\chi_i(j) - \varphi q_i(j)\right] x_i(j)$$
$$s.t. \ \chi_i(j) = P_i q_i(j) x_i(j)^{-\gamma} i^\gamma \quad (4-10)$$

通过对式（4-10）求一阶条件得到均衡状态下技术产品及其价格和利润分别为：

$$\begin{cases} x_i(j) = \left(\dfrac{1-\gamma}{\varphi} P_i\right)^{\frac{1}{\gamma}} i \\ \chi_i(j) = \dfrac{1-\gamma}{\varphi} q_i(j) \\ \pi_i(j) = \left(\dfrac{1-\gamma}{\varphi}\right)^{\frac{1}{\gamma}} \left(\dfrac{1-\gamma}{\varphi} - \varphi\right) P_i^{\frac{1}{\gamma}} i \, q_i(j) \end{cases} \quad (4-11)$$

将式（4-11）代入式（4-4）可得要素密集型产品生产函数为：

$$Y_i = (1-\gamma)^{\frac{1-2\gamma}{\gamma}} \varphi^{\frac{\gamma-1}{\gamma}} P_i^{\frac{1-\gamma}{\gamma}} q_i i, i = S, U \quad (4-12)$$

第四章 企业竞争和区域政府竞争同样呈现三大定律

其中，$q_i = \int_0^1 q_i(j) \mathrm{d}j$ 为 i 要素创新产品的平均质量。

假设社会的利率为 r，研发部门非套利条件为 $rV_i(j) = \dot{V}_i(j) + \pi_i(j) - z_i V_i(j)$，$V_i(j)$ 为 i 要素第 j 种创新产品的市场价值，其中 z_i 为该品牌被其他企业研发成功的概率，当一个产品被其他研发企业研发成功的，则该企业将失去对该产品的垄断权力。当研发部门均衡时有 $\dot{V}_i(j) = 0$，即 $V_i(j) = \dfrac{\pi_i(j)}{r + z_i}$，结合式（4-7）、式（4-11）、式（4-12）得到技术进步外生情况下净现值利润的均衡：

$$\frac{V_S}{V_U} = \frac{\pi_S}{\pi_U}\frac{\gamma + z_U}{\gamma + z_S} = \frac{\gamma + z_U}{\gamma + z_S}\underbrace{\left(\frac{P_S}{P_U}\right)^{\frac{1}{\gamma}}}_{\text{价格效应}}\underbrace{\frac{q_S}{q_U}\frac{S}{U}}_{\text{市场规模效应}} = \frac{\gamma + z_U}{\gamma + z_S}\left(\frac{\beta}{1-\beta}\right)^{\frac{1}{\tau(1-\theta)}}\left(\frac{q_S}{q_U}\frac{S}{U}\right)^{\frac{\tau-1}{\tau}}$$

（4-13）

其中，$\tau = \dfrac{\gamma - (\theta-1)(1-\gamma)}{1-\theta} = 1 + \gamma\dfrac{\theta}{1-\theta}$ 为技能劳动力和非技能劳动力替代弹性 θ 和为技术产品在实际中发挥效率参数 γ 的函数，当且仅当 $1 > \theta > 0$ 时有 $\tau > 1$。

根据式（4-1）对技术进步偏向的定义，可得到技术进步外生时的技术进步偏向指数为：

$$Tsc = \frac{\mathrm{d}\left(\dfrac{V_S}{V_U}\right)}{\mathrm{d}t}\bigg/\frac{V_S}{V_U} = \frac{\tau-1}{\tau}\frac{\dot{q}_S}{q_S}\bigg/\frac{q_S}{q_U} + \frac{\tau-1}{\tau}\frac{\dot{S}}{S}\bigg/\frac{S}{U} \quad (4-14)$$

结合式（4-13）和式（4-14）可以看出，价格效应和市场规模效应共同决定相对创新产品价值和技术进步偏向。技能劳动相对于非技能劳动的数量和创新产品质量提高时，由于市场规模效应将提高相对创新产品质量，因而使得技术进步偏向于技能；由于价格效应将降低相对创新产品质量[①]，因而使得技术进步偏向于非技能。当 $\tau > 1$ 时，市场规模效应占主导，$\dfrac{q_S}{q_U}\dfrac{S}{U}$ 的增加将提高相对创新产品价值，使得技术进步偏向于技能；

---

① 结合式（2-7）和式（2-12）可得：$\dfrac{P_S}{P_U} = \left(\dfrac{\beta}{1-\beta}\right)^{\frac{\gamma}{\tau(1-\theta)}}\left(\dfrac{q_S}{q_U}\dfrac{S}{U}\right)^{\frac{-\gamma}{\tau}}$，即 $\dfrac{q_S}{q_U}\dfrac{S}{U}$ 的增加将降低 $\dfrac{P_S}{P_U}$。

当 $\tau < 1$ 时，价格效应占主导，$\dfrac{q_S}{q_U}\dfrac{S}{U}$ 的增加将降低相对创新产品价值，使得技术进步偏向于非技能。

考虑劳动力要素价格时，将式（4-7）、式（4-12）代入式（4-9）可得技术进步外生时技能溢价①为：

$$\frac{\omega_S}{\omega_U} = \frac{P_S Y_S}{P_U Y_U}\frac{U}{S} = \left(\frac{\beta}{1-\beta}\right)^{\frac{1}{\tau(1-\theta)}} \left(\frac{q_S}{q_U}\right)^{\frac{\tau-1}{\tau}} \left(\frac{S}{U}\right)^{\frac{-1}{\tau}} \quad (4-15)$$

通过式（4-15）可以看出，由于市场规模效应，要素的相对价格随着要素相对数量的增加而减少。当 $\tau > 1$ 时，技能劳动的创新产品质量相对于非技能劳动的创新产品质量的增加，将拉大技能溢价。

进一步将技术进步内生化。

首先，研发市场出清条件为研发活动的投入与产出呈正比，即 $\dfrac{\eta_S}{q_S} V_S(\lambda_S q_S) = \dfrac{\eta_U}{q_U} V_U(\lambda_U q_U)$。将研发市场出清条件代入式（4-13）得到均衡下技术进步水平和要素需求侧技能溢价与劳动力市场结构的关系分别为：

$$\begin{cases} \dfrac{q_S}{q_U} = \left(\dfrac{\eta_S(r+z_U)}{\eta_U(r+z_S)}\right)^{\tau} \left(\dfrac{\beta}{1-\beta}\right)^{\frac{1}{1-\theta}} \left(\dfrac{\lambda_S S}{\lambda_U U}\right)^{\tau-1} \\ \dfrac{\omega_S}{\omega_U} = \left(\dfrac{\eta_S(r+z_U)}{\eta_U(r+z_S)}\right)^{\tau-1} \left(\dfrac{\beta}{1-\beta}\right)^{\frac{1}{1-\theta}} \left(\dfrac{\lambda_S}{\lambda_U}\right)^{\frac{(\tau-1)^2}{\tau}} \left(\dfrac{S}{U}\right)^{\tau-2} \end{cases} \quad (4-16)$$

其次，根据我国税收原则可知，高收入水平和低收入水平居民之间的税率存在差距，而本书主要研究的技能溢价普遍是技能劳动力高收入、非技能劳动力低收入，因此有理由认为技能劳动力与非技能劳动力之间的平均税率具有差距。据此，本书模型考虑存在有税收的政府部门，其根据"高收入者多缴税，低收入者少缴税"的原则对技能劳动和非技能劳动者进行收税，假设技能劳动者以税率 $a+t$ 缴税，非技能劳动者以税率 a 缴税。政府的税收全部用于政府支出。同时，本书主要关心技能劳动与非技能劳动之间税率的差距 t 对技能溢价以及技术进步偏向的影响，因此假定

---

① 在本书的后续分析中，提到的技能溢价均指初次分配的技能溢价。

税率 a 给定不变。① 根据以上设定，则家庭效用最大化问题为：

$$L = \ln C + \delta_U \ln U + \delta_S \ln S$$
$$s.t. \ (1-a)\omega_U U + (1-a-t)\omega_S S + rK \geqslant C \quad (4-17)$$

对式（4-17）求一阶条件得到要素供给侧技能溢价与劳动力市场结构的关系式为：

$$\frac{\omega_S}{\omega_U} = \frac{\delta_S(1-a)}{\delta_U(1-a-t)}\left(\frac{S}{U}\right)^{-1} \quad (4-18)$$

将式（4-18）代入式（4-16）得到内生化的技术产品相对质量、劳动市场结构、技能溢价分别为：

$$\frac{q_S}{q_U} = \frac{\delta_S(1-a)}{\delta_U(1-a-t)}\left(\frac{\eta_S(r+z_U)}{\eta_U(r+z_S)}\right)\left(\frac{\lambda_S}{\lambda_U}\right)^{\frac{(\tau-1)}{\tau}} \quad (4-19)$$

$$\frac{S}{U} = \left(\frac{\delta_S(1-a)}{\delta_U(1-a-t)}\right)^{\frac{1}{\tau-1}}\left(\frac{\eta_S(r+z_U)}{\eta_U(r+z_S)}\right)^{-1}\left(\frac{\beta}{1-\beta}\right)^{\frac{1}{(1-\theta)(1-\tau)}}\left(\frac{\lambda_S}{\lambda_U}\right)^{\frac{1-\tau}{\tau}} \quad (4-20)$$

$$\frac{\omega_S}{\omega_U} = \left(\frac{\delta_S(1-a)}{\delta_U(1-a-t)}\right)^{\frac{\tau-2}{\tau-1}}\left(\frac{\eta_S(r+z_U)}{\eta_U(r+z_S)}\right)\left(\frac{\beta}{1-\beta}\right)^{\frac{1}{(1-\theta)(\tau-1)}}\left(\frac{\lambda_S}{\lambda_U}\right)^{\frac{\tau-1}{\tau}} \quad (4-21)$$

通过式（4-19）可知，只要技能劳动力税负增加，就会使得技能劳动的创新产品质量相对于非技能劳动有所增加，而并不取决于其他参数。这主要是由于差距税收使得企业使用技能劳动力的成本相对增加，因此，企业会选择提高技能劳动力的创新产品的质量，以提高其生产率，从而弥补这部分成本。

通过式（4-20）可知，随着对技能劳动税负的增加，即 t 的增大，技能劳动相对于非技能劳动的均衡数量变化取决于二者的替代弹性。当 $\tau > 1$ 时，技能劳动税负的增加导致技能劳动均衡数量的进一步增加；当 $\tau < 1$ 时，技能劳动税负的增加导致技能劳动均衡数量的减少。这主要是由于当 $\tau > 1$ 时，技能劳动税负的增加导致技能劳动创新产品质量的提升，由式（4-14）可知这将引导技术进步偏向于技能，由式（4-15）可知这就使得技能溢价拉伸，因此，要素供给侧的劳动力受高工资的驱使，从

---

① 对于这一点设定的合理性将在第三章数值模拟中做详细分析。

而倾向于提供更多的技能劳动力，使得此时均衡水平下的技能劳动进一步增加。反之亦然。

通过式（4-21）可知，随着对技能劳动税负的增加，即 t 的增加，技能溢价的变化同样取决于二者的替代弹性。当 $\tau > 2$ 或 $\tau < 1$ 时，技能劳动税负的增加导致技能溢价的进一步扩大；当 $1 < \tau < 2$ 时，技能劳动税负的增加将缩小技能溢价。对技能溢价影响的原因将在下一节阐述。

3. 技能溢价以及技能偏向型技术进步与税率差之间的关系

根据对技能偏向型技术进步的定义得到的技术进步技能偏向型指数 Tsc，即式（4-1）、式（4-15）、式（4-19）、式（4-20）、式（4-21），可将技能偏向型技术进步指数以及技能溢价分解为：

$$Tsc = \frac{d\left(\frac{V_S}{V_U}\right)}{dt} \Big/ \frac{V_S}{V_U} = \frac{\tau-1}{\tau}\frac{\dot{q}_S}{q_U}\Big/\frac{q_S}{q_U} + \frac{\tau-1}{\tau}\frac{\dot{S}}{U}\Big/\frac{S}{U} = -\frac{1-\dot{a}-t}{1-a-t}$$

（4-22）

$$\frac{\dot{\omega}_S}{\omega_U}\Big/\frac{\omega_S}{\omega_U} = \frac{\tau-1}{\tau}\frac{\dot{q}_S}{q_U}\Big/\frac{q_S}{q_U} - \frac{1}{\tau}\frac{\dot{S}}{U}\Big/\frac{S}{U} = Tsc - \frac{\dot{S}}{U}\Big/\frac{S}{U} = -\frac{\tau-2}{\tau-1}\frac{1-\dot{a}-t}{1-a-t}$$

（4-23）

如式（4-22）所示，技能偏向型技术进步与税率差之间的关系为：无论 $\tau > 1$ 还是 $\tau < 1$，技能劳动税负的增加都将导致技术进步偏向于技能。

式（4-23）是对技能溢价的分解，右二式第一部分为技术进步偏向效应，第二部分为市场规模效应。因此，税率差距的变化对技能溢价的影响路径主要有两个方面：第一，通过增加技能劳动力的税负，影响技术进步的方向，从而改变技能溢价。具体而言，无论 $\tau > 1$ 还是 $\tau < 1$，技能劳动税负的增加都将导致技术进步偏向于技能。第二，通过直接影响技能劳动力和非技能劳动力的供给来影响技能溢价，从而影响收入差距。正如前文提到的，当 $\tau > 1$ 时，技能劳动税负的增加导致技能劳动创新产品质量的提升，从而拉伸技能溢价，要素供给侧的劳动力由于预见到更高的工资而倾向于提供更多的技能劳动力，因此使得均衡水平下的技能劳动进一步增加，从而减少技能溢价。与之类似，当 $\tau < 1$ 时，技能劳动税负的增加导致技能劳动供给的减少，从而拉伸技能溢价。二者的合力决定技能溢价的变动方向：当 $\tau \geq 2$ 或 $0 \leq \tau < 1$ 时，技能劳动相对税负的增加导致技

能溢价的进一步扩大；当 $1 \leqslant \tau < 2$ 时，技能劳动相对税负的增加将缩小技能溢价。这与 Acemoglu（2002）研究提出的强引致偏向和弱引致偏向是一致的。如表4-6所示。

表4-6 技术进步偏向和技能溢价与税率差值的变动情况

τ	$[0, 1)$	$[1, 2)$	$[2, \infty)$
T_{sc}	+	+	+
$\dfrac{\tau-1}{\tau}\dfrac{\dot{q}_S}{q_U}\Big/\dfrac{q_S}{q_U}$	−	+	+
$\dfrac{\tau-1}{\tau}\dfrac{\dot{S}}{U}\Big/\dfrac{S}{U}$	+	+	+
$\dfrac{\dot{W}_S}{W_U}\Big/\dfrac{W_S}{W_U}\ or\ UR$	+	−	+
T_{sc}	+	+	+
$-\dfrac{\dot{S}}{U}\Big/\dfrac{S}{U}$	+	−	−

4. 城乡收入差距与税率差之间的关系

马红旗（2017）的研究表明我国技能分布存在较大的差距，以高中学历为技能劳动力和非技能劳动力的分界线，虽然2000—2010年农村技能劳动力占比有所增加，但城镇中技能劳动力仍然占全部技能劳动力90%左右，同时，农村非技能劳动力占全部非技能劳动力的80%左右。我国技能劳动力主要分布在城镇地区，而非技能劳动力集中在农村地区，因此，个人所得税通过影响技能溢价从而作用于城乡收入差距。借鉴马红旗（2017）的做法，假设城镇中技能劳动力占城镇全部劳动力 λ，非技能劳动力占城镇全部劳动力 $(1-\lambda)$，农村中技能劳动力占城镇全部劳动力 κ，非技能劳动力占城镇全部劳动力 $(1-\kappa)$，则城乡收入差距为：

$$UR = \frac{R_u}{R_r} = f\left(\frac{W_S}{W_U}\right) = \frac{[\lambda W_S + (1-\lambda)W_U]}{[\kappa W_S + (1-\kappa)W_U]}$$
$$= \frac{[\lambda W_S/W_U + (1-\lambda)]}{[\kappa W_S/W_U + (1-\kappa)]} = \frac{\psi_1}{\psi_2} \quad (4-24)$$

由式（4-24）得到：

$$\psi_1 - \psi_2 = f\left(\frac{W_S}{W_U}\right) = (\lambda - \kappa)\left(\frac{W_S}{W_U} - 1\right) \qquad (4-25)$$

通过式（4-25）可知，城乡收入差距由城乡间技能劳动的占比差和技能溢价同时决定，由于城镇技能劳动占比大于农村技能劳动占比，即 $\lambda > \kappa$，城乡收入差距随着技能溢价的增加而扩大。也就是说，城乡收入差距与技能溢价是正比关系。由于缺乏城乡劳动力中技能劳动力占比的数据，因此，在数值模拟中仅分析税收差距对技能溢价的影响，影响方向与城乡收入差距一致。

结合式（4-23）和式（4-25）可知，个人所得税对城乡收入差距的影响路径主要有两个方面：第一，个人所得税通过增加技能劳动力的税负，影响技术进步的方向，从而通过对技能溢价进一步影响城乡收入差距。具体而言，当 $\tau > 1(\theta > 0)$ 时，技能劳动税负的增加导致技术进步偏向于技能，从而降低技能溢价；当 $\tau < 1(\theta < 0)$ 时，技能劳动税负的增加导致技术进步偏向于非技能，从而拉伸技能溢价。第二，个人所得税通过直接影响技能劳动力和非技能劳动力的供给来影响技能溢价，从而影响城乡收入差距。当 $\tau > 1(\theta > 0)$ 时，技能劳动税负的增加导致技能劳动供给的进一步增加，从而拉伸技能溢价；当 $\tau < 1(\theta < 0)$ 时，技能劳动税负的增加导致技能劳动供给的减少，从而减少技能溢价。二者的合力决定技能溢价的涨跌和城乡收入差距的增加和缩小。最后，可以看出，当 $\tau > 2$ 或 $\tau < 1$ 时，技能劳动税负的增加导致技能溢价的进一步扩大，从而增大了城乡收入差距；当 $1 < \tau < 2$ 时，技能劳动税负的增加将缩小技能溢价，有利于城乡收入差距的缩小，如表4-6所示。

（二）数值模拟

理论模型结果显示，差距税收对技能溢价的作用方向和大小主要受到经济结构（劳动力之间的替代弹性以及技术发挥效率）的影响，因此，本书使用数值模拟的方法考察经济结构如何影响差距税收对技能溢价的作用。

1. 参数校准

结合式（4-22）、式（4-23）以及表4-6可以看出：差距税收对技能溢价的作用方向主要受到参数 τ 的影响。前文提到参数 τ 为技能劳动力和非技能劳动力替代弹性 θ 和技术产品在实际中发挥效率参数 γ 的函数。目前，还没有与参数 γ 的数值相关的文献，也无法使用数据进行估算，因此，本节的数值模拟主要考虑参数 γ 的不同取值对本书理论模型结果的影响。

首先对参数 θ 进行校准，替代弹性参数 θ 的取值参考潘文卿等（2017）的估算结果，我国 30 个省（直辖市、自治区）的替代弹性参数 θ 的校准值见表 4-7。由参数 τ 的表达式和表 4-7 可知，由于替代弹性参数 θ 都是小于 0.5 的，而且定义的参数 γ 小于 1，因此，在我国 30 个省（直辖市、自治区）中不会出现 $\tau>2$ 的情况。

对参数 a 和 t 的校准使用 2019 年各省非技能劳动力和技能劳动力的平均工资进行计算，即分别使用农林牧渔业和制造业的平均工资作为非技能劳动力和技能劳动力平均工资的指标，然后使用 2018 年的个人所得税税收方法①计算技能劳动力和非技能劳动力的平均税率。如表 4-7 所示，30 个省（直辖市、自治区）中有 23 个省（直辖市、自治区）的非技能劳动力平均税率为 0，用相同方法计算得到全国的非技能劳动力工资的平均税率也为 0，说明本次税率改革后几乎没有对非技能劳动力的工资性收入征税，在整体减税的基础上，可以预见未来非技能劳动力工资的平均税率仍为 0。因此，本书认为非技能劳动力的平均税率 a 给定不变是可信的。

表 4-7 参数校准

省（直辖市、自治区）	θ	a	t	省（直辖市、自治区）	θ	a	t
北京	-0.155	0.0110	0.0276	河南	0.039	0	0
天津	-0.181	0.0020	0.0084	湖北	-0.139	0	0.0046
河北	0.157	0	0.0038	湖南	0.166	0	0.0044
山西	0.133	0	0	广东	-0.142	0	0.0072
内蒙古	0.060	0	0.0061	广西	-0.192	0	0.0027

---

① 2018 年改革后的个人所得税制从 2019 年 1 月 1 日起施行，因此，本书的数值模拟使用 2019 年的数据。个人所得税规定的应纳税所得额为以每一纳税年度的收入额减除费用 6 万元以及专项扣除、专项附加扣除和依法确定的其他扣除后的余额。本书仅考虑工资性收入，而且鉴于数据的可得性，故简化计算，不再考虑专项扣除、专项附加扣除和依法确定的其他扣除。本书在数值模拟计算税率时仅将工资性收入减除费用 6 万元作为应纳税所得额。

续表 4-7

省（直辖市、自治区）	θ	a	t	省（直辖市、自治区）	θ	a	t
辽宁	0.169	0	0.0054	海南	-0.244	0	0.0053
吉林	-0.043	0	0.0082	四川	0.249	0.0023	0.0032
黑龙江	-0.233	0	0.0040	贵州	-0.186	0	0.0076
上海	-0.121	0	0.0319	云南	-0.350	0	0.0062
江苏	-0.312	0	0.0092	西藏	-0.215	0.0006	0.0096
浙江	-0.232	0.0070	0.0004	陕西	0.065	0.0010	0.0043
安徽	0.085	0	0.0045	甘肃	0.214	0	0.0054
福建	-0.133	0	0.0049	青海	0.059	0	0.0052
江西	-0.134	0	0.0019	宁夏	0.126	0	0.0050
山东	0.193	0.0030	0.0010	新疆	-0.248	0	0.0068

2. 数值模拟

取不同的技术产品发挥效率参数值 γ，并将表 4-7 校准的参数代入式（4-23），可得到在不同的技术产品发挥效率下，技能劳动相对于非技能劳动力的税率每增加 1% 对技能溢价的作用方向和大小。其中，山西和河南的税收差距为 0，由于在下面分析中不考虑税收差距为 0 的情况，因此剔除这两个省，结果如表 4-8 所示。差距税收仅对全国 40% 的省份的初次分配的技能溢价有缓解作用，且加剧了全国 60% 的省份初次分配的技能溢价。

表 4-8 数值模拟结果

省（直辖市、自治区）	技能溢价的影响结果（%）								
	$\gamma=0.1$	$\gamma=0.2$	$\gamma=0.3$	$\gamma=0.4$	$\gamma=0.5$	$\gamma=0.6$	$\gamma=0.7$	$\gamma=0.8$	$\gamma=0.9$
北京	2.169	1.099	0.742	0.564	0.457	0.385	0.334	0.296	0.267
天津	0.565	0.287	0.194	0.148	0.120	0.101	0.088	0.078	0.070
河北	-0.202	-0.099	-0.065	-0.048	-0.037	-0.031	-0.026	-0.022	-0.019
内蒙古	-0.960	-0.477	-0.316	-0.235	-0.187	-0.155	-0.132	-0.115	-0.101

续表 4-8

省（直辖市、自治区）	技能溢价的影响结果（%）								
	$\gamma=0.1$	$\gamma=0.2$	$\gamma=0.3$	$\gamma=0.4$	$\gamma=0.5$	$\gamma=0.6$	$\gamma=0.7$	$\gamma=0.8$	$\gamma=0.9$
辽宁	-0.263	-0.129	-0.084	-0.062	-0.048	-0.039	-0.033	-0.028	-0.024
吉林	2.023	1.016	0.680	0.512	0.411	0.344	0.296	0.260	0.232
黑龙江	0.215	0.110	0.074	0.057	0.046	0.039	0.034	0.030	0.027
上海	3.083	1.558	1.050	0.796	0.643	0.541	0.469	0.414	0.372
江苏	0.398	0.203	0.139	0.106	0.087	0.074	0.065	0.058	0.052
浙江	0.021	0.011	0.007	0.006	0.005	0.004	0.003	0.003	0.003
安徽	-0.477	-0.236	-0.156	-0.116	-0.092	-0.076	-0.064	-0.056	-0.049
福建	0.424	0.214	0.144	0.110	0.089	0.075	0.065	0.057	0.051
江西	0.161	0.082	0.055	0.042	0.034	0.028	0.025	0.022	0.020
山东	-0.039	-0.019	-0.012	-0.009	-0.007	-0.006	-0.005	-0.004	-0.004
湖北	0.384	0.194	0.131	0.099	0.080	0.068	0.059	0.052	0.047
湖南	-0.220	-0.108	-0.070	-0.052	-0.040	-0.033	-0.028	-0.024	-0.020
广东	0.595	0.301	0.203	0.154	0.125	0.105	0.091	0.081	0.073
广西	0.168	0.085	0.058	0.044	0.036	0.030	0.026	0.023	0.021
海南	0.280	0.143	0.097	0.074	0.060	0.051	0.045	0.040	0.036
四川	-0.095	-0.046	-0.029	-0.021	-0.016	-0.013	-0.011	-0.009	-0.008
贵州	0.494	0.251	0.170	0.129	0.105	0.089	0.077	0.068	0.062
云南	0.247	0.126	0.086	0.066	0.054	0.046	0.041	0.036	0.033
西藏	0.559	0.285	0.193	0.147	0.120	0.101	0.088	0.078	0.071
陕西	-0.625	-0.310	-0.205	-0.153	-0.121	-0.101	-0.086	-0.074	-0.066
甘肃	-0.193	-0.094	-0.061	-0.044	-0.034	-0.028	-0.023	-0.019	-0.017
青海	-0.823	-0.409	-0.271	-0.202	-0.160	-0.133	-0.113	-0.098	-0.087
宁夏	-0.346	-0.171	-0.112	-0.083	-0.065	-0.053	-0.045	-0.039	-0.034
新疆	0.350	0.178	0.121	0.093	0.075	0.064	0.056	0.050	0.045

从作用的方向来看，正如理论模型分析的结果所示：对于替代弹性参数 $\theta<0$ 的省（直辖市、自治区）来说，例如北京、上海，技能劳动力与非技能劳动力税收差距的增加将进一步加剧技能溢价；对于替代弹性参数 $\theta>0$ 的省（直辖市、自治区）来说，例如河北、湖南，技能劳动力与非技能劳动力税收差距的增加将会缓解技能溢价。也就是说，当劳动力之间是相互替代的时候，差距税收才会有利于降低技能溢价。

从作用的大小来看，首先，给定参数 θ，考虑技术产品发挥效率对作用大小的影响，如图 4-8 所示。对于替代弹性参数 $\theta<0$ 的省（直辖市、自治区）来说，以北京为例，技术产品的发挥效率越高，即 γ 越小，差距税收对技能溢价的加剧效果更大；对于替代弹性参数 $\theta>0$ 的省（直辖市、自治区）来说，以河北为例，技术产品的发挥效率越高，即 γ 越小，差距税收对技能溢价的缓解效果更大。总体来说，差距税收的作用大小随着技术产品发挥效率的降低而降低。这说明，当替代弹性参数 $\theta>0$，即技能劳动力与非技能劳动力相互替代时，增加技术产品的发挥效率有利于差距税收降低技能溢价；相反，当替代弹性参数 $\theta<0$，即技能劳动力与非技能劳动力互补时，增加技术产品的发挥效率将会拉大技能溢价。

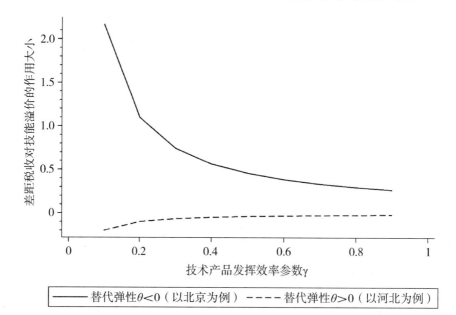

图 4-8 在给定替代弹性的情况下，对不同技术发挥效率的影响

然后，给定参数 γ，考虑替代弹性参数 θ 对作用大小的影响，以 $\gamma = 0.5$ 为例，如图 4-9 所示。当替代弹性参数 $\theta < 0$ 时，替代弹性参数的增加会使得差距税收对技能溢价的加剧效果更大；当替代弹性参数 $\theta > 0$ 时，替代弹性参数的增加会使得差距税收对技能溢价的减弱作用更小。简而言之，当替代弹性参数越趋向于 0，即技能劳动与非技能劳动是单位替代弹性时，差距税收的作用最明显。这说明，当替代弹性参数 $\theta > 0$，即技能劳动力与非技能劳动力相互替代时，替代弹性越大，越不利于差距税收降低技能溢价；相反，当替代弹性参数 $\theta < 0$，即技能劳动力与非技能劳动力互补时，替代弹性越大，越会拉伸技能溢价。

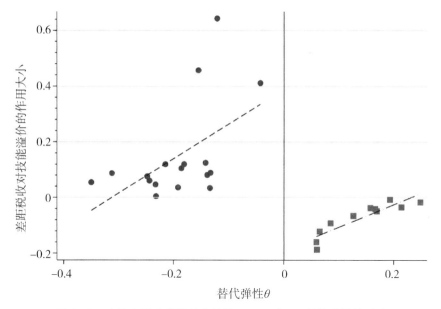

图 4-9 在给定技术发挥效率的情况下，对不同替代弹性的影响

结合图 4-8 和图 4-9 的分析可知，实行差距税收将在替代弹性参数 $\theta > 0$，但又趋近于 0，而且技术产品发挥效率参数 γ 越小时，发挥越大的缩小技能溢价的作用。也就是说，劳动力相互替代，并趋向于单位替代弹性，并且技术产品发挥效率越高时，实行差距税收越有利于缩小技能溢价。

(三) 综合分析

本节主要回答了差距税收是否可以缓解技术偏向带来的技能溢价或城乡收入差距这一问题。以往文献普遍关注"有效市场"如何解决技术溢价产生的收入不平等，鲜有文献关注政府是否会影响技术溢价产生的收入不平等，本书填补了这方面的理论空白。

具体而言，本节在以往技术进步偏向和内生技术进步理论模型的基础上，加入了实行差距税收的政府部门，考虑了供需两侧五大部门，理论分析的结果发现：第一，税收差距对技能溢价或城乡收入差距的影响主要通过两个渠道，一是通过影响技术进步偏向影响技能溢价或城乡收入差距，二是通过影响劳动力市场结构影响技能溢价或城乡收入差距。第二，政府税收制度造成的税收差距总会引致技术进步偏向技能劳动力，而与经济的结构无关。第三，政府税收制度造成的税收差距对技能溢价或城乡收入差距的影响主要受到经济结构——技能劳动力和非技能劳动力替代弹性以及技术在实际中发挥的效率的影响。

为了进一步探究什么样的经济结构可以使差距税收对技能溢价或城乡收入差距的缩小作用发挥得更好，本书用数值模拟的方法进行了进一步的分析，结果表明：第一，目前我国的经济结构不会出现类似于强引致偏向的现象。第二，我国40%的省（直辖市、自治区）的劳动力之间是替代关系，差距税收对初次分配的技能溢价有降低的作用，相反，我国60%的省（直辖市、自治区）的劳动力之间是互补关系，差距税收加剧了初次分配的技能溢价。第三，当劳动力相互替代，并趋向于单位替代弹性，而且技术产品发挥的效率更高，接近于1时，差距税收对技能溢价的缩小效果最好。

在工资收入差距进一步加剧的情况下，进一步拉大平均税收差距要酌情而定。差距税收是有利于技术进步的，可以引导偏向于技能的高端技术升级。不过，值得注意的是，差距税收对初次分配技能溢价或城乡收入差距的降低作用仅在劳动力之间是相互替代时才会产生；当劳动力之间是互补时，差距税收不仅不会在初次分配中降低溢价或城乡收入差距，还会加剧初次分配的收入差距。所以，在劳动力之间互补的省（直辖市、自治区），差距税收对初次分配技能溢价或城乡收入差距的拉伸作用，可能会抵消掉一部分其在再分配中对技能溢价或城乡收入差距的缩小作用。

三、小结

本节的创新点在于:其一,首次在技术进步偏向模型中加入了政府部门这只"看不见的手",关注其对技能劳动力和非技能劳动力实行差距税收。其二,研究了这种为实现再分配公平而实行的差距税收怎样通过技术溢价对初次分配的技能溢价或城乡收入差距产生影响。结果发现,差距税收不仅可以在一定经济结构下通过技术偏向缓解初次分配的技能溢价或城乡收入差距,而且有利于技术偏向技能。其三,通过数值模拟的方式揭示出这种差距税收在何种经济结构下的作用更明显。这将为未来差距税收政策的制定提供一些参考。

❋ 本章小结 ❋

本章主要介绍在现代市场经济体系下,市场双重主体根据市场规则进行资源配置,从而使区域经济的发展呈现三大定律——二八效应集聚律、梯度变格均衡律和竞争合作协同律。二八效应集聚律是梯度变格均衡律的基础,梯度变格均衡律是二八效应集聚律的进阶表现,二者都是客观呈现的发展规律,而竞争合作协同律则是二八效应集聚律和梯度变格均衡律的必然产物,是区域政府行为的发展规律。

二八效应集聚律是二八定律在中观经济学中的具体运用。二八效应集聚律不仅表现在企业竞争层面,还表现在区域层面。企业层面是区域层面的微观基础,区域层面是企业层面的中观表现。因此,二者既有联系,又有所不同,具体表现为三大特征:一是企业竞争与区域政府竞争同生同长;二是企业竞争与区域政府竞争的发展轨迹不同;三是企业竞争与区域政府竞争的结果最终都符合二八效应集聚律。本书将二八效应集聚律产生的原因归结为资源在市场机制下的优化配置,其中既包括在资源稀缺的情况下,企业竞争使得资源优化配置,也包括在资源生成的情况下,区域政府竞争生成性资源的优化配置。资源稀缺是二八效应集聚律产生的基础,资源生成是二八效应集聚律持续保持的原动力。

梯度变格均衡律是从资源生成的角度对企业竞争和区域政府竞争的区域经济规律的总结,共分为三个阶段:第一阶段是区域发展从产业经济扩展到城市经济,对应着竞争型经济增长由要素驱动阶段过渡到投资驱动阶

段的过程；第二阶段是区域发展中生成性资源的均衡，对应着投资驱动阶段过渡到创新驱动阶段；第三阶段是区域内产业经济、城市经济和民生经济的整体均衡，对应着创新驱动阶段过渡到共享驱动阶段。以时间节点来看，梯度变格均衡律的横向表现即为各区域的发展处于不同的阶段；从历史的角度来看，梯度变格均衡律的纵向表现即为一个区域发展阶段的递进。不同于以往文献认为不同地区所处发展阶段不同是不平衡发展的表现，中观经济学将其定义为梯度变格的均衡。梯度变格均衡律与二八效应集聚律产生的原因类似：在某一时间节点，之所以各区域所处阶段不同，主要是因为其先天禀赋的差异，但是，从历史的角度来看，之所以各区域梯度递进速度有差异，主要是因为区域政府的竞争力存在差异。

竞争合作协同定律是指区域间存在梯度结构性差异，区域政府根据差异优势互补，相互竞争合作的过程。本书进一步将竞争合作协同律区分为广义和狭义两种：狭义竞争合作协同律是相对静态的概念，指在一个时间节点上，根据区域间梯度的差异进行合作协同的过程；广义竞争合作协同律是相对动态的概念，指从历史的角度出发，区域政府在进行合作协同的同时，要更加注重竞争的协同。不管是广义还是狭义的竞争合作协同律，都应该遵循规则协同性、政策协同性和创新协同性。虽然理论上竞争合作协同律的实现路径是"规则协同性—政策协同性—创新协同性"，但在实践中，竞争合作协同律的实现路径并不总是与理论相符，这主要取决于区域政府是否有上一级政府的约束。竞争合作协同律产生的客观原因是区域间存在梯度差异，其根本原因是区域政府竞争。

本书提到的三大定律与比较优势理论有相似之处，也有相异之处。首先，横向上的梯度变格均衡律和狭义上的竞争合作协同律与比较优势理论是一致的，即都强调在贸易的基础上，各区域应该根据各自的比较优势和规模经济效应，相互合作，实现梯度的均衡。梯度变格均衡律和竞争合作协同律与比较优势理论最大的不同点在于前者有相对动态的概念。纵向上的梯度变格均衡律和广义上的竞争合作协同律都强调在梯度存在的前提下，区域政府应该有所作为，增强竞争力，不断生成资源，创造比较优势，实现竞争的协同，推动区域更快更好地实现梯度的递进。因此，本书提到的有为政府不仅是市场经济的维护者，更是市场经济的参与者，通过生成资源来创造经济增长的新引擎，推动区域经济的发展。

从区域政府的角度进行分析，不同层面上的区域政府在现实中的梯度变格均衡律的发展阶段会有所差异，这主要源于区域政府在政治制度、文化历史方面的差异。不同层面上的区域政府在现实中的竞争合作协同律的发展阶段也会有所差异，这主要取决于所考虑层面的区域政府是否有上一级政府的约束。

思考讨论题

1. 请阐述二八效应集聚律。
2. 请分别列举二八效应集聚律在企业竞争和区域政府竞争中的实例。
3. 请阐述二八效应集聚律的三大特征。
4. 请阐述二八效应集聚律产生的原因。
5. 请尝试从其他角度解释二八效应集聚律产生的原因。
6. 请思考二八效应集聚律在市场上还有哪些表现。
7. 请阐述梯度变格均衡律。
8. 请列举梯度变格均衡律的三个阶段。
9. 请阐述梯度变格均衡律的纵向特征。
10. 请阐述梯度变格均衡律的横向特征。
11. 请阐述梯度变格均衡律的三个阶段对应竞争型经济增长的哪几个阶段。
12. 请根据现实列举符合梯度变格均衡律纵向特征的实例。
13. 请根据现实列举符合梯度变格均衡律横向特征的实例。
14. 请阐述梯度变格均衡律产生的原因。
15. 请对比梯度变格均衡律与比较优势理论。
16. 请阐述竞争合作协同律。
17. 请列举竞争合作协同律的实例。
18. 请阐述竞争合作协同律的三大特征。
19. 请阐述竞争合作协同律产生的原因。
20. 请思考竞争合作协同律在市场上还有哪些表现。
21. 请阐述静态竞争合作协同律和动态竞争合作协同律的定义。
22. 请阐述共同富裕的定义和实现路径。
23. 请阐述为何选择浙江作为共同富裕示范区。
24. 请尝试使用模型分析各类实现路径的经济机制。

第五章　企业竞争与区域政府竞争构成现代市场经济双重驱动力

在中观经济学视角下，企业和区域政府是现代市场经济体系的双重竞争主体。在微观经济学视角下，企业是市场的供给侧，是主要的竞争主体，区域政府是市场之外的"守夜人"。而中观经济学则在资源生成的基础上，一方面提出了区域政府具有双重属性，因而区域政府在生成性资源领域存在竞争；另一方面，将市场拓展到生成性资源领域，因此将区域政府作为一类市场竞争主体引入现代市场经济体系。

企业和区域政府均在市场机制的作用下参与竞争，实现资源的最优配置。中观经济学虽然将区域政府作为一类市场竞争主体引入现代市场经济体系，但这不是计划经济，所以区域政府的竞争不能违背市场经济决定资源配置的基本原则。在微观经济学视角下，企业竞争是在资源稀缺条件下优化资源配置；而在中观经济学视角下，企业竞争和区域政府竞争是在资源生成条件下优化资源配置。

企业竞争和区域政府竞争共同驱动区域经济的可持续发展。可经营性资源依旧是市场经济的基础领域，企业竞争依旧是经济发展的基础。在中观经济学视角下，将市场经济扩展到资源生成领域，区域政府作为生成性资源领域的竞争主体，同样驱动经济的发展。其中，区域政府在资源生成条件下优化资源配置，就需要政府的超前引领，从而构建经济新引擎。

第一节　微观经济在资源稀缺条件下优化资源配置

微观经济学研究的主体是单个经济个体或部门，主要研究内容是在资源稀缺条件下如何决定资源配置，研究目标函数是单个经济个体或部门的利益或者效用，由此形成的理论主要有需求理论、生产理论、消费品和生产要素均衡价格理论、完全竞争市场和不完全竞争市场理论、一般均衡理论、博弈论、市场失灵理论等。从微观经济学的研究主体和主要研究内容可以看出，微观经济学研究的是理想市场情况下的经济运行问题。因此，微观经济学对学习者的指引是：了解和把握微观经济运行规律，有效实施企业管理和改革创新。其中最重要的是，微观经济学回答了如何在资源稀缺条件下优化资源配置，这一点是微观经济学研究的基础，也已被学界普遍接受。

本节主要对已有研究进行归纳和总结，目的是通过对微观经济学研究思路、方法的回顾和总结，为本章第二节"中观经济在资源生成基础上的资源配置"研究做铺垫。由于中观经济学最主要的观点是对区域政府的属性和作用进行重新的审视，因此，本节最后着重强调了区域政府在微观经济中的作用，目的是与中观经济学的理论进行对比分析。

一、微观经济学的主要研究内容

首先，微观经济学的研究范畴集中在可经营性资源领域。在经济学的发展过程中，对产品或者资源的划分都是一分为二的，一类是具有排他性和竞争性的商品，一类是具有非排他性和非竞争性的公共品。其中，商品因为具有排他性和竞争性，所以可以交给市场实现资源的有效配置；而公共品因为具有非排他性和非竞争性，所以市场是失灵的，需要政府充当公共品的提供者。微观经济学研究的是市场机制，因此，具有排他性和竞争性的商品是微观经济学的主要研究领域。本书将资源分为可经营性资源、准经营性资源和非经营性资源三类，实质上是对公共品的分类进行了反思。也就是说，可经营性资源对应着具有排他性和竞争性的商品，准经营性资源和非经营性资源对应着非排他性和非竞争性的公共品。然而，在现实中，公共品的参与和经营并不总是政府的行为，中观经济学将这一类处于"灰色地带"的资源类型定义为准经营性资源。中观经济学虽然将资源类型由两类扩展为三类，但是没有改变对微观经济的研究范畴的定义和分类。根据中观经济学对资源类型的分类标准和命名，微观经济学的研究范畴集中在可经营性资源领域。

其次，微观经济在资源稀缺条件下优化资源配置，实质追求的是效率。微观经济学的研究对象是个体行为人，例如个体消费者、个体厂商等。在个体行为基础上，构建总的经济运行均衡结果，构成了微观经济学

的整体研究内容。在第一章中,我们提到,微观经济学需要回答的基本问题是:生产什么?生产多少?如何生产?何时何地生产?为谁生产?从这个角度来看,微观经济学的核心内容主要包括四大方面:消费理论,用来回答生产什么以及生产多少;生产理论,用来回答如何生产以及何时何地生产;分配理论,用来回答为谁生产;均衡理论以及市场失灵理论。

由于 Andreu Mas-Colell、Michael D. Whinston 和 Jerry R. Green 的《微观经济理论》是现在主流的微观经济学教材,因此,在此根据该书的结构,重新厘清微观经济学的理论框架。其主要包括五个部分:第一部分介绍的是个体的决策,包括消费和生产,以及不确定性下的个体决策;第二部分是博弈论,即多个决策者的相互影响;第三部分是市场均衡,主要介绍的是局部均衡以及市场失灵;第四部分是一般均衡;第五部分是福利经济学,也就是将个人的决策扩展到整个社会。

二、微观经济学的主要研究方法

微观经济学的研究方法主要包括:实证分析与规范分析方法;均衡分析和边际分析方法;静态分析和动态分析方法;经济模型。首先,实证分析方法包括定性分析和定量分析,是数据驱动的分析方法,以现实经济发展产生的客观数据为基础,研究经济变量之间的相关或者因果关系;与此对应的规范分析方法则含有主观成分,不仅是对客观经济规律的分析,而且与一个国家的价值取向和意识形态相结合,为经济问题提供标准,为经济政策提供依据。其次,均衡分析来源于帕累托最优的定义,即在外部条件给定的情况下,每个个体的决策都是相容的,每个人都没有动机改变现有的决策。边际分析方法可以概括为个体通过边际成本、边际收益、边际效益来进行决策。静态分析和动态分析都是研究均衡状态的方法,静态分析是指给定变量的均衡分析,动态分析是指两个均衡状态之间的变化过程,其中还有比较静态分析,是指改变某一变量后比较两个均衡状态的不同,并不考虑两个均衡状态的变化过程。最后,经济模型是用数学建模的方法来刻画经济现象。其中,最核心的就是边际分析方法。边际分析方法体现了市场机制的作用表现,即在资源稀缺条件下,充分利用资源,提高效率,实现资源的有效配置。边际学派起源于19世纪70年代,并很快被应用到资产阶级经济学当中。① 到目前为止,边际分析方法依旧是经济学研究最主要的方法之一。

三、区域政府在微观经济中的作用

无论是微观经济学还是宏观经济学,对政府的定义都是模糊的。也就是说,没有区分中央政府和区域政府。因此,在微观经济学提到的是"政府"这一相对较大的概念。微观经济学在研究政府的作用时,是站在市场主体的角度上的,因此,对于社会上的供给侧和需求侧主体来说,区域政府和中央政府没有本质的差别,都代表了国家的公信力。而宏观经济学提到的政府更多是中央政府,故而中央政府通过财政政策和货币政策调控宏观经济。

政府在微观经济中的作用就是"守夜人",即做市场做不了的事。但是,微观经济学提到的市场失灵,仅仅是根据市场机制是否能发挥作用来定义的。因此,政府最典型的作用就是提供市场无法配置的公共品,以此来满足大众对这类商品的需求。

反映在模型的构建上,政府的行为大多都被当作外生的干扰因素。这一模型构建也主要源于大家对政府干预的误解,即误认为政府的干预必然会打破市场经济运行规律。实际上,从中观经济学的角度出发,区域政府是市场的竞争主体,也会根据市场机制配置资源。因此,从模型的角度出发,可以将政府的行为内生于模型的构建当中。

四、小结

本节主要介绍了微观经济学的研究内容和研究方法,目的是总结现有研究,为本书主要阐述的中观经济研究做铺垫。无论从何种角度进行总结,微观经济学需要回答的基本问题是:生产什么?生产多少?如何生产?何时何地生产?为谁生产?微观经济学的研究方法主要包括:实证分析与规范分析方法;均衡分析和边际分析方法;静态分析和动态分析方法;经济模型。

类比微观经济学的研究内容,可将中观经济学的研究内容总结为:生成什么资源?生成多少资源?怎样生成资源?为谁生成资源?进一步,我们可以将微观经济学的研究方法引申到生成性资源领域,尤其是边际分析依旧是回答生成多少资源最核心的方法。

---

① 姚开建:《经济学说史》,中国人民大学出版社2016年版,第221页。

第二节 中观经济在资源生成基础上优化资源配置

中观经济学的研究主体是区域经济发展单位（区域政府），研究的主要内容是在资源生成基础上的资源配置问题，研究的目标函数是区域政府财政收入，由此形成的理论主要有资源生成理论、政府双重属性理论、区域政府竞争理论、四阶段资源配置理论、政府超前引领理论、经济新引擎理论、市场竞争双重主体理论和成熟市场经济"双强机制"理论等。从中观经济学的研究主体和主要研究内容可以看出，中观经济学主要研究的是区域政府如何在市场经济中发挥更好的作用。因此，中观经济学对学习者的指引是：确立科学的执政理念，制定科学的执政政策及其政策工具选择，推动经济可持续发展。

其中，如何在资源生成基础上优化资源配置是中观经济学研究的核心问题。首先，中观经济学的研究范畴是资源生成领域。其次，类似微观经济学的核心问题，区域政府在资源生成基础上配置资源，需要回答的问题是：生成什么资源？生成多少资源？怎样生成资源？为谁生成资源？最后，区域政府在中观经济中的作用不仅是"守夜人"和干预者，还是市场经济的维护者和参与者。

本节最主要提出了中观经济学需要回答的核心问题以及主要的研究思路，并尝试从某一个角度入手，为问题的解答提供一个可行的方法。但是，本节提出的模型和研究思路并不是解决问题的唯一方法。中观经济在资源生成基础上优化资源配置，是中观经济学的主要创新点和突破点。虽然在理论上，中观经济学已经提出了相应的概念和理论基础，但是在实证上，模型构建和计量分析研究依旧在路上。希望读者通过本章的学习，可以了解解决问题的基本思路，以开拓更加契合完善的模型，回答资源生成基础上的资源配置问题。

一、中观经济学的主要研究内容

在介绍中观经济学的主要研究内容之前，我们先来回顾一下现有研究。中观经济资源调配的主体是区域政府，因此，我们从区域政府竞争的角度对现有观点进行回顾和总结。现有文献对区域政府竞争的研究可以概括为两个方面：一是区域政府竞争的作用，二是区域政府竞争的机制。

区域政府竞争的作用主要有两个方面。一是区域政府竞争是区域经济发展的动力。区域政府竞争的主要目的是促进区域经济的发展，实际上，学者的研究结果也是如此。目前，对区域政府竞争的研究主要是基于某一个具体的方面，如资本税的竞争、税收竞争、人才竞争、财政竞争、基础设施竞争等。二是区域政府的"非理性竞争"不利于经济的发展，会造成基础设施的过度建设。如案例2-3提到的过度建设下的"空城"和负债下的烂尾景区，以及地方保护主义、地方债务的膨胀，等等。实际上，从总量上来看，区域政府竞争必然导致区域经济的发展，但从结构上来看，区域政府竞争在结构上的非理性才是产生不利影响的根本原因。而中观经济学主要回答的就是这类结构性问题。

区域政府竞争的机制研究主要有两个方向：一是经济激励机制，二是政治激励机制。由于财政分权制度的确立，区域政府获得了一定的自由度和经济激励机制。也就是说，区域政府由于在区域经济发展上有一定的自由权，可以通过一些政策竞争促进经济的发展，从而增加财政收入。从区域政府官员自身的角度来说，区域经济的发展会增加其个人的收入，这也将激励其积极参与区域政府间的竞争。而从政治激励的角度来看，区域经济的发展是官员升迁的一个重要评价和考核标准，因此会存在"晋升锦标赛"激励区域政府官员积极参与区域间竞争。对此，也有学者提出区域政府在参与竞争时体现出经济和政治的双重属性。

下面介绍中观经济学主要研究的问题。在资源生成基础上优化资源配置，需要回答的问题是：生成什么资源？生成多少资源？怎样生成资源？为谁生成资源？其中，最核心的问题就是：生成多少资源？怎样生成资源？

要想回答上述问题，首先需要明确中观经济学的研究范畴主要集中在资源生成领域。广义来讲，生成性资源包括可经营性资源、准经营性资源和非经营性资源；狭义来讲，生成性资源主要包括准经营性资源。准经营性资源被定义为公共品，但在现实中并不总是由政府提供，是处于"灰色地带"的资源。对这类资源如何进行资源配置，才能既保障公平，又提高效率？可经营性资源和非经营性资源实际上对应着微观经济的商品和公共品，这类资源如何配置，是微观经济学需要回答的核心问题。因此，狭义的生成性资源——准经营性资源才是中观经济学研究的核心范畴。其中，准经营性资源又分为原生性资源、次生性资源和逆生性资源三类。现实中，区域政府对这三类资源争夺的案例比比皆是。例如，对原生性资源的争夺，近年来各国对太空的探索虽然还处于起步阶段，但是关于未来的太空资源如何配置的问题，必将进入各国的主要议程；对次生性资源的争夺，前文列举了"高铁争夺战"的案例，其实质就是次生性资源如何配置的问题；对逆生性资源的管理，对环境的污染是经济发展无法避免的阵痛，如何有效地减少逆生性资源的产生，微观经济学的外部性理论已经给出了解决方案，即产权的明晰。2021年7月16日，我国的碳排放交易在上海环境能源交易所正式启动，首批参与全国碳排放权交易的发电行业重点排放单位超过2162家，这些企业碳排放量超过40亿吨二氧化碳，意味着中国的碳排放权交易市场将成为全球覆盖温室气体排放量规模最大的碳市场。实际上，这类解决方案就体现了逆生性资源的准经营属性，将原本的公共物品通过政府牵头、企业参与、市场实现资源配置的方式，大大提高了减少逆生性资源产生的效率。但是，学界并没有为这类资源的配置提供理论支持，这主要是由于学界没有明确准经营性资源的存在。因此，中观经济学将在准经营性资源这片广阔的天地大有作为。

准经营性资源与可经营性资源具有互补关系，因此，资源生成的目的是推动可经营性资源的发展。这也就回答了"生产什么资源"这一问题，即产业经济需要什么基础设施，区域政府就要配套跟进什么资源的生成。同时，区域政府也要具有一定的前瞻性，要发挥生成性资源引领经济发展的作用，而不能一味地滞后于产业经济的发展。

下面将着重阐述"生成多少资源"和"怎样生成资源"这两个问题。

二、生成多少资源

资源的生成并不是越多越好，也并不是越多越对经济有促进作用，因为资源的生成实际是对产业经济而言的，也就是说，生成的资源实质上是被产业经济所使用。然而，资源的生成也不是不受约束，可以无限延伸地生成的，例如，区域政府在对三类资源管控时，会有财政收入的约束。一方面，财政收入来源于产业经济，会存在对产业经济分配的权衡；另一方面，财政收入用于对三类资源的管控，多少财政收入被用于生成资源，同样也存在财政收入内部的权衡。因此，资源生成的核心问题之一就是"生成多少资源"。当然，这一问题从不同的角度分析，会有不同的答案。下面尝试从可经营性资源与准经营性资源互补这一角度出发，探讨最优资本结构这一问题。

此处沿用在第三章第三节验证政府公共资本与私人资本互补性时设定的 CES 生产函数式（3-1），作为总产出模型。为了区分公共资本与私人资本的差别，将拉姆齐模型扩展为两个资本累积方程——私人资本累积方程和公共资本累积方程。① 如下式：

$$I_{t+1} = (1-\delta)I_t + (1-\tau)Y_t - C_t^i \quad (5-1)$$

$$G_{t+1} = (1-\delta)G_t + \tau Y_t - C_t^g \quad (5-2)$$

其中，Y 表示总产出，如式（5-1），δ 表示折旧率，τ 表示平均税率，C_t^i 表示私人消费，C_t^g 表示政府消费。

对于政府规划者来说，其效用函数如下式：

$$\sum_{t=1}^{\infty} \beta^{t-1}\left[\zeta \frac{C_t^{i\,1-\sigma}-1}{1-\sigma} + (1-\zeta)\frac{C_t^{g\,1-\sigma}-1}{1-\sigma}\right] \quad (5-3)$$

结合式（5-1）、式（5-2）、式（5-3），可得到拉格朗日方程为：

$$\begin{aligned} L = & \sum_{t=1}^{\infty} \beta^{t-1}\left[\zeta \frac{C_t^{i\,1-\sigma}-1}{1-\sigma} + (1-\zeta)\frac{C_t^{g\,1-\sigma}-1}{1-\sigma}\right] + \\ & \sum_{t=1}^{T} \lambda_t\left[(1-\delta)I_t + (1-\tau)Y_t - C_t^i - I_{t+1}\right] + \\ & \sum_{t=1}^{T} \mu_t\left[(1-\delta)G_t + \tau Y_t - C_t^g - G_{t+1}\right] + \eta_I I_{T+1} + \eta_G G_{T+1} \end{aligned} \quad (5-4)$$

对式（5-4）求一阶导，得到欧拉方程：

$$C_t^{i\,-\sigma} = \beta C_{t+1}^{i\,-\sigma}\left[(1-\delta) + (1-\tau)\frac{\partial Y_{t+1}}{\partial I_{t+1}}\right] \quad (5-5)$$

$$C_t^{g\,-\sigma} = \beta C_{t+1}^{g\,-\sigma}\left[(1-\delta) + \tau \frac{\partial Y_{t+1}}{\partial G_{t+1}}\right] \quad (5-6)$$

其中，

$$\frac{\partial Y_t}{\partial I_t} = (1-\alpha)\omega A_{I_t}^{\theta}\left\{\alpha(A_{L_t}L_t)^{\rho} + (1-\alpha)\left[\omega(A_{G_t}G_t)^{\theta} + (1-\omega)(A_{I_t}I_t)^{\theta}\right]^{\frac{\rho}{\theta}}\right\}^{\frac{1-\rho}{\rho}}$$

$$\left[\omega(A_{G_t}G_t)^{\theta} + (1-\omega)(A_{I_t}I_t)^{\theta}\right]^{\frac{\rho-\theta}{\theta}}I_t^{\theta-1} \quad (5-7)$$

$$\frac{\partial Y_t}{\partial G_t} = (1-\alpha)(1-\omega)A_{G_t}^{\theta}\left\{\alpha(A_{L_t}L_t)^{\rho} + (1-\alpha)\left[\omega(A_{G_t}G_t)^{\theta} + (1-\omega)(A_{I_t}I_t)^{\theta}\right]^{\frac{\rho}{\theta}}\right\}^{\frac{1-\rho}{\rho}}$$

---

① 引自李粤麟、陈云贤《政府投资与私人投资的互补性——基于共同富裕时代背景》，载《金融经济学研究》2022 年第 1 期，第 173～176 页。

$$\left[\omega(A_G G_t)^\theta + (1-\omega)(A_I I_t)^\theta\right]^{\frac{\rho-\theta}{\theta}} G_t^{\theta-1} \tag{5-8}$$

稳态时，公共资本、私人资本、政府消费与私人消费保持不变，即 $C_t^g = C_{t+1}^g = \bar{C}^g$，$C_t^i = C_{t+1}^i = \bar{C}^i$，$I_t = I_{t+1} = \bar{I}$，$G_t = G_{t+1} = \bar{G}$，结合式（5-5）至式（5-8），可得稳态时公共资本与私人资本的关系为：

$$1 = \beta \left\langle \begin{array}{l}(1-\delta) + (1-\tau)(1-\alpha)\omega A_I^\theta \left\{\alpha(A_L L)^\rho + (1-\alpha)\left[\omega(A_G G)^\theta + (1-\omega)(A_I I)^\theta\right]^{\frac{\rho}{\theta}}\right\}^{\frac{1-\rho}{\rho}} \\ \left[\omega(A_G G)^\theta + (1-\omega)(A_I I)^\theta\right]^{\frac{\rho-\theta}{\theta}} I^{\theta-1}\end{array}\right\rangle$$

$$(5-9)$$

$$1 = \beta \left\langle \begin{array}{l}(1-\delta) + \tau(1-\alpha)(1-\omega) A_G^\theta \left\{\alpha(A_L L)^\rho + (1-\alpha)\left[\omega(A_G G)^\theta + (1-\omega)(A_I I)^\theta\right]^{\frac{\rho}{\theta}}\right\}^{\frac{1-\rho}{\rho}} \\ \left[\omega(A_G G)^\theta + (1-\omega)(A_I I)^\theta\right]^{\frac{\rho-\theta}{\theta}} G^{\theta-1}\end{array}\right\rangle$$

$$(5-10)$$

结合式（5-9）和式（5-10）可得稳态下均衡的资本结构为：

$$\frac{I}{G} = \left(\frac{(1-\tau)\omega A_I^\theta}{\tau(1-\omega) A_G^\theta}\right)^{\frac{1}{1-\theta}} \tag{5-11}$$

通过式（5-11）可知，私人资本与公共资本的最优比例与二者的替代弹性参数 θ、平均税率 τ、要素增强型技术进步 A_G 和 A_I 有关。其中，替代弹性参数 θ 在第三章第三节已测算得到。

图 5-1 为资本结构随税率 τ 和要素增强型技术进步 $A_i(i = G, I, L)$ 的变化关系图。可以看出：税率和私人资本要素增强型技术进步 A_I 的增加，将提高公共资本的占比；公共资本要素增强型技术进步 A_G 的增加，将提高公共资本的占比；劳动力资本要素增强型技术进步 A_L 的影响是中性的，不会改变资本的结构。

进一步，图 5-2 为结合式（5-9）和式（5-10）得出的公共资本（GSS）与私人资本（ISS）的稳态均衡值与税率 τ 和要素增强型技术进步 $A_i(i = G, I, L)$ 的关系图。税率、劳动力资本要素增强型技术进步 A_L、公共资本要素增强型技术进步 A_G 和私人资本要素增强型技术进步 A_I 的增加，都将提高均衡公共资本和私人资本的数量。其中，公共资本要素增强型技术进步 A_G 的增加由于互补效应，使得私人资本的稳态值增加更多，从而使得私人资本的占比增加；私人资本要素增强型技术进步 A_I 的增加由于互补效应，使得公共资本的稳态值增加更多，从而使得公共资本的占比增加。

第五章 企业竞争与区域政府竞争构成现代市场经济双重驱动力

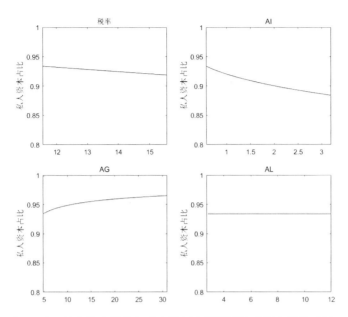

图5-1 均衡资本结构与税率及要素增强型技术进步的关系图

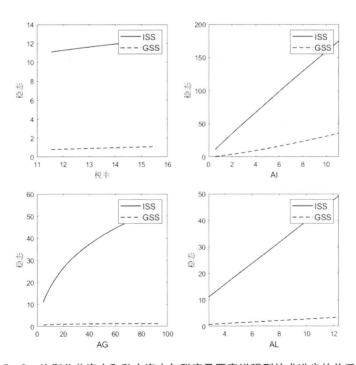

图5-2 均衡公共资本和私人资本与税率及要素增强型技术进步的关系图

均衡总产出（Y）与税率及要素增强型技术进步的关系如图5-3所示。由于税率、公共资本要素增强型技术进步 A_G、私人资本要素增强型技术进步 A_I 和劳动力资本要素增强型技术进步 A_L 的增加，均提高了均衡公共资本和私人资本的数量，因而带动总产出的提高。

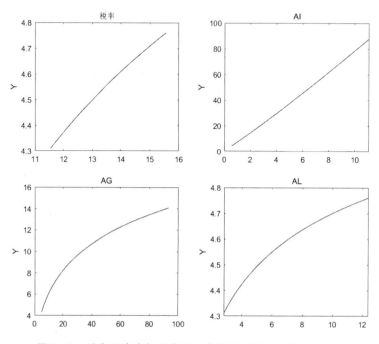

图5-3　均衡总产出与税率及要素增强型技术进步的关系图

图5-4为均衡资本结构与实际资本结构对比图。均衡资本结构是指假定每年都处在均衡状态，将每年的实际数据代入式（5-9）和式（5-10）求得每年均衡状态下的公共资本与私人资本，从而得到均衡资本结构。可以看出，在2003年以前，实际的资本结构与模型推导的均衡资本结构拟合度较高，但在2003年以后，实际的资本结构逐渐偏离了模型推导的均衡资本结构，出现公共资本占比过度，而私人资本相对过少的现象。

图5-5为转移动态资本结构与实际资本结构对比图。转移动态的资本结构是指考虑300期的时长，以最后一年的数据为均衡数据求得均衡结果，然后根据拉姆齐资本积累方程模拟从初始到均衡中间300期的转移动态过程，得到转移动态的资本结构。可以看出，与均衡资本结构类似，在2003年以前，实际的资本结构与模型推导的转移动态资本结构拟合度较

高,但在 2003 年以后,实际的资本结构逐渐偏离了模型推导的均衡资本结构,出现公共资本占比过度,而私人资本相对过少的现象。

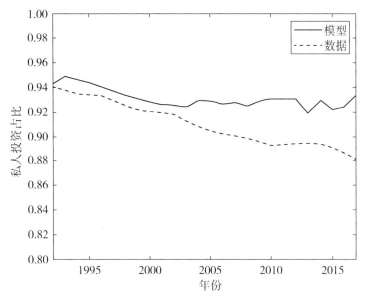

图 5-4 均衡资本结构与实际资本结构对比

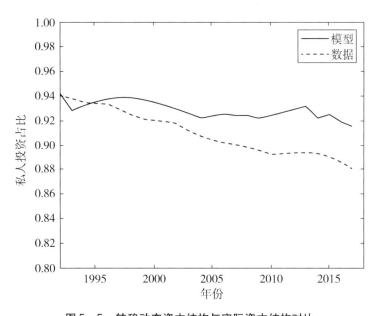

图 5-5 转移动态资本结构与实际资本结构对比

这一结论与以往的研究观点相吻合，但却从供给侧角度给出了一个新的方向进行分析。已有研究的一类观点是从凯恩斯主义的需求侧端进行分析，认为政府的投资会挤出私人投资，从而降低经济效率。但这里是从供给侧的角度，考虑公共资本与私人资本的互补性与差异，从而推导出经济的最优资本结构方程，并模拟出 1992—2017 年资本结构的稳态和转移动态，结果发现在现实中，经济实际的资本结构偏离了模型推导出的稳态和转移动态，出现公共资本过多的现象。

需要注意的是，准经营性资源，尤其是基础设施的建设，不仅具有可经营的特性，而且具有非经营性资源的公共物品属性。因此，在考虑资源生成的过程中，不应该过分注重准经营性资源转化为可经营性资源的过程，还应该注重其公共物品的属性，即是否满足了微观主体生产生活的客观需要。也就是说，生成资源的数量应该兼具效率与公平。下面将以资源生成的效率问题作为关键点进行分析，因为资源生成理论提出的目的，就是将市场机制引入生成性资源领域，从而提高准经营性资源配置的效率。

三、怎样生成资源

怎样生成资源？这也是资源生成最关键的问题，因为这影响资源生成的效率。准经营性资源兼具效率和公平的特点，而且投资规模较大，不能像非经营性资源一样全部由政府承担，因此需要政府牵头、社会参与来对准经营性资源进行开发和经营。资源生成最主要的是要解决好投资载体、融资和经营方式三大问题。下面，我们先介绍一下我国各省 PPP 模式的基本情况。根据财务部政府和社会资本合作中心、全国 PPP 综合信息平台项目管理库搜集的 PPP 项目信息，全国各省市自治区 PPP 项目个数的分布如图 5-6 所示。可以看出，截至 2021 年 5 月，贵州、河南、山东 3 省的 PPP 项目数最多，均高于 1000 个；西藏、上海、宁夏 3 个省（直辖市、自治区）的 PPP 项目数最少，均不足 50 个。四川、湖北、浙江、广东、江西、河北、云南、新疆、安徽、陕西、广西、山西、福建、湖南、江苏、辽宁和内蒙古 17 个省（直辖市、自治区）的 PPP 项目数在 300～800 个之间。吉林、黑龙江、海南、甘肃、北京、重庆、天津和青海 8 个省（直辖市、自治区）的 PPP 项目数在 50～200 个之间。整体来看，PPP 项目在全国分布呈现南多北少、东多西少的特点。

第五章 企业竞争与区域政府竞争构成现代市场经济双重驱动力

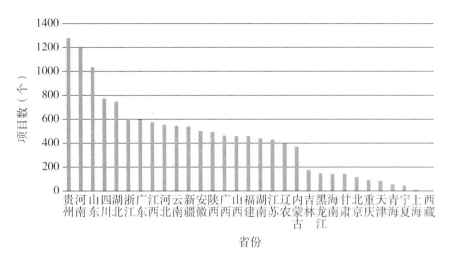

图 5-6 PPP 项目省际分布（截至 2021 年 5 月）

（注：本图不包括香港、澳门和台湾地区的数据。）

WIND 数据库进一步根据 PPP 项目的运行模式对全国 PPP 项目进行了归类整理，如图 5-7 所示。可以看到，大部分的 PPP 项目都选择了特许经营类中建设—经营—移交的 BOT 运行模式。也就是说，将项目的建设过程可经营化，并将一段时间的运营权作为回报，最后将项目收回给政府管理。

下面主要讨论资源生成过程中可能面临的问题。

首先，准经营性资源在融资过程中，可能面临与竞争非中性类似的问题。也就是说，由于这类融资有政府的参与，资产风险更小，因此，资金会更多地流入准经营性资源领域，也就是准经营性资源的融资挤出了可经营性资源的融资。这种情况属于资源的错配，虽然有利于准经营性资源领域，但是可经营性资源是经济发展的根本，其效率也优于准经营性资源，因此，这种挤出效应不利于产业经济的发展。

其次，准经营性资源在经营的过程中，可能面临信息不对称和寻租等问题。PPP 项目在招标过程中，可能面临潜在的寻租风险。同时，PPP 项目在运营过程中，可能面临信息不对称、政府风险（法律变更风险、审批延误风险、政策决策失误/冗长风险、政治反对风险、政府信用风险）[①]

---

① 亓霞、柯永建、王守清：《基于案例的中国 PPP 项目的主要风险因素分析》，载《中国软科学》2009 年第 5 期，第 108～109 页。

等问题。这里主要讨论信息不对称的问题。例如，准经营性资源的建设部分是为了满足公众的需求，那么，在特许经营的建设和运营时期，私人投资者是否能够满足这一需求？是否在这一方面提高了效率？这些信息对于政府来说可能是无法观测的。因此，政府在设计PPP项目的时候，要借鉴委托代理问题的解决方法，制定相应的激励机制，避免道德风险问题的出现，在提高效率的同时，保障公平。

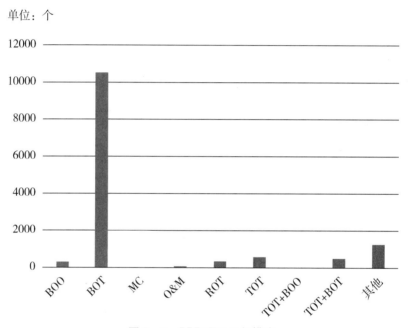

图5-7　PPP项目运行模式

（资料来源：Wind数据库。）

四、区域政府在中观经济中的作用

区域政府在中观经济中，不仅要扮演微观经济学提出的"守夜人"和调控者的角色，更要参与到市场经济中，成为市场经济的维护者和参与者。

在中观经济的资源配置问题上，区域政府主要扮演了参与者的角色。正如式（3-1）建立的模型所示，将政府的资本作为一类生产要素，单独引入生产函数，这就体现了区域政府参与市场经济。首先，区域政府参与的仅仅是城市经济的资源配置,而不应该过分干预产业经济的资源配置。其次,区域政府在参与市场经济的过程中虽然会推动产业经济的发展,但在融资过程中会对产业经济产生挤出效应,因此,资源的生成存在一个权衡的过程。再次,区域政府在参与市场经济的过程中,亟待解决的是信息不对称的问题,这将决定资源生成的效率。同时,区域政府在参与市场经济的过程中还存在着权衡效率与公平的问题。

五、小结

本节主要在本章第一节的基础上,提出了中观经济学的研究框架:生成什么资源?生成多少资源?怎样生成资源?为谁生成资源?由于中观经济学研究的范畴主要是准经营性资源领域,因此,生成资源要考虑两个问题:一是准经营性资源要与可经营性资源互补;二是准经营性资源要兼具公共品属性,以满足大众需求。本节主要回答了"生成多少资源",以及"怎样生成资源"这两个问题。

本节以准经营性资源与可经营性资源互补为基础,尝试使用双层嵌套型 CES 生产函数,并扩展了拉姆齐模型,回答了最优资本结构这一问题。但是,这并不是生成多少资源这一问题的标准解答范式。未来的研究可以继续沿用微观经济的研究方法,从不同的角度,尝试用不同的模型回答这个问题。

怎样生成资源?目前我国 PPP 项目较多使用的是 BOT 的特许经营方式,而 PPP 项目也主要遍布中东部地区。由于存在着政企合作,因此面临诸多的信息不对称问题。对于这一问题的解决,可以借鉴微观经济学委托代理理论,通过设计激励制度,避免效率的损失。

第三节 市场双重主体驱动一国
经济可持续发展

企业竞争和区域政府竞争共同驱动经济的可持续发展。市场经济发展的核心集中在可经营性资源领域,企业竞争是市场经济发展的源动力。因此,在中观经济学视角下,企业竞争依旧是经济发展的基础。但同时,中观经济学着重强调了区域政府的竞争同样是区域经济发展的驱动力。

此时，区域政府不能置身于市场之外，仅仅扮演"守夜人"和调控者的角色，还要在市场当中成为市场经济的维护者，以及在资源生成领域成为市场经济的参与者。这就需要区域政府的超前引领，通过理念创新、制度创新、组织创新、技术创新，构建经济发展的新引擎，从而驱动经济的可持续发展。

一、经济增长新引擎

经济增长的动力，一直是学者、政府官员普遍关心的问题。从需求侧的角度来看，根据支出法计算得到的 GDP 可知，消费、投资和出口是拉动经济的"三驾马车"，尤其是重商主义更加注重对外贸易对经济的拉动作用。近年来，反全球化浪潮袭来，在党的十九届五中全会上通过的《中共中央关于制定国民经济和社会发展第十四个五年规划和二〇三五年远景目标的建议》提出了"国内国际双循环"——"逐步形成以国内大循环为主体、国内国际双循环相互促进的新发展格局"，说明经济增长不能过度依赖对外贸易，应该更加关注国内的大市场。实际上，改革开放以来，我国贸易依存度呈现倒 U 型的增长规律。尤其是加入世贸组织以后，我国对外贸易依存度一度升高，到了 2006 年，贸易总额占 GDP 比重为 65%；随后逐步降低，直到 2019 年降低为 33% 左右。[①] 从供给侧的角度来看，根据投入产出的生产函数模型，可知要素的增长可以推动经济的增长，尤其是技术的进步和创新，被认为是推动经济增长的根本源动力。

本节将从中观经济学的角度出发，提出经济增长的新引擎在生成性资源领域。在资源生成理论提出之前，微观经济学研究的焦点普遍在可经营性资源（产业经济）领域，因此，经济增长的动力也集中在研究推动产业经济发展的因素。而中观经济学提出了资源生成理论，扩展了资源的类型，关注了生成性资源对经济的推动作用，从三类资源的角度出发，认为经济增长的新引擎应该在生成性资源领域。对应第四章第二节提到的竞争型经济增长的四个阶段——要素驱动阶段、投资驱动阶段、创新驱动阶段和共享驱动阶段，经济增长的新引擎包括投资新引擎、创新新引擎和规则新引擎。

---

① Lin J Y, Wang X. "Dual Circulation: A New Structural Economics View of Development". *Journal of Chinese Economic and Business Studies*, pp. 12, DOI: 10.1080/14765284.2021.1929793。

第五章 企业竞争与区域政府竞争构成现代市场经济双重驱动力

经济增长新引擎是供给侧结构性新引擎。资源生成理论的提出，重新定义了政府的职能和属性，亦重新定义了现代市场经济体系，这些都是对供给侧结构的重新思考。正是由于区域政府存在竞争，区域政府竞争需要在市场规则的作用下进行，市场机制不仅作用在产业经济，还作用在城市经济。因此，市场的动力不仅有企业，还有政府。经济增长新引擎主要是以本书第二章和第三章为基础，着重强调生成性资源和区域政府在供给侧的推动作用。

（一）投资新引擎

构建投资新引擎主要作用于投资驱动阶段，包括以下四点：第一，推进供给侧结构性改革，例如，推进新型工业化、加快农业现代化；第二，加大基础设施投资建设，例如，推进新型城镇化、推进基础设施现代化、推进智能城市开发建设；第三，加大科技项目投入；第四，提升金融配套能力。可以看出，投资新引擎不仅作用在产业经济领域，还作用在城市经济领域。其中，推进供给侧结构性改革强调的是区域政府对产业经济的导向、调节和预警作用，目的是推动产业的升级，增强区域内经济发展水平的竞争优势；加大基础设施投资建设强调的是区域政府对城市经济的调配、参与和维序作用，目的是通过资源的生成，推动产业经济的发展；加大科技项目投入和提升金融配套能力主要服务于产业经济和城市经济的发展。

这里，我们重点关注加大基础设施投资建设。需要注意的是，投资新引擎提出的加大基础设施投资建设，虽然也是以往经济理论提出的经济增长动力，但是其理论基础是凯恩斯的需求侧推动机制，也就是政府投资可以刺激需求，从而带动经济的发展。中观经济学理论着重强调的基础设施投资建设与之不同，主要有两点：第一，这里强调的基础设施投资建设主要是在生成性资源领域；第二，这里强调的基础投资建设关注在供给侧的推动作用。一方面，基础设施的投资建设不仅是政府的需求侧刺激，而且是供给侧的资源生成；另一方面，这类资源的生成并不总是由政府财政支出承担，而是区域政府牵头、社会参与的方式（如 PPP 模式），推动准经营性资源的投资、开发、建设。

下面我们从中观经济学的视角，介绍这类基础设施投资建设供给侧驱动经济发展的作用机制。一方面，正如新结构经济学提到的，基础设施建设有利于降低产业经济发展过程中的交易费用，推动经济靠近生产可能性边界；另一方面，基础设施的建设（准经营性资源）与产业经济（可经营性资源）的发展是相辅相成、互相推动的互补关系。因此，基础设施建设的互补性将推动私人社会投资的增长，从而在供给侧推动经济的增长。例如，根据式（5-11）可以看到，在稳态下的最优资本结构中，如果假定政府投资是外生的，那么，政府投资的增加将按比例推动私人投资的增长。

现行部分文献研究与上述观点相契合。例如，范剑勇和莫家伟（2014）在研究地方债务和土地市场对地区工业增长的影响时，从理论模型和实证验证的角度论证了基础设施的投资建设会吸引工业的投资，从而对工业增长起到杠杆的作用。这一观点与前文提到的基础设施的建设（准经营性资源）与产业经济（可经营性资源）的发展是相辅相成、互相推动的互补关系的观点是一致的。另外，从PPP模式的角度出发，现有文献也验证了这种资源生成方式可以推动经济的发展。例如，姜松和周鑫悦（2019）研究了PPP模式对实体经济增长的影响及其效应，发现PPP模式对实体经济增长有显著的正向影响，但也存在一定的门槛和边际递减特征；陈思霞和张东连（2021）在研究产业新城PPP项目对县域经济增长的影响时，发现产业新城PPP项目对县域经济增长有显著的正向影响，而且具有一定的邻里效应，并随着地理距离的增加而递减。

虽然这些文献的研究没有基于中观经济学的理论框架，但是得到的结论与中观经济学的观点相一致。此外，目前的文献普遍关注的是投资新引擎对整体经济增长的影响，很少关注投资新引擎对经济结构的影响。接下来，我们试图从中观经济学的视角重新思考现行的前沿问题，即从技术进步偏向的视角，将这一思路应用到技术进步偏向理论中，以分析政府的公共资本对资本偏向型技术进步的影响。[①]

此处借鉴雷钦礼和李粤麟（2020）定义的三要素的技术进步偏向指数，见式（5-12）：

[①] 李粤麟、陈云贤：《政府投资与私人投资的互补性——基于共同富裕时代背景》，载《金融经济学研究》2022年第1期，第176～178页，有改动。

$$Ts = \frac{\mathrm{d}(V_I/V_L)/\mathrm{d}t}{V_I/V_L} = \rho\left(\frac{\dot{A_I}}{A_I} - \frac{\dot{A_L}}{A_L}\right) + \frac{\rho-\theta}{\theta}\frac{\dot{\psi}}{\psi} + \rho\left(\frac{\dot{I}}{I} - \frac{\dot{L}}{L}\right)$$

$$\simeq \underbrace{\rho\left(\frac{\dot{A_I}}{A_I} - \frac{\dot{A_L}}{A_L}\right)}_{\text{直接效应}} + \underbrace{(\rho-\theta)(1-\beta)\left(\frac{A_C G}{A_I I}\right)^{\theta}\left(\frac{\dot{A_C}}{A_C} - \frac{\dot{A_I}}{A_I} + \frac{\dot{G}}{G} - \frac{\dot{I}}{I}\right)}_{\text{间接效应}} + \underbrace{\rho\left(\frac{\dot{I}}{I} - \frac{\dot{L}}{L}\right)}_{\text{规模效应}}$$

(5-12)

其中，$\psi = \omega + (1-\omega)(A_C G/A_I I)^{\theta}$。由式 (5-12) 可以看出，技术进步的私人资本偏向性不只来自资本和劳动力的要素增强型技术进步（直接效应）。在公共资本与私人资本互补的情况下，一方面，公共资本以及公共资本体现型技术进步会通过互补效应间接影响技术进步方向（间接效应）；另一方面，私人资本的相对增加也是影响技术进步方向的重要原因（规模效应）。其中，直接效应是通过提高私人资本相对于劳动力的增强型技术进步来实现，即当 $\rho>0$ 时，若 $\dot{A_I}/A_I - \dot{A_L}/A_L > 0$，则 Ts 增大。间接效应引致技术进步偏向于私人资本的机制有二：一是通过体现于公共资本的技术水平提高，二是通过资本结构中公共资本比例的提高，即由于公共资本与私人资本相对互补存在前提 $\rho>\theta$，若有效公共资本相对于有效私人资本有所增加，得到 $\dot{\psi}/\psi > 0$，则 Ts 增大。规模效应通过私人资本相对于劳动力的密度来实现，即当 $\rho>0$ 时，若 $\dot{I}/I - \dot{L}/L > 0$，则 Ts 增大。

结合第三章第三节对 CES 生产函数参数估计结果的表 3-3 和式 (5-12) 对技术进步偏向指数的定义，得到全国 1993—2017 年的技术进步偏向性指数，结果如表 5-1 所示。

表 5-1 技术偏向性指数

年份	Ts	$\frac{\rho-\theta}{\theta}\frac{\dot{\psi}}{\psi}$ (间接效应)	$\rho\left(\frac{\dot{A_I}}{A_I} - \frac{\dot{A_L}}{A_L}\right)$ (直接效应)	$\rho\left(\frac{\dot{I}}{I} - \frac{\dot{L}}{L}\right)$ (规模效应)	间接效应贡献	直接效应贡献	规模效应贡献
1993	0.061	0.043	-0.112	0.129	0.711	-1.840	2.129
1994	0.014	-0.009	-0.042	0.065	-0.602	-2.898	4.500
1995	0.002	-0.019	-0.024	0.044	-10.022	-12.968	23.991
1996	-0.011	-0.026	-0.017	0.032	2.422	1.598	-3.020

续表 5-1

年份	Ts	$\dfrac{\rho-\theta}{\theta}\dfrac{\dot{\psi}}{\psi}$（间接效应）	$\rho\left(\dfrac{\dot{A_I}}{A_I}-\dfrac{\dot{A_L}}{A_L}\right)$（直接效应）	$\rho\left(\dfrac{\dot{I}}{I}-\dfrac{\dot{L}}{L}\right)$（规模效应）	间接效应贡献	直接效应贡献	规模效应贡献
1997	-0.026	-0.036	-0.014	0.024	1.408	0.533	-0.941
1998	0.007	0.000	-0.012	0.019	0.000	-1.692	2.692
1999	-0.019	-0.025	-0.011	0.017	1.337	0.578	-0.915
2000	0.017	0.012	-0.010	0.016	0.675	-0.607	0.931
2001	-0.016	-0.024	-0.010	0.018	1.489	0.611	-1.100
2002	0.018	0.011	-0.010	0.017	0.624	-0.533	0.909
2003	0.019	0.011	-0.010	0.018	0.574	-0.508	0.934
2004	0.108	0.099	-0.010	0.018	0.919	-0.089	0.170
2005	-0.015	-0.022	-0.010	0.016	1.429	0.641	-1.070
2006	0.008	0.000	-0.010	0.018	0.000	-1.220	2.220
2007	0.023	0.015	-0.010	0.017	0.674	-0.431	0.756
2008	-0.062	-0.069	-0.010	0.017	1.116	0.158	-0.274
2009	0.042	0.034	-0.010	0.018	0.803	-0.237	0.434
2010	0.024	0.018	-0.010	0.018	0.736	-0.410	0.674
2011	0.007	0.000	-0.010	0.017	0.000	-1.452	2.452
2012	0.006	0.000	-0.010	0.016	0.000	-1.845	2.845
2013	-0.071	-0.075	-0.010	0.014	1.055	0.145	-0.200
2014	0.069	0.066	-0.010	0.014	0.954	-0.150	0.196
2015	-0.052	-0.053	-0.011	0.012	1.025	0.202	-0.227
2016	0.010	0.011	-0.011	0.010	1.092	-1.104	1.012
2017	0.054	0.055	-0.011	0.010	1.006	-0.197	0.191
均值	0.009	0.001	-0.016	0.025	0.073	-1.901	2.828

通过表 5-1 的技能偏向性指数可以看到，相对于劳动力，1993—2017 年全国整体技术进步偏向于私人资本，Ts 指数平均值为 0.009；直接效应均为负值，由于测算的 $\rho>0$，所以表明私人资本增强型技术进步的增长率低于劳动力增强型技术进步的速度。这与雷钦礼（2017）得到的结

论相吻合:"中国经济发展过程中的技术进步都主要体现在劳动力的技术效率的提升上,而资本技术效率的提升速度很慢。"间接效应的作用大部分为正向的,由于 $\rho>\theta$,公共资本与私人资本表现出相对互补性,因此,公共资本及其增强型技术进步通过互补效应引致了技术进步偏向于私人资本。1992年以来,公共资本的占比有所提高,公共资本通过资本技能互补效应提高了生产效率,从而使得技术进步偏向于私人资本。规模效应总为正值,因为测算的 $\rho>0$,所以表明私人资本的增长率高于劳动的增长率,这主要得益于我国对资本投资的重视。数据表明,我国1992—2017年私人资本的增长率为劳动力的增长率的20倍左右。而近年来劳动力甚至出现了负增长,此时私人资本与劳动力是替代产品,规模效应使得技术进步偏向于相对丰裕的要素。

从整体来看,规模效应的贡献>间接效应的贡献>0>直接效应的贡献,规模效应对技术进步技能偏向性的贡献最大,从平均值来看,其贡献的技术进步偏向于私人资本282.8%。相对互补效应对技术进步技能偏向性有正贡献为7.3%,而直接效应对技术进步的私人资本偏向性是负贡献为-190%。因此,当技术进步的质量外生时,本模型定量地印证了:当考虑公共资本与私人资本的差距时,私人资本偏向型技术进步首要来自私人资本规模的增加,其次是公共资本与私人资本的相对互补效应。以往研究大多未考虑公共资本与私人资本的区别,也未考虑二者相对互补的特性,这忽略了影响私人资本偏向型技术进步的一大因素,因而指数存在巨大偏差。

这一结果可以用来解释现在我国投资过热的现象。政府公共资本的积累和要素增强型技术的进步,将推动技术偏向于私人资本,即私人资本的边际产出增加,私人资本的边际收益提高,从而使得私人资本积累速度加快,进一步推动技术偏向于私人资本。

(二)创新新引擎

构建创新新引擎主要作用于创新驱动阶段,包括以下四点:理念创新——推进思想性公共物品的创新;规则创新——推进制度性公共物品的创新;技术创新——推进物质性公共物品的创新;管理创新——推进组织性公共物品的创新。创新新引擎为了应对发展模式的转换、市场体系以及政府职能和作用的重新定义,需要在思想、制度、物质、组织四个方面推

动创新，以适应新理论的提出。

理念创新要求区域政府重新认识市场体系和区域政府的作用。一方面，现代市场经济纵向体系的六个子体系，不仅包括基础性体系（市场要素体系、市场组织体系），还包括约束性体系（市场法律体系、市场监管体系）和条件性体系（市场环境体系、市场基础设施），其中，区域政府尤其应该在约束性体系和条件性体系建设中有所作为，参与建设市场体系，而不仅仅扮演"守夜人"的角色来解决市场失灵问题。另一方面，现代市场经济横向体系将市场扩展到了准经营性资源领域，因此，区域政府也要在准经营性资源的配置中遵循市场准则，发挥市场对资源的有效配置作用。

规则创新是理念创新落到实处的具体表现，要求根据生成性资源理论和新定义的现代市场经济，创新经济增长理念和相关制度性规则。理念创新是在思想上认识到生成性资源领域的重要性，并在此基础上重新认识市场与政府的作用。而规则创新则是在此基础上，重塑规则系统，使其与新理论契合。结合当前新的经济形势和新的经济理论基础，区域政府需要创新相关制度性规则，促进财政、货币的结构性改革。尤其要认识到区域政府作为市场体系的维护者和市场经济的参与者的作用，形成相关的战略规划、布局定位、标准设置、政策评估、法治保障等既体系严谨又层次细分的具体方针。

技术创新要求将技术渗透到生成性资源领域。创新新引擎提到的技术创新，并不是全社会整体技术水平的提高，而是指将技术应用到生成性资源领域，尤其是在基础设施的建设当中，要向全社会提供智能化的公共交通、城管、教育、医疗、文化、商务、政务、环保、能源和治安服务。例如，数字政府的建设需将互联网技术应用到政府的日常工作当中来，一方面是为了适应现代社会经济的发展，另一方面可将其作为创新新引擎，推动经济的发展。案例 5-1 将通过"数字政府"和"互联网+教育"两个实例，说明技术创新的实际含义。

【案例 5-1】

数字政府

"数字政府"是近年来的热词，在目前还没有明确的定义。"数字政府"作为一个新的政策概念，最早出现在 2018 年李克强总理的《在全国深化"放管服"改革转变政府职能电视电话会议上的讲话》[①] 中。简言之，数字政府就是将计算机、网络通信等技术应用到政府办公事务当中。数字政府体现的是创新新引擎的技术创新，也就是将技术进步不仅渗透到政府准宏观属性职能工作当中，而且渗透到政府准微观属性职能工作当中。例如，政府办公自动化、政府实时信息发布、各级政府间的可视远程会议、公民随机网上查询政府信息、电子化民意调查和社会经济统计、电子选举（或称"数字民主"）等。

实际上，在此之前，与之密切相关的一个概念是"电子政务"。早在20世纪末，各国就开始了不同程度的"电子政务"相关改革以提高政府的办事效率。目前，已有20多个国家建设了统一的政府公共网络平台。例如，丹麦的《数字战略（2016—2020）》、澳大利亚的《2025政府数字转型战略》、英国的《政府数字战略》、美国的《数字政府：建立一个更好地为美国人民服务的21世纪平台》等。

我国的电子政务建设起步于20世纪80年代末，关于电子政务的文献研究主要起步于21世纪初。近年来，数据和网络在经济发展中的重要性被普遍关注，使得数字政府的建设成为人们普遍关注的重点。

从供给侧的角度来看，《省级政府和重点城市网上政务服务能力调查评估报告（2021）》对全国31个省级政府和新疆生产建设兵团在其网上政务服务平台（政务服务网站、网上审批大厅、网上办事大厅、电子政务大厅等）或门户网站提供的政务服务事项进行整理，从用户体验和平台支撑角度，重点围绕在线服务成效度、在线办理成熟度、服务方式完备度、服务事项覆盖度、办事指南准确度五个方面对评估对象进行了考核。结果显示，总体指数排名前五的是上海、浙江、广东（总分并列第一）、北京和江苏（总分并列第二）。可以看出，北、上、广等东南沿海地区的数字政府建设位于前列。一方面，由此可以看出，地区经济水平程度的提高有利于数字政府的建设和技术新引擎的构建；另一方面，技术新引擎的构建又带动了地区经济的发展，从而实现了良性循环。实际上，全国的数字政府建设仍旧存在市场分割的现象。比如，各省（直辖市、自治区）都有其单独的政务服务App，如表5-2所示。

[①] 《在全国深化"放管服"改革转变政府职能电视电话会议上的讲话》，见中国政府网（http://www.gov.cn/premier/2018-07/12/content_5305966.htm）。

表5-2 省级政务服务App

省（直辖市、自治区）	名称	省（直辖市、自治区）	名称
北京	北京通	湖北	鄂汇办
天津	津心办	湖南	新湘事办
河北	冀时办	广东	粤省事
山西	三晋通	广西	爱广西
内蒙古	蒙速办	海南	码上办事
辽宁	辽事办	重庆	渝快办
吉林	吉事办	四川	天府通办
黑龙江	龙江政务通	贵州	多彩宝
上海	随申办	云南	一部手机办事通
江苏	江苏政府服务	西藏	西藏政务服务
浙江	浙里办	陕西	陕政通
安徽	皖事办	甘肃	甘快办
福建	闽政通	青海	青松办
江西	赣服通	宁夏	我的宁夏
山东	爱山东	新疆	新疆政务服务
河南	豫事办		

从需求侧的角度来看，《中国营商环境报告（2021）》中的《2020年全国数字政府建设调查报告》从市场主体的角度进行调查，并从"想用、知道、使用、好用"四个阶段考察了全国数字政府需求侧建设的最新进展。从市场主体的反馈看，全国数字政府知晓率为77%，使用率为62%，较2019年均有显著提高，开始进入大规模使用阶段。但是，仍有16%的市场主体"想用但不知道"，15%的市场主体"知道但不使用"，而且各地数字政府知晓率与使用率差距也较大。

从供给侧与需求侧的差距可以看出：虽然数字政府的建设体现了技术创新，把技术渗透到政府的工作当中，但是要想让市场主体真正使用数字政府，把技术创新最有效地发挥出来，依旧需要理念创新、管理创新和规

第五章 企业竞争与区域政府竞争构成现代市场经济双重驱动力

则创新。也就是说,技术创新将技术渗透到生成性资源领域仅仅是创新引擎的一方面,要想让技术创新服务产业经济发展,使政府服务供给侧与需求侧之间的差距减小,就需要区域政府在技术创新引擎的构建过程中注重合作,打破壁垒,构建起理念、管理和规则创新引擎,使四者相辅相成,共同作为创新新引擎,推动地区经济的发展。

互联网+教育

随着"互联网+教育"的融合与发展,线上学习成为一种新型的课堂学习方式,在"互联网+"时代,备受我国学者的广泛关注。线上学习不仅资源丰富、受用面广,而且打破了以往课堂学习的时间和空间限制,学习者可以自由选择学习时间和学习地点,自主安排学习进度,因此普遍被大学教育、成人教育和专业教育等所采用。就研究对象而言,目前线上学习或线上学习文献的研究对象普遍都是大学生或者进行专业学习的成人。例如,Hamilton 等(2020)研究了美国医学教育中的药师学生使用线上教育的情况;Rusli 等(2020)使用内杰里·马卡萨大学的数学和自然科学学院学生数据研究了印度尼西亚大学生的线上学习情况。近年来,针对大学线上学习的研究也由简单的理论性线上教学效果研究扩展到动手型线上教学效果研究,例如远程实验室(Fiore and Ratti, 2007; Lang et al., 2007; Brinson, 2015; Heradio et al., 2016)。

由于线上教育更多地需要学习者具有一定的自制力,对于年龄在6~16周岁处于中小学教育阶段的青少年来讲,他们缺乏自主学习能力,因此,线上学习目前并没有普遍被这个年龄段的教育系统所接受。但是在2020年上半年,中国义务教育阶段的学校为了保持"社交距离",均组织了不同程度的校内线上学习活动,即由学校本班老师组织本班同学使用互联网络学习义务教育阶段规定的课程。作者于2020年8月3日至2020年8月5日发放了关于中小学生的线上学习情况问卷[①],共搜集了3548份问卷,原始数据显示,有9%的中小学生未能参加校内本班老师举办的线上学习教学活动。虽然样本未能覆盖全国各省(直辖市、自治区),无法代

---

① Yuelin L, Yujie L, Xiaohui S. Disrupted Class. "Undisrupted Learning: A Study on the Effect of Online Learning Among Primary and Middle School Students". *Studies in Microeconomics*, DOI: 10.1177/23210222211024436。

表全国情况,但也从侧面反映了目前"互联网+教育"在义务教育阶段并未普及。也就是说,线上教育的基础设施建设还不够完善。

管理创新要求在城市管理的过程中注重合作,国际层面的国家政府之间更加强调竞争。但是,国家层面的区域政府之间也存在一定的市场分割现象。从中观经济学的角度分析,准经营性资源的生成具有显著的规模经济效应。就原生性资源而言,例如,对于太空经济和极地经济的开发、投资和利用,因为具有难度高、不确定性大、投资规模大等特点,所以多个国家或区域的参与要优于一个国家或区域的参与;就次生性资源而言,例如,智能城市的建设、数字政府的建设、"互联网+教育"的建设,都更适合区域政府间的合作,这样更有利于打破区域间的市场分割壁垒,降低交易成本;就逆生性资源而言,例如,碳排放、污水排放的处理,需要各个国家和地区的合作管理,制定统一的标准。

总之,理念创新、规则创新、技术创新、管理创新四者相辅相成,共同构建了创新新引擎。其中,理念创新和规则创新属于宏观层面的"上层设计创新",技术创新和管理创新属于微观层面的"基层实践创新"。理念创新和规则创新为创新新引擎的构建提供了理论基础和宏观政策环境,重塑了现代市场经济体系,重新定义了区域政府的职能的作用;技术创新和管理创新则在具体实践过程中发挥了区域政府超前引领的作用,在微观层面提高了准经营性资源的效率,从而助力可经营性资源的发展。正如案例5-1提到的,数字政府的建设虽然起到了促进政府职能转变、提高政府办事效率的作用,但是数字政府的供给侧和需求侧之间仍然存在一定的认知或者使用的差距,要想将技术创新的效率最优化,就需要理念创新、规则创新与管理创新的同步跟进。

(三)规则新引擎

从国际的角度来看,针对可经营性资源、准经营性资源和非经营性资源的三类资源分类,应当制定相应的国际规则,构建规则新引擎,从而完善全球经济治理体系。构建规则新引擎主要作用于共享驱动阶段,包括以下三点:国际安全秩序规则——和平、稳定;国际经济竞争规则——公平、效率;国际共同治理规则——合作、共赢。其中,国际安全秩序规则是国际公共物品供给体系的基本保障,国际经济竞争规则是产业资源配置中企业竞争的基本准则，国际共同治理规则是城市资源配置中区域政府竞争的基本准则。要想实现规则新引擎对经济的推动力，需要区域政府根据相应的规则制定相应的政策法规。

二、政府超前引领

政府超前引领，即让企业做企业该做的事，让政府做企业做不了和做不好的事，二者不能空位、虚位。政府超前引领的内容包括：其一，政府超前引领的前提是依靠市场规则和市场机制。其二，政府超前引领的原则是市场决定资源配置，政府对产业经济发挥导向、调节、预警作用，对城市经济发挥调配、参与、维序的作用，对民生经济发挥保障、托底、提升的作用。其三，政府超前引领的手段是运用规划、投资、消费、价格、税收、利率、汇率、法律等相关的政策，开展理念、制度、组织、技术四方面的创新。其四，政府超前引领的目的是推动供给侧或需求侧结构性改革，形成经济增长的领先优势和科学、可持续的发展路径。可以看出，政府超前引领强调的是创新新引擎。

区域政府在理念、技术、组织和制度方面的创新需要载体，而载体主要就是各区域政府在竞争中使用的政策工具，即财政、金融、环境、效率和法制手段，这些政策工具的创新就是区域政府在理念、技术、组织和制度方面创新的具体化和实质化。此外，竞争政策也是区域政府参与竞争的重要抓手。下面以人才引进政策为例，介绍区域政府通过政策工具引领经济发展的作用。

【案例5-2】

人才引进政策

随着科技创新对经济发展的积极影响逐渐被各区域政府所重视，近年来，我国各地区相继出台了相关的人才引进政策，俗称"人才争夺战"。其实质就是区域政府通过竞争政策，实现"三类九要素"中经济政策措施的人才、科技竞争。国内相关文献也对这一政策的实际效果进行了学术研究。

首先，从人才引进政策特点来看，区域政府推行的人才引进政策具有差异性。刘晓光和黄愩（2018）以四川省和江苏省为例，对比了我国东西部人才引进政策的异同点。一方面，江苏省的人才引进政策要早于四川省;另一方面,人才引进政策均涉及资金补助、人才的物质生活保障、人才的激励和培养等方面,两省的具体政策措施和侧重点都各有特色。通过比较,两位作者也发现人才引进政策存在的问题:一是人才界定范围不合理,二是区域特色不明确,三是后期保留和培养不够重视,四是政策激励机制不完善。李国锋和孙雨洁(2020)建立了2007—2017年我国中央和部分省市政府的人才引进政策文本数据库,通过文本量化分析的方法证实了人才引进政策存在较大差异和不均衡状态,而且在具体政策工具在选择与运用上也有显著不同。这说明,区域政府在人才、科技竞争中积极创新,发挥了自身超前引领的作用,并没有出现趋同现象。将视野扩展到国际舞台,各国的人才引进政策也各具特色。例如,苗绿等(2017)搜集整理了世界各国各具特色的人才引进政策,如表5-3所示。这体现了区域政府在竞争政策中的创新驱动作用。

表5-3 人才引进政策十大策略

序号	吸引政策	代表国家和地区
1	完善技术移民制度吸引高技能科技人才	美国、澳大利亚、德国、英国等
2	推行双重国籍吸引环流型科技人才	俄罗斯、日本、韩国、印度、巴西等
3	大量招收科学、技术、工程、数学领域外国留学生	美国、澳大利亚、加拿大等
4	对高层次科技人才给予补贴或税收优惠	德国、韩国、马来西亚、泰国等
5	鼓励跨国公司吸收海外科技人才	美国、以色列等
6	设立国家猎头全球搜寻高科技人才	新加坡、印度等
7	引导海外专业社团推动科技人才回流	印度、以色列等
8	建立国际科技人才信息库与交流市场	韩国、印度等
9	积极推动国际科技交流与合作储备科技人才	欧盟、以色列等
10	建立高科技园区集聚科技人才	美国、韩国、印度等

其次,从人才引进政策的效果来看,不同区域间存在显著差异。赵忠君和邹丽娜(2019)以十大热门城市为例,从引进、留住、培养和用好四

第五章 企业竞争与区域政府竞争构成现代市场经济双重驱动力

个方面,评价了人才引进政策的效果,发现一线城市的综合效果最好,二线城市仅仅在引进方面效果显著。其中,一线城市更注重间接培育,而且更有利于整体实施效果;二线城市更注重直接培养,经济产出效果更显著。钟腾等(2021)建立了2009—2012年39个城市的人才引进政策数据库,发现人才引进政策从整体上提高了地区的专利数量和价值以及研发投入,但是对创新效果的影响并不显著,而且效果也存在地区差异。

总而言之,区域政府在人才引进政策方面发挥了超前引领的作用。但是,政策的实施效果还不尽如人意。人才引进只是人口、科技竞争的起点,要进一步做到人才引进来、留得住、用得好,需要区域政府的超前引领,根据市场规则,颁布实施适合人才全生命周期的人才引进政策,如此才能在下一步的人才竞争中创造区域的竞争优势。

政府超前引领理论与凯恩斯主义的本质区别在于:第一,行为节点不同。与凯恩斯主义的事中、事后政府干预不同,政府超前引领主要体现为事前行为,产生的政策效果也不一样。第二,调节侧重点、政策手段不同。凯恩斯主义的侧重点在于需求侧,政府超前引领的侧重点在于政府对产业资源、城市资源、民生资源的引导、调节和监督;凯恩斯主义主要运用财政政策手段干预经济,政府超前引领的政策手段则是全方位、全过程,且在不断创新发展的。第三,也是最重要的,政府的作用不同。政府超前引领理论提出,政府具有双重属性,区域政府是市场竞争主体之一,成熟的市场经济是政府超前引领与市场经济发展相融合的经济,政府在市场经济中的竞争作用不可忽视;而凯恩斯主义在理论上把政府置于市场之外,这种不彻底的市场理论和政府经济行为导致了凯恩斯主义理论及其实践的局限性。第四,运行模式不同。古典经济学和新古典经济学最主要的特征是市场("看不见的手")、侧重供给(商品、价格、供给调节),凯恩斯主义经济学最主要的特征是政府干预、侧重需求(消费、投资、出口"三驾马车"拉动)。政府超前引领理论与古典经济学、新古典经济学和凯恩斯主义经济学既有联系,又有区别,其运行模式是,政府引领(干预)与侧重供给相结合,既秉持市场决定资源配置的经济原则,又要求政府在其中发挥引导、调节、监督作用,政府超前引领作用于经济活动的全方位、全过程之中。

经济发展为什么需要政府的超前引领?第一,其根本源于可经营性资源与准经营性资源的互补关系。正是由于二者的互补关系,才需要区域政府通过对准经营性资源的配置,满足产业经济发展的需要,引领产业经济发展的方向。因此,政府不应该仅仅是市场的调节器,还应该超前引领市场。第二,为了充当市场的"反馈器"。政府超前引领需要遵循市场的规则,因此,政府超前引领反映的是市场的需要,可以通过观察产业经济的发展需要,给市场提供其所需要的资源和政策,使得经济系统有正向的反馈。第三,应对不确定性。这不仅包括在事前预防风险的产生,还包括事后对风险的托底。尤其是对风险的预防,更加彰显政府超前引领的优势。这是因为市场体制的运行需要有稳定的社会和经济环境,但很难抵抗不确定性因素的影响,因此需要政府在风险预防和托底方面有所作为。案例5-3以央行推出数字货币为例,介绍政府超前引领对经济的不利因素的积极作用。

【案例5-3】
从郑州暴雨事件看央行数字货币

2021年7月20日,河南郑州出现了特大暴雨这一不利冲击。郑州气象局统计数据显示,郑州7月20日16时至17时,一小时的降雨量达到201.9毫米。7月19日20时至7月20日20时,单日降雨量达552.5毫米。7月17日20时至7月20日20时,三天降雨量总量高达617.1毫米。其中,小时降雨量和单日降雨量均已突破自1951年郑州建站以来60年的历史记录。郑州常年平均全年降雨量为640.8毫米,此次三天的降雨量相当于以往一年的降雨总量。①

暴雨之后的郑州,出现了一段时间的断水、断电、断网,一篇名为《灾后郑州:当一座都市忽然失去了互联网》的文章一时间登上了社交媒体的热搜。如今,互联网成为人们生活的必需品,深深影响着人们生活的方方面面,同时也带动了经济的快速发展。互联网是市场经济作用的产物,却无法适应暴雨这类不利冲击。以线上支付方式为例,支付宝和微信支付、各大银行App等,如今成为大众普遍使用的支付方式。据2019年人民银行开展的中国支付日记账调查显示,手机支付的交易笔数、金额占比分别为66%和59%,现金交易笔数、金额分别为23%和16%,银行卡

---

① 武建玲:《郑州特大暴雨千年一遇》,载《郑州日报》2021年7月21日第01版。

第五章 企业竞争与区域政府竞争构成现代市场经济双重驱动力

交易笔数、金额分别为7%和23%，46%的被调查者在调查期间未发生现金交易。① 这说明，互联网和数字经济的发展，使得我国现金使用率降低。《灾后郑州：当一座都市忽然失去了互联网》一文记载了灾后真实的交易行为：现金支付成为交易的主要方式，但由于人们早已习惯了支付宝和微信支付，现金准备不足，在暴雨后断网断电时，不仅线上支付方式陷入了瘫痪，在极端情况下甚至出现了以物易物的原始交易形态。

由中国人民银行发行的数字货币，可以在没有互联网的情况下使用，可以在非常规情况下适应不利冲击，保障人民生活的正常运行，凸显了政府的超前引领，体现了政府的有为作用。下面根据《中国数字人民币的研发进展白皮书》简单介绍数字人民币的进展、定义和特性。

随着网络技术和数字经济的蓬勃发展，社会公众对零售支付便捷性、安全性、普惠性、隐私性等方面的需求日益提高。不少国家和地区的中央银行或货币当局紧密跟踪金融科技发展成果，积极探索法定货币的数字化形态，法定数字货币正从理论走向现实。中国人民银行（以下简称"人民银行"）高度重视法定数字货币的研究开发。2014年，成立法定数字货币研究小组，开始对发行框架、关键技术、发行流通环境及相关国际经验等进行专项研究。2016年，成立数字货币研究所，完成法定数字货币第一代原型系统搭建。2017年末，经国务院批准，人民银行开始组织商业机构共同开展法定数字货币（以下简称"数字人民币"，字母缩写按照国际使用惯例暂定为"e-CNY"）研发试验。目前，研发试验已基本完成顶层设计、功能研发、系统调试等工作，正遵循稳步、安全、可控、创新、实用的原则，选择部分有代表性的地区开展试点测试。

2019年末以来，人民银行遵循稳步、安全、可控、创新、实用原则，在深圳、苏州、雄安、成都及2022年北京冬奥会场景开展数字人民币试点测试，以检验理论可靠性、系统稳定性、功能可用性、流程便捷性、场景适用性和风险可控性。从2020年11月开始，增加了上海、海南、长沙、西安、青岛、大连6个新的试点地区。数字人民币研发试点地区的选择综合考虑了国家重大发展战略、区域协调发展战略以及各地产业和经济特点等因素，目前的试点省市基本涵盖长三角、珠三角、京津冀、中部、

---

① 《中国数字人民币的研发进展白皮书》，见中国人民银行官网（http://www.pbc.gov.cn/goutongjiaoliu/113456/113469/4293590/index.html）。

207

西部、东北、西北等不同地区，有利于试验评估数字人民币在我国不同区域的应用前景。截至2021年6月30日，数字人民币试点场景已超132万个，覆盖生活缴费、餐饮服务、交通出行、购物消费、政务服务等领域。开立个人钱包2087万余个、对公钱包351万余个，累计交易笔数7075万余笔、金额约345亿元。在地方政府的积极参与支持下，在一些地区开展了数字人民币红包活动，实现了不同场景的真实用户试点测试和分批次大规模集中测试，验证了数字人民币业务技术设计及系统稳定性、产品易用性和场景适用性，增进了社会公众对数字人民币设计理念的理解。

数字人民币是人民银行发行的数字形式的法定货币，由指定运营机构参与运营，以广义账户体系为基础，支持银行账户松耦合功能，与实物人民币等价，具有价值特征和法偿性。其主要含义是：第一，数字人民币是央行发行的法定货币；第二，数字人民币采取中心化管理、双层运营；第三，数字人民币主要定位于现金类支付凭证（MO，流通中的现金），将与实物人民币长期并存；第四，数字人民币是一种零售型央行数字货币，主要用于满足国内零售支付需求；第五，在未来的数字化零售支付体系中，数字人民币和指定运营机构的电子账户资金具有通用性，共同构成现金类支付工具。商业银行和持牌非银行支付机构在全面持续遵守合规（包括反洗钱、反恐怖融资）及风险监管要求，且获央行认可支持的情况下，可以参与数字人民币支付服务体系，并充分发挥现有支付等基础设施作用，为客户提供数字化零售支付服务。

数字人民币的设计特性主要有七点：第一，兼具账户和价值特征；第二，不计付利息；第三，低成本；第四，支付即结算；第五，匿名性；第六，安全性；第七，可编程性。数字人民币运营体系采用的是双层运营模式。数字钱包是数字人民币的载体和触达用户的媒介。在数字人民币中心化管理、统一认知、实现防伪的前提下，人民银行制定相关规则，各指定运营机构采用共建、共享方式打造移动终端App，对钱包进行管理并对数字人民币进行验真；开发钱包生态平台，实现各自视觉体系和特色功能，实现数字人民币线上线下全场景应用，满足用户多主体、多层次、多类别、多形态的差异化需求，确保数字钱包具有普惠性，避免因"数字鸿沟"带来的使用障碍。

政府超前引领的目的是创造区域的竞争优势。前文介绍了区域政府的

第五章　企业竞争与区域政府竞争构成现代市场经济双重驱动力

"三类九要素"竞争，政府的超前引领就是在"三类九要素"方面创造竞争优势，从而为区域创造竞争优势。这也是中观经济学与比较优势理论互补的地方。比较优势理论强调在给定资源禀赋的基础上，各地区要根据自己的资源禀赋发挥比较优势，才能实现资源的有效配置。例如，Stolper-Samuelson 理论提到产品价格的提高将使得密集型资源的回报提高，降低稀缺型资源的回报；Rybczynski 理论提到密集型资源的相关产业发展更好，但阻碍了其他产业的发展，也会出现"荷兰病"。例如，一个国家的天然气资源较多，那么这个国家与天然气相关的产业发展较好，而其他类行业（农业、制造业）的发展则会受阻。这并不利于一个国家的长期发展，甚至可能会陷入"比较优势陷阱"。而政府超前引领创造的比较优势为经济的发展提供了"反馈器"，可以将资源禀赋内生于经济体中，资源禀赋可以由于政府的超前引领而系统性升级，不会出现过度依赖比较优势的现象。案例 5-4 以飞机公司为例，分析政府超前引领的作用。

【案例 5-4】
国家政府在飞机制造领域之争

美国波音公司成立于 1916 年，是全球最大的航空航天业公司，也是世界领先的民用和军用飞机制造商。成立之初，公司主要以生产军用飞机为主，后期才开始转向商用飞机。这与第二次科技革命中美国硅谷的成长史相似，都是通过政府的超前引领，找到了产业的前进方向，同时也在一定程度上承担了科技创新的风险，稳固了波音公司在全世界的垄断地位，为本国创造了竞争优势。

1970 年，空中客车公司作为一个欧洲航空公司的联合企业，其创建的初衷是为了同波音和麦克唐纳·道格拉斯那样的美国公司竞争。在 20 世纪 60 年代，欧洲飞机制造商之间的竞争和美国一样激烈。于是，在 60 年代中期关于欧洲合作方法的试验性谈判便开始了。由空中客车公司的创建初衷可以看出，欧盟在这一产业的发展中体现了政府的超前引领，而不是遵循比较优势理论的指导，一味地发展本国的比较优势产业。2020 年，空中客车公司名列世界 500 强排行榜第 116 位。

政府超前引领实施的竞争政策，通过溢出效应推动了经济的发展。第一，区域供给侧与需求侧效应的外部性。区域政府的不同政策工具首先产生供给侧效应，表现为区域经济的总供给量增加、供给结构改善，然后又带动了需求侧效应的产生。一般来说，区域政府会先投资城市基础设施，然后再进入高新技术投资、风险投资和城乡一体化投资等领域，这些投资既增加了有效供给，改善了供给结构，又通过投资乘数的作用，产生扩张效应，增加了总需求，从而带动了需求侧效应——首先是带动商品供给需求，其次是带动产业发展需求，两者叠加又产生了对人、财、物和信息流的需求，这些共同推动了经济的增长。区域供给侧与需求侧效应的外部性，集中体现在该区域对区域外人、财、物和信息流的吸引、集聚，以及"四流合一"运作机制的形成与运用上。第二，区域经济存量与增量效应的外部性。区域政府的竞争首先发生在城市准经营性资源的转换过程中。为了发挥市场配置资源的决定性作用，更好地使政府财政资金起到"四两拨千斤"的作用，区域政府不但会对区域原有的存量资产进行产权改造，使它符合市场经济竞争机制的要求，还会在一开始就为区域新增资产搭建股份制、公私合营等产权结构载体，充分运用BOT、TOT、PPP、PPC等灵活多样的融资、合作方式，通过发行债券、助力企业上市、鼓励兼并收购等手段，促进项目公司做强做大，最终推动区域经济增长。可以说，区域经济存量与增量效应的外部性主要依赖该区域先于其他区域的理念、技术、组织和制度方面的创新机制。第三，区域从非均衡到均衡效应的外部性。区域政府的竞争行为对区域经济的影响，如政府补贴与产业发展、财政支出与城市建设、社会保障与民生权益等的关系，都处于区域经济从非均衡到均衡的发展过程。区域从非均衡到均衡效应的外部性，直接表现在两方面：一是区域内民众日益增长的美好生活需求和不平衡不充分的发展之间的矛盾正在逐步得到缓解，区域内宜居、宜业、宜游的环境优势正在逐渐确立；二是区域间的经济增长已经形成符合二八定律的格局。

下面，我们将讨论关于政府超前引领普遍关注的两个问题：一是政府超前引领是否存在失败，二是政府超前引领的激励问题。

首先，政府超前引领不存在失败，只存在政策制定或执行的失败。在中观经济学的讨论过程中，学者普遍会关注政府超前引领是否会存在失败的问题，因为在现实的经济发展过程中，可能会看到区域政府引领区域经济发展，但是并没有达到预期的效果。产生这种情况的原因主要有二：一是政策制定的失败。区域政府的超前引领应该遵循市场机制，而不应该打

第五章 企业竞争与区域政府竞争构成现代市场经济双重驱动力

破市场的规则。例如,案例2-3提到政府基础设施建设投资过程中出现的烂尾楼,就是区域政府在超前引领过程中没有遵循市场机制,没有认识到可经营性资源与准经营性资源之间的互补关系,在政策制定过程中没有遵循本区域的发展情况,从而导致了区域政府超前引领没有达到预期的效果。二是政策执行的失败。政策执行的力度在一定程度上决定着政府超前引领的作用效果。例如,案例5-2提到的人才引进政策的制定,为什么有的地区可以吸引到相应的高层次人才,而有的地区依旧缺乏高层次人才的吸引力?这主要因为政府在制定人才政策时,对人才的吸引力度不够,从而影响了政府超前引领的效果。

其次,政府超前引领的激励问题。政府的超前引领有被动和主动两种类型:被动的超前引领是迫于经济发展动力不足,或者其他区域的竞争政策;而主动的超前引领则是区域政府认识到自身同样是经济增长的动力,是市场的"反馈器",对可经营性资源具有引导作用。同时,政府的超前引领还可能源于区域政府领导人的个人能力,也可能源于某种激励机制。经济学理论应该致力于寻找出政府超前引领的激励机制。例如,在有上一级政府的情况下,将政府超前引领的数量和质量作为一项绩效考核目标,可以在一定程度上激励区域政府实行超前引领。

【案例5-5】
经济增长目标引领

经济增长目标属于政府超前引领。就国内而言,各级政府大多会在年初的政府工作报告中指定当年的经济增长目标。

一方面,经济增长目标是否能够实现,决定着区域政府的公信力。大部分区域政府会在期末达到期初设定的经济增长目标,如Lyu等(2018)研究发现,能够达到目标的地区数量是不能达到目标的4~5倍。李书娟和徐现祥(2021)经测算得到,在经济疲软时期,经济增长目标引领了近30%的经济增长。因此,区域政府目标的制定将在一定程度上引领经济各项指标的走势,即经济增长目标的制定将会通过影响资源配置,从而推动经济的增长。徐现祥和刘毓芸(2017)的研究表明,经济增长目标变动1个百分点,投资率将变动3.8个百分点,实际经济变动1个百分点,但是对全要素生产率的影响较小,而且对失业和人力资本的影响也并不显著。他们在文中列举了3个区域政府在设定经济增长目标的同时对资源配置进行管理的案例:"印度每次给出经济增长目标后,都详细说明政府将如何配置资金,并给出有关资金使用的具体项目、行业等。中国早在1982年党的十二大中就明确要求:'要实现今后二十年的战略目标,必须由国家集中必要的资金,分清轻重缓急,进行重点建设。'时至今日,投资审批依然存在。即使欧盟也不例外,为了实现2000—2010年3%的增长目标,里斯本战略强调推动要素市场结构改革、提高研发支出占GDP比重等。"①也就是说,区域政府为了使经济体能够达到既定的增长目标,会有所作为。例如,Lyu等(2018)提出区域政府为完成目标会有实质性的作为;刘淑琳等(2019)验证了经济增长目标可以拉动投资,但是对投资的拉动效果在不同区域间存在异质性;陈邱惠和徐现祥(2021)从全球的角度来看,发现为了实现经济增长目标的承诺,经济增长目标每增加1%,政府支出就会增加1.148%,而且主要用于经济发展,但是对稳增长的时限是短暂的。而设定过高的目标并不利于区域经济的发展。例如,余泳泽等(2019)通过量化政府工作报告中对目标的表述方式,发现硬约束性目标不利于区域全要素生产率的提高,尤其是经济增长目标的"层层加码"现象,通过资源错配,阻碍了产业结构升级,从而降低了社会整体TFP水平;黎文靖等(2020)考虑了相同经济增长目标在不同区域表现的非平衡性,验证了设定过高的经济增长目标将挤出创新投入,扭曲资源配置,不利于企业创新的观点。

另一方面,经济增长目标的设定体现了区域政府的双重属性。Xing等(2019)总结了目标设定的决定因素为:过去表现、同辈设定的目标、实现难度和对上级的重视程度。这实际反映的是区域政府的双重属性:区域政府的准宏观属性决定其代表的是中央政府,因此,目标设定要依据上级政府的目标;区域政府的准微观属性决定其是本区域的利益代表,目标设定要结合自身实际情况,和同辈进行竞争。我国省际区域政府经济增长的目标会与国家和其他省份密切相关。刘勇等(2021)研究证实了我国省际政府增长目标的设定并不是相互独立的,而是一个互相影响的增长目标体系;省际的增长目标设定与国家的增长目标设定密切相关,国家每增长1%,省际政府平均调整1.35%,而且空间与经济发展水平相近的省际政府,其制定的目标更为相近。虽然国家是经济增长目标的引领者,但是国

---

① 徐现祥、刘毓芸:《经济增长目标管理》,载《经济研究》2017年第7期,第18页。

家经济目标的制定主要还是要根据本国上一年的经济发展情况。

三、政府竞争非中性

政府的超前引领虽然可以为区域的发展创造比较优势，但也存在一些潜在的不利影响，因此，我们还需要关注一个重要的问题——政府竞争非中性。竞争非中性问题可以分为三类：具有准宏观属性的政府通过干预造成的企业竞争非中性；具有准微观属性的政府通过竞争造成的企业竞争非中性；区域政府竞争的非中性。第三章第三节主要关注的是政府行为造成的企业竞争非中性问题，这里主要关注政府竞争非中性问题。

企业的无序竞争与竞争非中性是有所区别的，因为企业的竞争会受到政府的影响。简单来说，企业的竞争非中性主要是受政府行为的影响，而企业的无序竞争既可能是受政府的影响，也可能是企业自身行为的结果。但是，对于区域政府来说，竞争非中性和无序竞争是没有差异的。借鉴第一章第二节根据是否拥有垄断势力对企业不正当竞争的分类，区域政府的竞争非中性也可以根据是否拥有垄断势力分为两类：拥有垄断势力的区域政府的竞争非中性和未拥有垄断势力的区域政府的竞争非中性。

首先，考虑区域政府的竞争非中性主要源于区域政府垄断势力的现象。拥有垄断势力的区域政府的竞争非中性更常见于国家政府之间的竞争。例如，美国利用其在世界经济的特殊地位，用美元的垄断势力制裁其他国家，违反了竞争中性原则，这种竞争非中性主要依靠其建立的全球金融基础设施，对不同国家区别对待，从而达到压制个别国家发展的目的。这种竞争非中性仅在短时间内有利于拥有垄断势力的国家，从长期来看，将对全球经济的发展产生不利的影响。因此，如何有效限制拥有垄断势力的国家在超前引领过程当中的竞争非中性问题，是亟待考虑和解决的问题。

其次，考虑未拥有垄断势力的区域政府的竞争非中性。这类竞争非中性常见于国家内部的省际区域政府竞争，容易出现政府"竞次"现象。例如，区域政府通过竞相压低用地价格来吸引投资，虽然在短时间内为区域的经济发展带来了资本，创造了就业岗位，激发了经济活力，但同时也为经济长期发展埋下了隐患，如将土地资源过度配置到工业部门，导致商住用地资源短缺，房价上涨[①]，或者过度地将土地资源配置到商住用地，导致房地产市场过热，大量资金流向房地产市场，实体经济发展资金短缺。这些都不利于区域经济的长期发展。实际上，这种竞相压低用地价格以吸引投资的方式，类似于企业的价格竞争，即通过竞相降价来占据市场份额。但是，企业的价格竞争会受到企业生产成本的制约，而区域政府压低土地价格的约束相对较少。因此，如何有效限制区域政府在超前引领过程当中的"竞次"行为，是亟待重视和解决的问题。

最后，从经济增长新引擎的角度来看，要想有效限制政府竞争非中性，需要构建规则新引擎。其一，国际安全秩序规则——和平、稳定是政府竞争的前提，只有保证社会的和平与稳定，才能为经济的发展创造良好的社会环境。例如，美国通过金融基础设施清算支付系统对别国的制裁行为，实际会为和平与稳定埋下安全隐患。其二，国际经济竞争规则——公平、效率是政府竞争的原则。前文提到，区域政府竞争要遵循市场规则，无论是拥有垄断势力造成的政府竞争非中性，还是未拥有垄断势力造成的政府竞争非中性，都有损市场机制的正常运作，不仅违背公平，还不利于效率的提升。其三，国际共同治理规则——合作、共赢是政府竞争的最优解。区域政府竞争在生成性资源领域，且在该领域，合作要优于各自为政。因此，要想构建规则新引擎，需要各国政府的积极参与，制定相关法律法规，限制政府竞争行为在一定规则内进行，从而推动政府有序竞争，并推动区域政府的创新。

四、经济发展的效率

企业和政府共同决定了经济发展的效率。

本节虽然强调了区域政府对经济的驱动作用，但是企业竞争依旧是经济发展最根本的驱动力。

在此，让我们回顾一下经济学中关于"效率"的含义。效率是指单位时间内投入与产出的比值。因此，单位产出的投入越多，效率就越低；相反，单位产出的投入越少，效率就越高。效率除生产效率和资源配置效率以外，还有 X 效率。

[①] 范剑勇、莫家伟：《地方债务、土地市场与地区工业增长》，载《经济研究》2014年第1期，第1页。

第五章　企业竞争与区域政府竞争构成现代市场经济双重驱动力

生产效率描述的是微观层面的效率，要想提高效率，就要提高微观个体的技术水平。生产效率的提高是经济发展的源动力和基础，因为生产效率的提高决定着经济体的生产可能性边界，而生产可能性边界的外移是社会前进发展的根本动力。18 世纪，英国发起的技术革命带来了第一次工业革命的"蒸汽时代"，大量工人被机器所替代，蒸汽机为机器的运行提供了动力支持，使得微观个体和企业的生产效率大大提高，从而极大地推动了全社会的生产可能性边界的外移。第二次工业革命把人类带入"电气时代"，电子技术迅猛发展，机器动力系统也发生了彻底的更新，电的发明把生产的工作时间拉长，而电信行业的发展使得生产和生活的沟通成本降低，为全球化发展打下了坚实的基础。第三次科技革命把人类带入"网络时代"，计算机的产生使得生产效率和生活效率有了质的提高。近几年大数据、人工智能等科技的发展，使得人类社会发展进入了新的发展阶段。因此，科技的发展在根本上决定着生产效率的提高，生产效率的提高也源于微观的经济个体。

资源配置效率描述的是宏观层面的效率，与之对应的一个概念是资源错配，当资源没有被用在生产效率更高的微观个体时，宏观层面的效率就会有损失。造成资源错配的原因主要有两方面：一是市场信息的不完全，二是政府的干预。例如，劳动力市场存在严重错配的原因就是企业与个人之间的信息沟通不及时，或者信息不透明；产品市场存在的错配主要也是由于生产者和消费者之间信息的不对等。但是，近几年发展起来的平台经济、互联网消费使得偏远地区的优质产品信息可以及时传递给消费者，极大地减少了产品市场的资源错配。相较之下，政府的干预更加突出，这也是文献普遍关注的问题。例如，资本市场存在分割，使得资金很难跨地区流动，造成了资本市场的错配；劳动力市场由于户籍制度的存在，在国家内劳动力的流动受限，在国家之间劳动力更被当作不可流动性资源进行建模。这也是现有文献批判政府干预市场的原因之一。

X 效率是指非经济因素造成的效率的损失（负 X 效率）或者增加（正 X 效率）。造成负 X 效率的原因主要有三点：一是企业和个人的目标不一致，二是个人的不和谐，三是个人的惰性。其中最重要的一点就是企业和个人的目标不一致。微观经济学针对这一问题提出了委托代理理论，即可以通过设置激励机制，使得个人与企业的目标趋同，从而达到降低负 X 效率的作用。例如，绩效工资的激励制度、经理人的激励制度、员工持股的激励制度等。正X效率在现实中也随处可见,例如,中国"两弹一星"事业的成就:在中华人民共和国刚刚成立、百废待兴之际,大批科学家、科技人员、工人等在极其艰苦的环境下,于1960年发射了第一枚国产近程导弹;1964年我国第一颗原子弹爆炸成功,使得中国成为世界上第5个拥有原子弹的国家;1967年我国第一颗氢弹空爆试验成功;1970年我国发射第一颗人造卫星,使得中国成为世界上第5个自主发射人造卫星的国家。这种正X效率的实现,依靠的是信仰和道德的力量。

在中观经济学的理论体系下,社会发展效率的含义有所扩展。一是生产效率的提高不仅依靠微观的个体,而且需要区域政府的积极作用。例如,在第三次工业革命中,美国硅谷等科技巨头的发展,均源于美国政府的军方订单,才孕育了科技的发展。由于科技的创新具有极大的风险和不确定性,因此需要政府在科技企业孵化起步阶段给予政策支持,才能让科技创新诞生,否则将很容易被市场残酷的优胜劣汰机制所扼杀。二是要重新审视资源配置效率的定义。资源的定义应该有一定的区域限制,正是由于区域政府存在竞争,才会在一定程度上限制资源的跨区域流动。因此,在研究资源错配时,并不是从全体的概念出发,而是应该考虑区域政府竞争的因素。三是负X效率的产生也可能源于企业和政府的目标不一致。第二章第三节在介绍企业竞争和区域政府竞争的不同点时提到,二者的目标函数不同,企业追求企业经济效益的最大化,区域政府追求区域内财政收入的最大化,二者虽然有交叉之处,但也会由于二者目标的不一致而造成负X效率。例如,生产率较低的企业由于政府补贴未及时到位而退出市场,造成了整体经济生产效率的降低。

五、小结

本节主要介绍了区域政府作为中观经济学理论体系提出的一类竞争主体对经济的驱动作用,包括经济新引擎理论和政府超前引领理论。

经济新引擎理论提出经济增长的新引擎应该出现在生成性资源领域,包括投资新引擎、创新新引擎和规则新引擎,着重强调了区域政府的驱动作用。其中,投资新引擎不仅包括在产业经济领域的推进供给侧结构性改革,还包括在城市经济领域加大基础设施投资建设,同时需要加大科技项目投入和提升金融配套能力。创新新引擎包括理念创新——推进思想性公共物品的创新;规则创新——推进制度性公共物品的创新;技术创新——

推进物质性公共物品的创新；管理创新——推进组织性公共物品的创新。规则新引擎针对可经营性资源、准经营性资源和非经营性资源三类资源，制定了三类规则：国际安全秩序规则——和平、稳定；国际经济竞争规则——公平、效率；国际共同治理规则——合作、共赢。其中，国际安全秩序规则是国际公共物品供给体系的基本保障；国际经济竞争规则是产业资源配置中企业竞争的基本准则；国际共同治理规则是城市资源配置中区域政府竞争的基本准则。

政府超前引领，即让企业做企业该做的事，让政府做企业做不了和做不好的事，二者不能空位、虚位。政府超前引领着重强调了创新新引擎的作用，即理念创新、规则创新、技术创新和管理创新。政策是区域政府超前引领参与竞争的重要抓手，目的是为区域发展创造竞争优势。政府超前引领与凯恩斯的政府行为在行为节点、调节侧重点、政策手段、政府作用和运行模式等方面有所区别。其中，最重要的是政府超前引领强调区域政府要在事前有所作为，创造竞争优势。区域政府要实现超前引领的原因有三：首要且最根本的原因是可经营性资源与准经营性资源的互补关系，其次是为了充当市场的"反馈器"，最后是为了应对不确定性。区域政府的超前引领本身并不存在失败，只存在政策制定和政策执行的失败。同时，经济学理论更应该关注如何激励区域政府主动进行超前引领。

在政府超前引领中会出现区域政府竞争非中性的问题，根据区域政府是否有垄断势力，本节将区域政府竞争非中性分为两类，并提出了要想避免政府竞争非中性，就需要构建规则新引擎。

根据现有对效率的定义，可将效率分为生产效率、资源配置效率和X效率三类。从中观经济学的角度，我们对三类效率产生的原因进行了重新审视。本节虽然大篇幅阐述了区域政府对经济的驱动作用，但是中观经济学并没有忽略企业对经济发展的根本驱动作用，即企业竞争依旧是经济发展最根本的驱动力。

❋ 本章小结 ❋

本章是本书的核心章节。前两节讨论的是资源配置的问题，第三节讨论的是企业与区域政府对经济的推动作用。

首先，从企业的角度出发，本章第一节回顾了微观经济学的主要研究

内容和方法。微观经济学需要回答的基本问题主要是：生产什么？生产多少？如何生产？何时何地生产？为谁生产？微观经济学的研究方法主要包括：实证分析与规范分析方法，均衡分析和边际分析方法，静态分析和动态分析方法，经济模型。

其次，从区域政府的角度出发，本章第二节类比第一节提出了中观经济学的研究框架：生成什么资源？生成多少资源？怎样生成资源？为谁生成资源？并尝试将中观经济学的研究思路引入资源生成领域，从理论模型的角度回答上述问题。但是，本节提出的模型并不是这类问题研究的标准范式，读者还可以从不同的角度，将中观经济学的思路扩展到经典和前沿的经济学问题研究当中。

最后是本章的核心小节——市场双重主体驱动经济的发展。第三节在肯定企业是经济发展的根本驱动力的同时，着重阐述了区域政府的驱动作用，提出了中观经济两个核心的理论——经济新引擎理论和政府超前引领理论，并在介绍相关概念的同时，列举了现实中的实例，以助于理解理论概念。

经济增长的新引擎应该关注生成性资源领域，包括投资新引擎、创新新引擎和规则新引擎。投资新引擎不仅包括在产业经济领域推进供给侧结构性改革，还包括在城市经济领域加大基础设施投资建设，同时需要配套加大科技项目投入和提升金融配套能力。创新新引擎包括理念创新、规则创新、技术创新、管理创新。规则新引擎针对可经营性资源、准经营性资源和非经营性资源的三类资源分类，制定三类规则：国际安全秩序规则——和平、稳定；国际经济竞争规则——公平、效率；国际共同治理规则——合作、共赢。

政府超前引领，即让企业做企业该做的事，让政府做企业做不了和做不好的事，二者不能空位、虚位。政府超前引领着重强调了创新新引擎的作用，即理念创新、规则创新、技术创新和管理创新。其中，政策是区域政府超前引领、参与竞争的重要抓手，目的是为区域发展创造竞争优势。政府超前引领与凯恩斯的政府行为主要在行为节点、调节侧重点、政策手段、政府作用和运行模式等方面有所区别。但是，在此过程中可能存在政府竞争非中性问题。通过构建规则新引擎，制定相应规则，可以避免政府竞争非中性。

经济发展的效率并不是一个新的概念，本章从中观经济学的角度出发,对生产效率、资源配置效率和 X 效率进行了扩展。尤其是在分析区域经济发展时,应注意资源配置的效率要考虑区域的概念,同时,X 效率产生的原因也可能源于区域政府和企业的目标不一致。

思考讨论题

1. 请阐述微观经济学的研究范畴为何是可经营性资源领域。
2. 请阐述微观经济学的主要研究内容和研究方法。
3. 请尝试从不同的角度总结微观经济学的主要研究内容和研究方法。
4. 请阐述中观经济学的研究范畴为何是生成性资源领域。
5. 请阐述中观经济学研究的理论框架,以及对此有何建议。
6. 针对生成多少资源这个问题,请尝试从中观经济的角度出发,建立理论模型,并进行实证分析。
7. 针对怎样生成资源这个问题,请尝试从中观经济的角度出发,提出一些切实可行的建议和理论支持。
8. 请阐述区域政府在中观经济中的作用。
9. 请阐述经济新引擎的概念和含义。
10. 请尝试使用投资新引擎的理论,重新思考经典和前沿的经济学问题。
11. 请阐述创新新引擎的概念和含义。
12. 请阐述政府超前引领的含义。
13. 请尝试列举现实中区域政府的超前引领实例,并从中观经济学的视角进行分析。
14. 请阐述政府竞争非中性的含义、分类,并从中观经济学的视角思考如何避免政府竞争非中性。

第六章　重点问题梳理

本书第一章回顾了微观经济学的理论体系，第二章至第五章从区域政府的角度详细介绍了中观经济学的理论体系和脉络。总体而言，第一章至第五章是从概念体系的完整性角度出发，对理论进行介绍和剖析。但初学者在未能把握中观经济学理论框架时，容易存在疑惑，并将一些概念与微观经济学的解释相混淆。在教学和讨论过程中，笔者也发现部分学生或学者对中观经济学的一些重点概念和问题存在误解，因此，本章对一些共性的问题进行了汇总，并从中观经济学的角度，多角度穿插进行解答。也就是说，本章是问题导向，从问题的角度出发，将前面五章的内容进行梳理和融合，使读者更易于理解。

问题主要分为概念性问题和应用性问题，本章第一节集合概念性问题，第二节集合应用性问题。

第一节　概念性问题

问题6.1　在传统的西方经济学中，区域政府应该充当的是"守夜人"和调控者的角色，为什么还会提到区域政府竞争这一概念？

关于"政府竞争"的研究，本书第二章第一节总结道：这并不是一个新的概念，现在已经有很多学者在研究"政府竞争"这一问题。现行关于政府竞争的研究主要有两个角度：一是从官员晋升的角度分析区域政府竞争的行为，二是从区域经济利益最大化的角度来分析区域政府竞争的行为。前者使得区域政府追求更多更好的政绩，而后者使得区域政府追求经济利益或者财政收入的最大化。一部分研究认为，区域政府竞争会吸引FDI的流入，从而促进经济的发展。就竞争方式而言，大部分研究认为税收竞争、补贴竞争是区域政府竞争的主要方式，而区域政府竞争的手段主

要是税收和补贴。另外，虽然现代西方经济学也在研究基础设施对经济的促进作用，但未能将其提升到区域竞争的角度来进行研究，而更多是从需求侧的角度进行分析。

但是，区域政府竞争缺乏经济学理论的支持。正如问题所述，在传统西方经济学理论体系中，政府充当的是"守夜人"和调控者的角色，并没有竞争的特性。也就是说，现实的研究和经济学理论基础有冲突。因此，中观经济学以资源分类为起点，试图为现实中的政府行为提供理论支持。下面从中观经济学的角度解释区域政府竞争的理论基础。

中观经济学重新审视了资源的分类，提出了资源不只包括公共品和非公共品两种，二者之间还有一类资源是准经营性资源。这类资源具有动态性、经济性、生产性和高风险性四大特点。这也是将生成性资源从微观经济学对资源的模糊区域中划分出来的依据。一方面，生成性资源/准经营性资源具有经济性和生产性，这就决定了准经营性资源有别于非经营性资源，可以通过市场机制进行资源配置；另一方面，生成性资源/准经营性资源具有高风险性，这就决定了准经营性资源有别于可经营性资源，不能完全依靠市场机制和市场力量，政府必须作为资源配置的主体。正是准经营性资源的提出，才决定了区域政府具有"准宏观"和"准微观"的双重属性，因此，区域政府为了使区域经济利益最大化，必须参与区域竞争。

与以往研究不同的是，中观经济学提出的区域政府竞争主要集中在准经营性资源领域，尤其是在城市基础设施建设方面，其实质是对城市经济发展中各种有形或无形资源的竞争，其目的主要在于优化本区域城市资源配置，提高本区域城市经济效率和回报率，政府主要围绕本区域城市经济的领先优势和可持续发展目标来配套政策措施。

问题 6.2 中观经济学的"有为政府"的定义是什么？其与新结构经济学提到的"有为政府"有什么区别？

新结构经济学的发起人林毅夫教授在其 2010 年发表的《新结构经济学——重构发展经济学的框架》一文中提出因势利导型政府应该在教育、金融、法律和硬性基础设施四个方面发挥自己的基本职能，促进软硬件基础设施的及时改进，顺应产业升级的新要求。北京大学新结构经济学研究中心的王勇教授在其 2017 年发表的《论有效市场与有为政府：新结构经济学视角下的产业政策》一文中对"有为政府"的定义为:"如果全集是政府可以做的所有事情,那么去掉乱为和不作为这两个集合,剩下的补集就是有为的集合。"清华大学五道口金融学院的鞠建东教授于2015年与林毅夫教授和王勇教授合作发表的 Endowment Structures, Industrial Dynamics and Economic Growth 一文,第一次为新结构经济学提供了理论模型指导。鞠建东教授和刘政文在2017年发表的《产业结构调整中的有为地方政府》一文中提到:"产业结构调整中的有为地方政府是指,在充分竞争的环境中,根据当地要素禀赋提供适宜产业政策,且占用社会资源的程度不大于最优水平 A^* 的地方政府。"

中观经济学从两个方面对"有为政府"进行了定义。一方面,从资源的角度来看。弱式有为政府是指只关注非经营性资源(民生经济),并采取"基本托底、公平公正、有效提升"的原则进行调配和配套政策的政府。半强式有为政府是指不仅关注非经营性资源(民生经济),还关注可经营性资源(产业经济),并对可经营性资源采取"规划、引导;扶持、调节;监督、管理"的原则进行调配和配套政策的政府。强式有为政府是不仅关注非经营性资源(民生经济)和可经营性资源(产业经济),还关注准经营性资源(城市经济),并对准经营性资源采取"参与城市竞争,维护市场秩序,遵循市场规则"的原则进行调配和配套政策的政府。另一方面,从政府的职责角度来看,有为政府应该是扮演好四种角色的政府,即区域政府不仅应该解决市场失灵(扮演好"守夜人"的角色),对宏观经济进行调控(扮演好调控者的角色),还应该维护好现代市场经济体系(扮演好维护者的角色),更好地参与到区域竞争中(扮演好参与者的角色)。由于区域政府的角色是复杂的,既是"游戏规则"的制定者,又是"游戏"的参与者,所以如何约束区域政府行为是现实经济发展中亟待解决的问题。

中观经济学与新结构经济学提到的"有为政府"都认为市场与政府并不是对立的关系。鞠建东(2017)认为"自由市场和政府管理并不天然对立,二者只是经济活动的不同组织形式。按照参与主体的层级关系,可以将社会活动的组织形式分为垂直管理(vertical management)与平行交易(parallel transaction)两个大类。政府与企业内部的管理和自由市场代表了经济活动的垂直管理和平行交易形式。两种形式往往层层嵌套,各有利弊"。此文表明,自由市场虽能实现福利最大化,但也只存在于理想的理论模型阶段，市场有失灵的可能；此文还通过理论模型为有为政府的存在性提供了一个理论支持：行业之间存在正的外部性，自由市场下会有多重均衡解，因此需要政府的干预。中观经济学认为市场与政府是相辅相成的关系，区域政府在现代市场经济中既是"守夜人"和调控者，同时也是维护者和参与者。一方面，市场经济虽然可以实现资源的有效配置，但是市场经济不能仅仅依靠市场本身建立起来。从现代市场经济的纵向体系可以看出，市场经济不仅需要市场要素体系、市场组织体系这类基础性的市场体系，还需要市场法制体系、市场监管体系这类约束性市场体系和市场环境体系、市场基础设施这类条件性市场体系，来保障市场经济有效。基础性的市场体系是市场本身建立起来的，而约束性和条件性的市场体系则需要依靠政府的作为。所以，区域政府是现代市场经济的维护者。另一方面，市场经济不仅存在于产业经济领域，而且存在于城市经济和国际经济领域。由于区域政府是生成性资源的调配参与主体，在现代市场经济的横向体系中，区域政府作为一类竞争主体参与市场竞争。所以，区域政府也是现代市场经济的参与者。

同时，二者也有不同之处。第一，新结构经济学对"有为政府"的定义依旧是以传统西方经济学理论基础为根基的，资源仅分为公共品和非公共品，因此，有为政府依旧仅考虑基础设施建设领域。而中观经济学对"有为政府"的定义是建立在资源生成理论基础之上的，将资源分为可经营性资源、准经营性资源和非经营性资源三类，政府应该在准经营性资源领域参与竞争，保证可经营性资源能够在市场机制下得到有效配置，为非经营性资源托底。第二，新结构经济学的有为政府的功能是因势利导。因为新结构经济学建立在比较优势理论的基础上，提出了比较优势发展战略，所以根据比较优势理论的经典模型和推论，要求政府要随市场而动。中观经济学的有为政府的功能是超前引领。因为中观经济学建立在竞争优势理论基础上，而且区域政府配置的准经营性资源与企业配置的可经营性资源具有互补关系，所以为有为政府的超前引领提供了理论上的支持。政府超前引领要求区域政府不仅应发挥地区的比较优势，还应参与区域政府间的竞争，不断创造区域的比较优势。

问题 6.3　有效市场与有为政府的关系是什么?

首先需要明确的是,中观经济学提到的有效市场和有为政府有新的定义和内涵。有效市场的定义虽然已经达成共识,即通过价格信号和价格体系就能实现资源配置帕累托有效的市场。但是,有效市场是一个理论的概念,中观经济学从有效市场体系的角度对其进行了定义。

现代市场经济可分为横向体系和纵向体系。现代市场经济横向体系将市场经济扩展到了生成性资源领域。这种扩展包含两个层次:适用于资源类型的扩展和适用于市场主体的扩展。首先,市场不仅存在于产业经济中,还存在于城市经济和国际经济中。其次,市场横向体系中存在双重竞争主体——企业和区域政府。现代市场经济的横向体系并没有否定以往微观经济学的观点,而是在此基础上进行了扩展,也就是说,产业经济依旧是市场经济的基础领域,城市经济和国际经济是市场经济的生成性领域。现代市场经济纵向体系主要包括六个方面:市场要素体系、市场组织体系、市场法制体系、市场监管体系、市场环境体系、市场基础设施。其中,市场要素体系、市场组织体系是现代市场经济纵向体系的基础性体系;市场法制体系、市场监管体系是现代市场经济纵向体系的约束性体系;市场环境体系、市场基础设施是现代市场经济纵向体系的条件性体系。

与之对应,市场失灵和政府失灵也有了新的含义。现代市场经济体系结构的市场失灵主要包括三类:市场机制缺陷性失灵,主要是指市场机制在产业经济中发挥不了作用;市场机制空白性失灵,主要是指市场机制不能在生成性资源领域发挥作用;市场机制障碍性失灵,主要是指市场主体行为违背市场规则。政府的失灵主要包括三类:民生经济不足型政府失灵、产业政策缺失型政府失灵和城市建设空白型政府失灵。

因此,有效市场和有为政府不是对立的关系,而是相互融合、相互促进。首先,市场经济虽然可以实现资源有效配置,但是市场经济不能仅仅依靠市场本身建立起来。从现代市场经济的纵向体系可以看出,市场经济不仅需要市场要素体系、市场组织体系这类基础性的市场体系,还需要市场法制体系、市场监管体系这类约束性市场体系和市场环境体系、市场基础设施这类条件性市场体系,来保障市场经济有效。基础性的市场体系是市场本身建立起来的,而约束性和条件性市场体系则需要依靠政府的作为。所以,区域政府是现代市场经济的维护者。其次,市场经济不仅存在于产业经济领域，而且存在于城市经济和国际经济领域。由于区域政府是生成性资源的调配参与主体，因而在现代市场经济的横向体系中，区域政府作为一类竞争主体参与市场竞争。所以，区域政府是现代市场经济的参与者。

问题6.4 根据双强机制对强式有为政府和强式有效市场的定义，二者是否相互牵制？会不会此消彼长？

这里需要明确的是，强式有效市场并不是要强调市场自由化，削弱政府的作用；强式有为政府也不是要强调政府的过分干预，削弱市场的作用。中观经济学对强式有效市场和强式有为政府的定义都是基于资源生成理论。强式有为政府是指不仅关注非经营性资源（民生经济）和可经营性资源（产业经济），还关注准经营性资源（城市经济），并对准经营性资源采取"参与城市竞争，维护市场秩序，遵循市场规则"的原则进行调配和配套政策的政府。强式有效市场是指市场要素体系、市场组织体系这类基础性体系和市场法律体系、市场监管体系这类约束性体系，以及市场环境体系、市场基础设施这类条件性体系建设完备的市场。

因此，强式有效市场的构建，需要政府的作为；而强式有为政府则需要遵循市场的规则。二者不会此消彼长，而是同生共长。第三章第二节提到了有为政府与有效市场的组合形式是相互制约、相互推动的。在较弱的有效市场模式下，不可能存在较强的有为政府，例如"强式有为政府+弱式有效市场"。同样，在较弱的有为政府模式下，不可能存在较强的有效市场，例如"弱式有为政府+强式有效市场"。只有当有为政府达到一定程度时，才能使得市场体系健全，构建起强式有效市场。

问题6.5 区域政府竞争与企业竞争的关系是什么？如何避免竞争非中性？

本书第二章第三节总结了区域政府竞争和企业竞争的异同点。相同点是区域政府竞争和企业竞争都应遵循市场规律。不同点主要包括九个方面：第一，竞争的目标函数不同。企业竞争的目标函数是自身利益的最大化以及成本的最小化，其实质反映的是企业家追求自身财富增长的过程。区域政府竞争的目标函数是财政收入的最大化，其实质反映的是区域政府追求本区域内经济和社会可持续增长的过程。第二，达成目标的手段不同。企业为了在投入端、生产端和管理技术端三个方面的竞争中获得利益的最大化,主要通过增加投入、提高质量和要素生产率的方式来实现。而区域政府为了在经济发展水平、经济政策措施和经济管理效率"三类九要素"的竞争中获得财政收入的最大化,主要通过优化财政支出结构和政策的创新而提高区域内的全要素生产率来实现。第三,实现目标的路径不同。区域政府实现目标的路径包括有形的准经营性资源的投入和无形的政策资源的投入。企业要实现利润最大化,持续有效的投入是关键,只有不断地投入,才能获得持续的生产要素,提高技术水平,也就是说,企业主要依靠投入来实现利润的最大化。第四,投融资机制不同。企业的投融资属于投入端的竞争,目的仅是企业利益的最大化,因此,投融资着重是为了提高效率。而区域政府的投融资要兼具公平与效率。第五,价格决定机制不同。企业竞争遵循市场规则,根据供给和需求来定价。而区域政府竞争难以根据市场规则的供需来进行市场定价。目前,主要是由政府通过管制定价的方式来决定公共品和准公共品的价格,主要的定价方式有平均成本定价法、二部定价法和负荷定价法等。第六,竞争导向不同。企业作为市场中的微观主体主要是需求导向型,而区域政府并不局限于需求导向,由于区域政府的超前引领,优化了城市经济的供给,其将反过来促进产业经济的发展。第七,竞争领域不同。企业在产业经济领域展开竞争,而区域政府在城市经济领域展开竞争,这一点是企业竞争区别于区域政府竞争的根本所在。第八,竞争角色不同。企业竞争是在微观经济领域,企业在市场中发挥微观主体的作用。区域政府虽然在中观经济领域参与竞争,但是同时其也是市场经济的维护者。第九,管理模式不同。区域政府主要采用区域资源规划(DRP)系统,而企业则主要采用企业资源规划系统(ERP)系统。第五章第三节提到,正是二者在目标函数等方面的不同,导致了区域经济发展的负 X 效率。

  需要着重把握的是企业与区域政府之间不存在竞争,而是分别在各自领域内参与竞争。但是二者又是相互联系的:企业竞争是区域政府竞争的基础,区域政府竞争又反作用于企业竞争。这一点通过企业生产函数和区域生产函数就可以看出:区域生产函数是在企业生产函数的基础上扩展而来的,不仅需要区域政府的投入,而且最基础的是需要企业的投入。也就是说,企业竞争力是区域政府竞争力的基础,而区域政府竞争力的提升将提高区域对要素的吸引力,增强企业在投入端、产品端和管理技术端的竞争力，二者并不互斥，而是一个相互促进的过程。

另外，大家普遍关注的是区域政府竞争会不会影响企业竞争。本书第三章第三节对竞争非中性进行了重新定义，将企业竞争的非中性分为两类：具有准宏观属性的政府通过干预造成的企业竞争非中性；具有准微观属性的政府通过竞争造成的企业竞争非中性。也就是说，区域政府在竞争过程中会影响企业竞争的公平，使得企业竞争存在非中性。

本书第三章第三节提到，中观经济学从市场经济体系六个子体系的角度，提出了健全、完善竞争中性原则的思路。

第一，在市场要素体系中，应在要素获取、成本确认、经营运行、债务中性和补贴约束等方面健全和完善竞争中性原则。

第二，在市场组织体系中，应在准入许可、企业经营形式、公共服务义务和各类营商主体公平竞争等方面健全和完善竞争中性原则。

第三，在市场法制体系中，应在市场价值导向、交易行为、契约行为和产权行为，尤其是知识产权保护和税收中性等方面健全和完善竞争中性原则。

第四，在市场监管体系中，应在项目招商、招投标、政府采购和对机构、业务、市场、制度审查及监管中性等方面健全和完善竞争中性原则。

第五，市场环境体系主要包括实体经济基础、企业治理结构和社会信用体系三方面。目前，至关重要的是应在法律制度、信托关系、信用工具、信用中介规范，以及其他相关信用要素的规范上健全和完善竞争中性原则。

第六，市杨基础设施主要包括市场服务网络、配套设备及技术、各类市场支付清算体系和科技信息系统等。应针对不同竞争主体在区域市场、国家市场乃至国际市场上使用这些基础设施的标准，以健全和完善竞争中性原则。

第二节 应用性问题

问题6.6 中观经济学与新结构经济学的异同点是什么？区域如何跨越"比较优势陷阱"？[①]

中观经济学与新结构经济学相比，主要有以下几点不同：一是理论基础方面，新结构经济学以比较优势理论为基础，中观经济学以竞争优势理论为基础。二是要素资源方面，新结构经济学假定要素资源配置外生给定，是相对静态的概念；中观经济学将资源分为可经营性资源、准经营性资源、非经营性资源三类，并提出了资源生成理论，认为资源是相对动态的。三是经济增长动力方面，新结构经济学更加关注贸易引擎；中观经济学则认为经济增长新引擎应该出现在生成性资源领域，主要包括投资新引擎、创新新引擎和规则新引擎。四是政府作用方面，新结构经济学更加关注政府对产业经济和民生经济的影响，而中观经济学在此基础上还关注了政府对城市经济的作用和影响。

但是，中观经济学和新结构经济学是一种互补的关系，如图6-1所示。新结构经济学使用新古典的分析方法研究经济结构及其变迁，提出结构变迁的四个驱动因素分别是要素禀赋、比较优势、市场和政府。新结构经济学的理论认为，要素禀赋是研究经济结构的出发点，其根据时间地点的不同而改变。不同国家在不同发展时期具有不同的要素禀赋，当且仅当在市场有效充分竞争的前提下，价格体系通过要素价格反映出要素的结构，一国将技术和产业与其相匹配，从而形成该国在该时期的比较优势。然而，要素禀赋结构只是潜在的比较优势，只有转变为竞争优势才能转化为显性的比较优势，实现经济的快速发展。因此，此时需要有为政府制定符合一国比较优势的发展策略，但一国若一味地实施比较优势发展战略，难免会陷入"比较优势陷阱"。如一国发展优势处于其人口红利，而其高精尖技术处于相对落后状态，假若其一直以低成本劳动力作为发展动力，而不倡导创新、科技，则该国一定会落后于他国，不利于其区域经济的可

[①] 本问题回答摘自李粤麟《新视野 新发展——评〈经济新引擎——兼论有为政府与有效市场〉》，载《广东财经大学学报》2021年第4期，第111~112页。

持续发展。新结构经济学假设资源禀赋结构是外生的、相对静止的，而中观经济学的资源生成理论将资源禀赋结构内生化，因此，资源禀赋结构存在一个相对动态的变化过程。当有效市场发挥作用陷入"比较优势陷阱"时，需要政府根据本区域的发展特征、要素禀赋特征，在生成性资源领域构建经济发展的新引擎，以增强区域政府的竞争力，改善本区域的要素禀赋结构，从而帮助区域跨越"比较优势陷阱"，实现经济的良性发展。

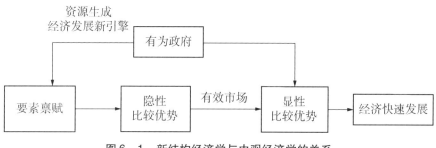

图6-1 新结构经济学与中观经济学的关系

问题6.7 当前困扰我国的一大问题就是地区发展不平衡，特别是东部沿海地区和西部地区之间。中观经济学如何看待该问题？区域政府在此过程中又应该扮演什么角色？

需要明确的是，区域间会呈现梯度均衡，区域间发展程度呈现的差异是梯度变格均衡律的横向体现。梯度变格均衡律的横向表现就是在某个时间点，不同区域处在不同的发展阶段。这一表现在现实的经济发展中是普遍存在的。在国际上，不同国家发展水平阶段不同，发达国家普遍开始进入第三阶段，发展中国家普遍迈入第二阶段，而很多欠发达地区还处在第一阶段；在国家层面上，我国东南沿海的较发达区域一直走在全国前列，开始关注三类资源的均衡发展，而西北部地区则可能更多处于第一阶段。正是由于不同区域所处阶段不同，才为区域间的分工合作提供了可能，才构成了横向的梯度变格均衡律。尤其对于国家层面的省际区域发展来说，横向的梯度变格均衡是普遍且长期存在的。东南沿海城市是我国经济发展的排头兵，吸引了全国大部分生产资料、资源，而西北部地区的城市则为我国的生态文明建设做出了不可小觑的贡献。

以往经济学家、政治家、民众普遍将这种发展阶段的不同看作是不平衡发展，学者们普遍从某一切入口出发，研究产业结构的不平衡、人口资源的不平衡、城镇化的不平衡、金融发展的不平衡等。但中观经济学认为，这种发展阶段的不同实质上是梯度变格的均衡，也是资源稀缺情况下资源优化配置的结果。这一点与比较优势理论有相似之处：二者都是在相互合作、贸易的基础上强调"取长补短"，正是各区域所处梯度阶段不同，才可能互相发挥比较优势，实现互补、均衡式的发展。

从梯度变格均衡律的横向表现来看，梯度的产生是不可避免的，这主要取决于一个地区先天的地理位置、生产资料、文化底蕴等"天生"资源禀赋的差异。例如，硅谷的最初发展得益于其独有的黄金资源，吸引了大量淘金客，为后续发展奠定了生产资料基础；日本东京湾区的最初发展得益于其先天的优良港湾条件，经过不断填海造陆，由此建立了大量港口等交通运输体系，为后续发展奠定了基础设施的准备；粤港澳大湾区的最初发展得益于深圳改革开放窗口的特殊地位、优良的地理位置和其商文化的积淀，为后续发展奠定了产业的基础。时至今日，在同一时间点"幸运"的区域凭借其"先天"资源已然先于其他地区进入梯度变格的第二阶段或者第三阶段；但地理优势相对不明显、资源禀赋相对较差的区域不会像这些区域那样发展得如此之快，仍处于梯度变格的第一阶段或者第二阶段。

然而，对于区域政府来讲，一味依靠比较优势，无法实现梯度的推移，就意味着区域政府竞争的失败。因此，要想使区域经济发展处于更高层次的发展阶段，就需要区域政府的超前引领。

政府超前引领实施的竞争政策，通过溢出效应推动经济的发展。第一，区域供给侧与需求侧效应的外部性。区域政府的不同政策工具首先产生供给侧效应，表现为区域经济的总供给量增加、供给结构改善，然后它又带动了需求侧效应的产生。一般来说，区域政府会先投资城市基础设施，然后再进入高新技术投资、风险投资和城乡一体化投资等领域，这些投资既增加了有效供给，改善了供给结构，又通过投资乘数的作用，产生扩张效应，增加了总需求，从而带动了需求侧效应——首先是带动商品供给需求，其次是带动产业发展需求，两者叠加又产生了对人、财、物和信息流的需求，这些共同推动了经济的增长。区域供给侧与需求侧效应的外部性集中体现在该区域对区域外人、财、物和信息流的吸引、集聚，以及"四流合一"运作机制的形成与运用上。第二，区域经济存量与增量效应的外部性。区域政府的竞争首先发生在城市准经营性资源的转换过程中。

为了发挥市场配置资源的决定性作用，更好地使政府财政资金起到"四两拨千斤"的作用，区域政府不但会对区域原有的存量资产进行产权改造，使它符合市场经济竞争机制的要求，还会在一开始就为区域新增资产搭建股份制、公私合营等产权结构载体，充分运用 BOT、TOT、PPP、PPC 等灵活多样的融资、合作方式，通过发行债券、助力企业上市、鼓励兼并收购等手段，促进项目公司做强做大，最终推动区域经济增长。可以说，区域经济存量与增量效应的外部性主要依赖该区域先于其他区域在理念、技术、组织和制度方面的创新机制。第三，区域从非均衡到均衡效应的外部性。区域政府的竞争行为对区域经济的影响，如政府补贴与产业发展、财政支出与城市建设、社会保障与民生权益等的关系，都处于区域经济从非均衡到均衡的发展过程中。区域从非均衡到均衡效应的外部性，直接表现在两方面：一是区域内民众日益增长的美好生活需要和不平衡不充分的发展之间的矛盾正在逐步得到缓解，区域内宜居、宜业、宜游的环境优势正在逐渐确立；二是区域间的经济增长已经形成符合二八定律的格局。

值得注意的是，区域政府超前引领能否成功，与政策的制定和执行密切相关。第一，在区域政府的超前引领过程中，政策的制定应该遵循市场机制，而不应该打破市场的规则。例如，案例 2-3 提到政府基础设施建设投资过程中出现的烂尾楼，就是因为区域政府在超前引领过程中没有遵循市场机制，没有认识到可经营性资源与准经营性资源之间的互补关系，其在政策制定过程中没有遵循本区域的发展情况，致使区域政府超前引领没有达到预期的效果。第二，政策执行的力度在一定程度上决定着政府超前引领的作用效果。例如，第五章第三节提到的人才引进政策的制定。为什么有的地区可以吸引到相应的高层次人才，而有的地区依旧缺乏对高层次人才的吸引力？这主要是因为政府在人才政策制定时，对人才的吸引力度不够，从而影响了政府超前引领的效果。

问题 6.8　区域政府竞争是不可避免的，但是这样会在一定程度上造成市场分割和地方保护。应如何看待地方区域竞争容易造成市场分割这一负面效应？如何才能更好地促进地方间的共享合作？

从不同的角度分析，市场分割会有不同的影响方向。从区域政府的角度来看，区域政府在竞争过程中关心的是区域财政收入，也就是区域内的经济发展水平，因此，市场分割和地方保护主义会防止资源外流，从而有

利于区域内的经济发展。但是，从中央政府的角度来看，中央政府关心的是全国经济的发展水平，因此，市场分割和地方保护主义无疑会妨碍资源的自由流动，造成资源的错配，影响市场配置资源的效率，从而不利于区域经济的发展。因此，造成资源错配、资源配置效率降低的原因主要是区域政府与中央政府的目标函数不一致。

从中央政府的角度来看，如何才能避免市场分割和地方保护主义？第四章第三节介绍竞争合作协同律时提到，区域间的合作要满足规则协同性、政策协同性和创新协同性。总结国家层面的区域政府和国际层面的区域政府在规则协同性上的差异，我们可以看出区域政府是否能够顺利实现规则协同性在很大程度上取决于其是否有上一级政府。因为同一层级的区域政府是"兄弟关系"，与上一级的区域政府是"父子关系"，上一级政府的存在可以调节区域政府之间的关系，为区域政府的发展制定期望目标，所以拥有上一级政府更容易实现规则协同性。这就需要构建规则新引擎为区域的发展制定相应的合作规则。

问题6.9 准经营性资源转化为可经营性资源是否更有利于提高效率？

准经营性资源向可经营性资源转化具有如下优点：其一，促进政府职能转变；其二，推动投资主体多元化；其三，分散项目投资风险；其四，吸引社会资金参与城市基础设施建设；其五，运用市场机制提高了效率，以最佳的财政支出结构带来最大的政府财政收益等。因此，比较而言，准经营性资源转化为可经营性资源更有利于效率的提升、经济的发展。

但是，这并不意味着要让所有的准经营性资源都转换为可经营性资源，现实中依旧存在一些战略性的准经营性资源必须转换为非经营性资源。准经营性资源转化为可经营性资源还是非经营性资源主要取决于区域政府自身的财政状况、市场需求和社会民众的可接受程度等因素。

问题6.10 地方政府通过多种手段进行竞争，比如金融竞争，其中的一个结果就是地方政府债务快速增加。但仍然有许多地方政府能够进一步举债，而金融机构也愿意继续为其融资。现有研究多以预算软约束来解释这类情况，即中央会兜底。您觉得这个原因是否存在？对此还有其他的原因吗？中央是否有一个有效的机制设计或者制度安排来引导地方政府的债务健康发展?

从中观经济学的角度来看,基础设施建设属于准经营性资源。因此,我们可以从两个角度来考虑这个问题:第一,地方政府债务是不是就是因为没有明确一些准经营性资源的准经营性特性而一味地认为公共品需要由政府承担,所以致使政府财政负担过重。第二,这也涉及资源生成中的资源配置问题:怎样合理生成准经营性资源?基础设施建设如何发挥出实际的经济效力?

要想解决这些问题,需要在根本上转变观念,达成理念创新。

一方面,要认识到基础设施的准经营性资源的属性,让准经营性资源合理地转换为可经营性资源,这样不仅可以提高准经营性资源的效率,还可以减轻区域政府的财政压力。但是,准经营性资源转换为可经营性资源最主要的是要解决好投资载体、融资和经营方式三大问题。首先,对于载体的确认,区域政府可以通过独资、合资、合作、股份制甚至国有民营等方式组建建设项目的载体。其次,政府主要通过资本市场融资的方式筹集资金,形式包括:发行债券或可转换债券,发行股票,设立项目基金或借力于海内外基金投资项目,以基本建设项目为实体买壳上市,将基建项目资产证券化,将基建项目以并购组合方式与其他项目一起捆绑经营,采用项目租赁、项目抵押、项目置换或项目拍卖等方式。最后,使用PPP模式进行经营。

另一方面,要认识到准经营性资源和可经营性资源的互补性。第二章图2-1揭示了产业经济与基础设施投资之间有个最优的比例结构,一定比例的基础设施建设将助力产业经济的发展,产生挤入效应。相反,过度的基础设施投资将产生挤出效应,不利于产业经济的发展。

问题6.11 区域政府竞争过程中要遵循什么规则?

区域政府的竞争要遵循市场规则。从市场的角度来看,现代市场经济横向体系在资源领域由可经营性资源扩展到准经营性资源领域,区域政府作为准经营性资源的调配者参与市场竞争。也就是说,区域政府是市场经济的参与者。

但是,区域政府竞争同样存在非中性的问题。本书第三章第三节提到竞争非中性分为三类:具有准宏观属性的政府通过干预造成的企业竞争非中性;具有准微观属性的政府通过竞争造成的企业竞争非中性;区域政府

竞争的非中性。本书第五章第三节具体介绍了区域政府竞争的非中性问题，并将区域政府的竞争非中性根据其是否拥有垄断势力分为两类：拥有垄断势力的区域政府的竞争非中性和未拥有垄断势力的区域政府的竞争非中性。

那么，怎样才能有效限制政府竞争的非中性？本书第五章第三节给出的答案是构建规则新引擎。首先，国际安全秩序规则——和平、稳定是政府竞争的前提，只有保证社会的和平与稳定，才能为经济的发展创造良好的社会环境。其次，国际经济竞争规则——公平、效率是政府竞争的原则，区域政府的竞争要遵循市场规则，无论是拥有垄断势力造成的政府竞争非中性，还是未拥有垄断势力造成的政府竞争非中性，都有损市场机制的正常运作，不仅违背公平，还不利于效率的提升。最后，国际共同治理规则——合作、共赢是政府竞争的最优解，区域政府竞争发生在生成性资源领域，在该领域，合作要优于各自为政。要想构建规则新引擎，需要各国政府的积极参与，制定相关法律法规，限制政府竞争行为在一定规则内进行，从而推动政府有序竞争，并推动区域政府的创新。

问题 6.12 区域政府的退出机制是什么？区域政府超前引领是否会失败？

企业的退出机制是破产。区域政府竞争的结果是形成梯度的结构，梯度无法顺利推移甚至倒退，是区域政府竞争失败的结果。区域资源禀赋仅决定了区域起始所处的梯度位置，与同等位置的区域相比，每个区域能否顺利推移取决于区域政府的超前引领。在梯度的变格过程中，每个阶段的主要矛盾和经济增长的主要引擎均有所不同，例如，从要素驱动阶段向投资驱动阶段变格的过程中，需要区域政府发挥投资新引擎的作用；从投资驱动阶段向创新驱动阶段变格的过程中，需要区域政府发挥创新新引擎的作用；从创新驱动阶段向共享驱动阶段变格的过程中，需要区域政府发挥规则新引擎的作用。

政府超前引领不存在失败，只存在政策制定或执行的失败。在中观经济学的讨论过程中，学者普遍会关注政府超前引领是否会存在失败的问题，因为在现实的经济发展过程中，可能会发现区域政府引领区域经济发展，但是并没有达到预期的效果。产生这种情况的原因主要有两方面：一是因为政策制定的失败。区域政府的超前引领应该遵循市场机制，而不应该打破市场的规则。二是因为政策执行的失败。政策执行的力度在一定程度上决定着政府超前引领的作用效果。

问题 6.13 凯恩斯主义与中观经济学都提到了准经营性资源（基础设施）对经济的驱动作用，二者有何区别？中观经济学对此问题的理论基础是什么？

首先需要明确的是传统经济学提到的基础设施与准经营性资源在概念上有所不同。基础设施仅仅是准经营性资源中的一种次生性的资源。本书第二章第一节在具体介绍资源类型的划分时提到，准经营性资源即生成性资源，它分为三类：原生性资源、次生性资源和逆生性资源。原生性资源是指在自然环境中存在，但没有被利用的一类资源，如太空资源、深海资源、极地资源以及地球深探资源等。次生性资源是指被利用但没有直接被企业使用投入生产的资源，如基础设施资源等。逆生性资源是指自然环境中本不存在，但是在发展过程中由于溢出效应逆向产生的资源，如碳排放交易资源、污水、核污染等。为了与传统经济学对接，本书提到的"准经营性资源"主要指的是次生性资源中的基础设施。

回到问题本身，既然凯恩斯主义与中观经济学都肯定了准经营性资源对经济的驱动作用，那么二者是否有区别？答案是肯定的。

凯恩斯主义理论从需求的角度考虑准经营性资源的动力机制，而中观经济学从供给的角度考虑准经营性资源的动力机制。凯恩斯的需求主义理论认为政府的支出是一种需求，会促进经济增长，但也会对私人投资产生挤出效应，所以现行文献普遍研究的是这类挤出效应。本书第二章第二节提到，地方政府的债务会挤出企业尤其是私营企业的融资。但也有学者在做实证分析时发现，政府的投资不仅对私人投资有挤出效应，还会有挤入效应。类似地，2016 年，国家发展改革委员会针对上半年民间投资增速同期减少 8.6% 做了回应，政府投资并没有对私人投资产生挤出效应。[1] 目前，对挤入效应的机制分析仅停留在政府投资公共品的视角下（政府在基础设施领域的投资即属于本书提到的民生经济，它将改善产业经济的生产和生活条件与环境，从而吸引民间投资），缺乏理论模型的支持。与此

---

[1] 《发改委：政府对民间投资不存在挤出 民投回落存合理性》，见新浪财经网（http://finance.sina.com.cn/china/gncj/2016-07-25/doc-ifxuhukv7414505.shtml）。

不同的是，本书第二章第一节在资源生成的前提下，从供给侧的角度对二者的关系进行了解读，认为政府投资在准经营性资源领域（城市经济），与可经营性资源（产业经济）是互补的关系，而且宏观经济的生产不仅需要产业经济的投入，还需要城市经济的投入，这将为"挤入效应"提供一个全新的解读视角。其与以往文献的主要区别就是，将区域政府作为一个竞争主体引入到市场经济当中，而不是仅将其置于市场经济之外。

一方面，准经营性资源对经济的驱动要注意结构性问题。现实中，区域政府对准经营性资源的经营和管理有成功也有失败，本书案例 2-3 就列举了成功和失败的案例。由于准经营性资源与可经营性资源的互补关系，因而二者之间必然存在一定的比例关系。之所以有的区域能够通过准经营性资源的开发和利用推动区域经济的发展，而有的区域政府失败了，是因为成功的案例做到了对准经营性资源与可经营性资源按一定比例进行建设，而不是过度地发展准经营性资源或者可经营性资源。另一方面，从经济的发展阶段来看，准经营性资源对经济的驱动作用并不适用于各个经济发展阶段。第四章第二节介绍了竞争型经济增长分为要素驱动、投资驱动、创新驱动和共享驱动四个阶段，不同的阶段对应着不同的经济增长动力。其中，要素驱动阶段依靠的是可经营性资源的发展，投资驱动阶段依靠的是投资新引擎，创新驱动阶段依靠的是创新新引擎，共享驱动阶段依靠的是规则新引擎。因此，准经营性资源作为经济的主要驱动力仅在投资驱动阶段起作用。这就为失败案例提供了另一个解释的视角：区域政府没有认识到区域发展所处的阶段，在要素驱动阶段过度进行准经营性资源的开发和经营，必将挤压可经营性资源的发展空间，从而产生挤出效应。在创新驱动阶段和共享驱动阶段，此时的准经营性资源已与可经营性资源达到一定比例，如果在这两个阶段再依赖准经营性资源对经济的驱动，就会使得准经营性资源过度饱和，不利于产业经济的发展。

问题 6.14 周黎安等学者提出了官员晋升锦标赛模式对地方官员的激励作用。相比于最大化财政收入，晋升是不是更深层次的目标？

官员晋升锦标赛理论和中观经济学有根本的区别。从官员的角度来看，晋升具有经济激励和政治激励双重目标。经济激励是指区域追求经济利益发展的最大化，政治激励是指官员追求职位的晋升。官员晋升锦标制理论仅从政治激励的角度出发，把经济行为背后的人作为研究重点，是行

为经济学；而中观经济学将区域政府作为研究的对象，而不是其背后的政府官员。对区域政府来讲，其根本目的是本区域的长期发展，因此将财政收入作为其目标更加合适。而官员可能更看重自身的发展，因其在一个地方服务的时间有限，所以从这个角度看，晋升激励是推动官员促进本地发展的一项机制。

问题6.15 中观经济学提到的都是区域政府之间的经济行为，那么，中央政府的作用是什么？

这个问题模糊了区域政府的概念，因为区域政府和中央政府是两个层次不同的概念。中央政府是一个绝对概念，就是国家的政府，不考虑下层的区域政府。也就是说，中央政府是从国家的层面对政府的定义，这也是宏观经济学研究的政府的含义。而区域政府是一个相对的概念，随着研究视角的转换，区域政府的具体含义也会变化。例如，从全球的视角来看，各国中央政府就是区域政府；从全国的视角来看，各省（直辖市、自治区）的省际政府就是区域政府。因此，区域政府不是特指省际政府，这是概念上的模糊。

那么，从全国的视角来看，中央政府与省际区域政府是什么关系？首先，中央政府是区域政府的上级政府。在中观经济学的论述过程中，探讨的大多是同级区域政府之间的竞争行为。但是，中央政府的作用不容忽视，因为中央政府直接决定了区域政府的竞争激烈程度，正是财政分权政策的提出，才使得区域政府的竞争有激励机制。其次，中央政府是区域政府竞争过程中的"裁判员"。第五章第三节提到，区域政府的竞争非中性可以根据其是否拥有垄断势力分为两类：拥有垄断势力的区域政府的竞争非中性和未拥有垄断势力的区域政府的竞争非中性。要想有效限制政府竞争的非中性，需要构建规则新引擎。作为具有上一级政府的省际区域政府，要想构建规则新引擎，就需要中央政府根据区域政府的不合理经济行为，制定相应的法律法规，规范区域政府的竞争行为。最后，区域政府同时也是中央政府的代表。虽然区域政府间存在竞争，但是区域政府更重要的职责是代表国家的政府，即要发挥好区域政府的准宏观属性。因此，区域政府要服从全国经济发展的总布局，落实中央政府的政策决定。同时，中央政府也会根据各区域的实际发展情况制定不同的政策支持。

第七章　未来发展方向

至此,中观经济学——市场双重竞争主体理论已全部介绍完。引用陈云贤教授对本理论的概括:中观经济学的理论体系突破了现行主流经济学体系和市场理论框架的局限,开创了全新的经济学体系和市场理论。[①] 现实中,政府行为与传统西方经济学理论体系存在矛盾,虽然区域政府竞争等行为是经济学家研究的主要方向之一,但都难以契合西方经济学的基本逻辑。中观经济学以资源生成理论作为突破口,为政府行为找到了一个新的解释角度,尤其是在市场动力不足、呼吁政府发挥有为作用的关键时期,更加凸显了中观经济学的重要性。

但是,中观经济学的不足也是显著的——目前的理论框架还仅存在于概念解析和逻辑推理阶段,而未能像西方经济学那样形成科学的数理模型系统,这样很难被经济学家所接受,也无法与西方经济学的语言体系对接。因此,中观经济学未来发展的大方向就是资源生成理论、区域政府双重属性理论、区域政府竞争理论、现代市场经济体系理论、双强机制理论、经济发展新引擎理论、政府超前引领理论等重点概念和理论框架的科学模型化和实证经济的验证,而不仅仅停留在对案例的观察和总结阶段。

第一节　方法论

中观经济学理论体系的诞生并不是来源于数学化的经济学理论,而是来自中国改革开放的伟大实践。因此,从方法论的角度来看,中观经济学未来的相关研究不应该过度拘泥于数理模型和实证分析方法,而是应该结

[①] 陈云贤:《经济新引擎——兼论有为政府与有效市场》,外语教学与研究出版社 2019 年版,第Ⅲ~Ⅸ页。

合实证分析和规范分析方法。因为相较于市场来说，区域政府的数量有限，而且各自的差异巨大，所以区域政府的数据很难满足大数定律，也很难满足一致性。另外，将中观经济学理论体系数理模型化和实证化的过程又是必不可少的，因为这是体现一个学科科学性的必经之路，目的是与西方经济学接轨，能够得到全世界经济学界的认可。因此，可以将微观经济研究的主要方法，例如均衡分析、边际分析方法、静态分析、动态分析方法、经济模型等，继续引用到中观经济学的研究当中，同时也要结合历史归纳法，避免过度模型化。中观经济学是对现实经济现象的概括和总结，同时，中观经济学也是为服务现实经济发展的学科，力图讲好中国故事，在经济学界构建起中国特色社会主义的话语体系，其理论体系也适用于世界各国的经济发展。

第二节 重点研究方向

方向一：建立适用于中观经济学的数据库。

建立数据库是未来实证研究的基础性工作，资源生成理论是其理论基础。那么，首先要解决的问题是对重要概念的明确定义。统计工作需要在理论上对每个概念的清晰界定，使得概念有遍历性，而且要做到不重、不漏，这样才能确保统计结果的可信性和完整性。其次要解决的问题是对个别难点资源类型的数据搜集工作。例如，准经营性资源中的原生性资源的数据如何估算？

重点：对概念的明确定义。

难点：对个别类型资源的数据搜集和统计。

方向二：重点问题的指标测算。

指标的测算是将抽象概念量化的过程。例如，区域政府"三类九要素"竞争力的指标测算，区域政府双重属性是否可以量化分析，有效市场建设程度的指标测试，有为政府发挥作用的指标测算，各类经济新引擎驱动力的指标测算，等等。

重点：对指标的定义。

难点：指标体系的构建和数据的可得性。

方向三：资源的转化。

资源的转换是中观经济学的创新亮点之一。关于资源的转化，需要从理论模型的角度回答以下几个问题：具体哪些准经营性资源需要转化为可经营性资源？哪些需要转化为非经营性资源？资源转化后，全社会的经济效益提升了多少？准经营性资源与可经营性资源的最优比例是多少？等等。

重点：首先要回答的是资源如何转化、资源的转换如何通过数理模型刻画的问题。

难点：界定准经营性资源与可经营性资源的最优比例。

方向四：双强式经济增长率的计算和模式设置。

双强式经济增长率是指，经济增长一部分来源于有效市场，一部分来源于有为政府。因此，需要将有效市场和有为政府对经济增长的贡献程度识别出来。市场竞争双重竞争主体，其最关键的是指出了区域政府在准经营性资源领域是一类竞争主体。这与以往理论最大的不同在于从供给侧的角度分析了区域政府对经济的驱动力。以往凯恩斯主义虽然提出了政府支出对经济的驱动作用，但都是从需求侧的角度，也就是说，只能从支出法测算 GDP 的角度看到政府在需求侧的贡献。因此，中观经济学应该从供给侧的角度出发，从产出的角度来测算分析区域政府对经济增长的贡献力。

重点：从市场竞争双重主体的角度重新定义经济增长率，建立双强式经济增长率计算模型。

难点：识别有效市场和有为政府的贡献力。

方向五：将区域政府作为一类竞争主体，引入理论模型。

在西方经济学理论体系中，政府的作用大部分是作为外生变量被引入模型。部分宏观模型虽然也将政府内生于经济系统，力图为政府政策的制定找到科学依据和规律，但是大部分研究都认为政府的目标是社会福利的最大化。将社会福利作为政府的目标函数仅仅考虑了政府的准宏观属性，而忽略了政府的准微观属性。因此，在将区域政府作为一类竞争主体引入理论模型的过程中，一定要体现区域政府的竞争性。虽然本书尝试将区域政府引入理论模型，但这并不是唯一的引入方法。

方向六：边界问题。

正如第六章总结的概念性问题和应用性问题，被更多提及的是各种边界如何界定的问题。例如：准经营性资源与可经营性资源的最优比例是多少？政府对三类资源调配的"边界"在哪里？如何界定区域经济处于梯度变格均衡律的哪个阶段？如何界定哪些准经营性资源要转化为可经营性资源？如何界定区域政府是否做出了超前引领？

方向七：如何找到中观经济学关于政府行为的基准？

基准是比较分析最重要的基础。西方经济学主要研究的是市场机制，西方经济学的基准是完全竞争市场，或帕累托最优，或福利最大化。在研究市场结构时，比较政府行为对经济造成的影响都以完全竞争市场作为基准，个体之间的博弈或者系统稳定性分析都以帕累托最优作为基准，宏观层面在研究政府货币政策等经济行为时普遍以福利最大化作为基准。那么，政府行为的基准是什么？政府行为可以发挥最优效果的理想条件是什么？

难点：正如前文提到的，区域政府的数量有限，而且各自的差异巨大，很难满足大数定律。那么，怎样才能找到其中的共同点？

当然，这里概括的仅仅是中观经济学理论体系的几个关键问题，仍然有很多其他的理论点值得深入研究。希望读者通过学习中观经济学能有所启发，能够从中找出自己感兴趣的理论点，试图将其模型化或实证化。

参考文献

[1] 曹光宇,周黎安,翁翕. 官员更替对经济增长的影响及其作用机制:来自地级行政区的经验证据[J]. 经济学报,2019,6(4):102-126.

[2] 曹沛霖. 政府与市场[M]. 杭州:浙江人民出版社,1998.

[3] 陈斌开,金箫,欧阳涤非. 住房价格、资源错配与中国工业企业生产率[J]. 世界经济,2015,38(4):77-98.

[4] 陈劲,谢俊,于飞,等. 中国城市互联网发展报告:2020[M]. 北京:社会科学文献出版社,2020.

[5] 陈浪南,杨子晖. 中国政府支出和融资对私人投资挤出效应的经验研究[J]. 世界经济,2007(1):49-59.

[6] 陈邱惠,徐现祥. 全球视野下的稳增长:第二次世界大战以来的增长目标与政府支出[J]. 经济学(季刊),2021,21(2):405-426.

[7] 陈时兴. 政府投资对民间投资挤入与挤出效应的实证研究:基于1980—2010年的中国数据[J]. 中国软科学,2012(10):169-176.

[8] 陈思霞,张冬连. 产业新城PPP项目与县域经济增长[J]. 财贸经济,2021,42(4):37-52.

[9] 陈云贤. 中国特色社会主义市场经济:有为政府+有效市场[J]. 经济研究,2019,54(1):4-19.

[10] 陈云贤. 经济新引擎:兼论有为政府与有效市场[M]. 北京:外语教学与研究出版社,2019.

[11] 陈云贤. 探寻中国改革之路:市场竞争双重主体论[J]. 经济学家,2020(8):16-26.

[12] 陈云贤. 市场竞争双重主体论:兼谈中观经济学的创立和发展[M]. 北京:北京大学出版社,2020.

[13] 陈志楣. 论中国特色社会主义基本经济制度的形成[J]. 北京党史,

2015（1）：7.

[14] 陈左宁，张军，黄子河. 中国信息化形势分析与预测：2019—2020[M]. 北京：社会科学文献出版社，2021.

[15] 翟巍. 公平竞争审查视野下统一市场评价指标体系之建构[J]. 经济法论丛，2019（1）：35-56.

[16] 董艳梅，朱英明. 高铁建设能否重塑中国的经济空间布局：基于就业、工资和经济增长的区域异质性视角[J]. 中国工业经济，2016（10）：92-108.

[17] 樊纲，王小鲁，马光荣. 中国市场化进程对经济增长的贡献[J]. 经济研究，2011（9）：13.

[18] 樊纲，王小鲁，张立文. 中国各地区市场化进程报告[J]. 中国市场，2001（6）：58-61.

[19] 樊纲，王小鲁，张立文. 中国分省份市场化指数报告（2018）[M]. 北京：社会科学文献出版社，2018.

[20] 樊纲，王小鲁，张立文，等. 中国各地区市场化相对进程报告[J]. 经济研究，2003（3）：9-18，89.

[21] 范剑勇，莫家伟. 地方债务、土地市场与地区工业增长[J]. 经济研究，2014，49（1）：41-55.

[22] 范剑勇，朱国林. 中国地区差距演变及其结构分解[J]. 管理世界，2002（7）：37-44.

[23] 高鹤. 财政分权、经济结构与地方政府行为：一个中国经济转型的理论框架[J]. 世界经济，2006（10）：59-68.

[24] 高鸿业. 西方经济学：微观部分[M]. 6版. 北京：中国人民大学出版社，2015.

[25] 高鸿业. 西方经济学：宏观部分[M]. 7版. 北京：中国人民大学出版社，2017.

[26] 郭凯明，王藤桥. 基础设施投资对产业结构转型和生产率提高的影响[J]. 世界经济，2019，42（11）：51-73.

[27] 韩乾，洪永淼. 国家产业政策、资产价格与投资者行为[J]. 经济研究，2014，49（12）：143-158.

[28] 胡家勇. 试论社会主义市场经济理论的创新和发展[J]. 经济研究，2016，51（7）：9.

[29] 黄光灿、王珏、马莉莉. 全球价值链视角下中国制造业升级研究：基于全产业链构建[J]. 广东社会科学, 2019 (1)：54-64.

[30] 黄璜. 中国"数字政府"的政策演变：兼论"数字政府"与"电子政务"的关系[J]. 行政论坛, 2020, 27 (3)：47-55.

[31] 黄卫平. 中国经济发展动力的可持续因素探究[J]. 学术前沿, 2020 (12)：7.

[32] 黄先海, 宋学印, 诸竹君. 中国产业政策的最优实施空间界定：补贴效应、竞争兼容与过剩破解[J]. 中国工业经济, 2015 (4)：57-69.

[33] 黄亚平, 陈瞻, 谢来荣. 新型城镇化背景下异地城镇化的特征及趋势[J]. 城市发展研究, 2011, 18 (8)：11-16.

[34] 姜松, 周鑫悦. PPP模式是否推动了我国实体经济增长？[J]. 金融与经济, 2019 (12)：36-46.

[35] 鞠建东, 刘政文. 产业结构调整中的有为地方政府[J]. 经济学报, 2017, 4 (4)：61-76.

[36] 郎昆, 刘庆. 资源错配的来源、趋势与分解[J]. 经济学报, 2021, 8 (2)：1-25.

[37] 雷钦礼. 制造业价值链拓展升级、结构调整与经济持续增长[J]. 产经评论, 2011 (6)：32-43.

[38] 雷钦礼. 制度环境与经济增长：理论模型与中国实证[J]. 经济与管理研究, 2017, 38 (12)：14.

[39] 雷钦礼, 李粤麟. 资本技能互补与技术进步的技能偏向决定[J]. 统计研究, 2020, 37 (3)：48-59.

[40] 黎文靖, 郑曼妮. 实质性创新还是策略性创新？：宏观产业政策对微观企业创新的影响[J]. 经济研究, 2016, 51 (4)：60-73.

[41] 黎文靖、汪顺、陈黄悦. 平衡的发展目标与不平衡的发展：增长目标偏离与企业创新[J]. 管理世界, 2020, 36 (12)：14.

[42] 李国锋, 孙雨洁. 文献量化视角下人才引进政策评估[J]. 科技管理研究, 2020, 40 (4)：61-72.

[43] 李书娟, 徐现祥. 目标引领增长[J]. 经济学（季刊）, 2021, 21 (5)：1571-1590.

[44] 李书娟, 徐现祥, 王贤彬. 目标导向的微观机制：国有企业的关键

作用［J］．财贸经济，2021，42（4）：83-97．

[45] 李晓燕．专利对经济发展的贡献度分析［J］．统计与决策，2019（20）：4．

[46] 李欣泽，司海平．中国资源错配与经济效率损失：趋势与分解［J］．当代经济科学，2019，41（6）：1-12．

[47] 李永友，沈坤荣．辖区间竞争、策略性财政政策与FDI增长绩效的区域特征［J］．经济研究，2008（5）：58-69．

[48] 李粤麟．新视野　新发展：评《经济新引擎：兼论有为政府与有效市场》［J］．广东财经大学学报，2021，36（4）：111-112．

[49] 李志军．中国城市营商环境评价［M］．北京：中国发展出版社，2019．

[50] 林毅夫．新结构经济学：重构发展经济学的框架［J］．经济学（季刊），2011，10（1）：1-32．

[51] 林毅夫．新结构经济学的理论框架研究［J］．产业经济评论，2013（2）：18-23．

[52] 林毅夫．转型国家需要有效市场和有为政府［J］．中国经济周刊，2014（6）：78-79．

[53] 林毅夫．新结构经济学的理论基础和发展方向［J］．经济评论，2017（3）：4-16．

[54] 林毅夫．中国经验：经济发展和转型中有效市场与有为政府缺一不可［J］．行政管理改革，2017（10）：12-14．

[55] 刘冲、周黎安．高速公路建设与区域经济发展：来自中国县级水平的证据［J］．经济科学，2014（2）：55-67．

[56] 刘东皇．中国经济发展动力结构转换研究［J］．社会科学，2016（1）：8．

[57] 刘戒骄．竞争中性的理论脉络与实践逻辑［J］．中国工业经济，2019（6）：5-21．

[58] 刘强．双重属性框架下中国地方政府经济行为研究［D］．厦门：厦门大学，2007．

[59] 刘儒，郭荔．社会主义市场经济条件下政府和市场的互补关系及特征［J］．东南学术，2021（1）：61-70．

[60] 刘淑琳，王贤彬，黄亮雄．经济增长目标驱动投资吗？：基于2001—

2016 年地级市样本的理论分析与实证检验 [J]. 金融研究, 2019 (8): 1-19.

[61] 刘薇. PPP 模式理论阐释及其现实例证 [J]. 改革, 2015 (1): 78-89.

[62] 刘晓光, 黄慊. 我国东西部高层次人才引进政策文本比较: 以四川省和江苏省为例 [J]. 科技管理研究, 2018, 38 (24): 58-63.

[63] 刘勇, 杨海生, 徐现祥. 中国经济增长目标体系的特征及影响因素 [J]. 世界经济, 2021, 44 (4): 30-53.

[64] 利克特. 企业经济学: 企业理论与经济组织导论 [M]. 范黎波, 宋志红, 译. 北京: 人民出版社, 2006.

[65] 马青, 傅强. 地方政府竞争与区域发展差异: 基于贸易开放的实证研究 [J]. 经济问题探索, 2016 (4): 97-105.

[66] 曼昆. 宏观经济学 [M]. 7 版. 卢远瞩, 译. 北京: 中国人民大学出版社, 2011.

[67] 苗绿, 王辉耀, 郑金连. 科技人才政策助推世界科技强国建设: 以国际科技人才引进政策突破为例 [J]. 中国科学院院刊, 2017, 32 (5): 521-529.

[68] 南方日报评论员. 激发中小企业民营经济发展动力 [N]. 2019-08-15.

[69] 潘文卿, 吴天颖, 马瑄忆. 中国高技能—低技能劳动的技术进步偏向性及其估算 [J]. 技术经济, 2017, 36 (2): 100-108.

[70] 彭飞, 毛德凤, 吕鹏. 降费政策有效性评估: 来自中国私营企业的证据 [J]. 经济学动态, 2020 (8): 54-69.

[71] 亓霞, 柯永建, 王守清. 基于案例的中国 PPP 项目的主要风险因素分析 [J]. 中国软科学, 2009 (5): 107-113.

[72] 齐捧虎. 企业竞争优势论 [M]. 北京: 中国财政经济出版社, 2005.

[73] 邱本. 自由竞争与秩序调控 [D]. 北京: 中国社会科学院研究生院, 2000.

[74] 邵敏, 刘重力. 外资进入与技能溢价: 兼论我国 FDI 技术外溢的偏向性 [J]. 世界经济研究, 2011 (1): 67-74, 89.

[75] 邵宜航, 步晓宁, 张天华. 资源配置扭曲与中国工业全要素生产率: 基于工业企业数据库再测算 [J]. 中国工业经济, 2013 (12): 39-51.

[76] 沈春苗,郑江淮.资源错配研究述评[J].改革,2015(4):116-124.

[77] 沈春苗,郑江淮.宽厚的政府采购、挑剔的消费者需求与技能偏向性技术进步[J].经济评论,2016(3):39-49.

[78] 宋彪.竞争中性的渊源、政策目标与公共垄断改革[J].经济法研究,2017,18(1):179-199.

[79] 宋冬林,王林辉,董直庆.技能偏向型技术进步存在吗?:来自中国的经验证据[J].经济研究,2010(5):68-81.

[80] 孙开,张磊.政府竞争、财政压力及其调节作用研究:以地方政府财政支出偏向为视角[J].经济理论与经济管理,2020(5):22-34.

[81] 孙文浩,张益丰.城市抢"人"大战有利于地区新旧动能转换吗?[J].科学学研究,2019,37(7):1220-1230.

[82] 孙早,席建成.中国式产业政策的实施效果:产业升级还是短期经济增长[J].中国工业经济,2015(7):52-67.

[83] 孙志燕,侯永志.对我国区域不平衡发展的多视角观察和政策应对[J].管理世界,2019,35(8):1-8.

[84] 田时中,余本洋,陆雅洁.财政投入、地方政府竞争与区域科技创新[J].统计与决策,2020,36(3):150-154.

[85] 汪金祥,吴世农,吴育辉.地方政府债务对企业负债的影响:基于地市级的经验分析[J].财经研究,2020,46(1):111-125.

[86] 王海芸.日本筑波科学城发展的启示研究[J].科技中国,2019(3):20-27.

[87] 王磊,张华勇.市场化与资源配置效率[J].现代管理科学,2015(6):91-93.

[88] 王美今,林建浩,余壮雄.中国地方政府财政竞争行为特性识别:"兄弟竞争"与"父子争议"是否并存?[J].管理世界,2010(3):22-31,187-188.

[89] 王宋涛,温思美,朱腾腾.市场分割,资源错配与劳动收入份额[J].经济评论,2016(1):13-25,79.

[90] 王文,孙早,牛泽东.产业政策、市场竞争与资源错配[J].经济学家,2014(9):22-32.

[91] 王小军. 我国高校办学资金来源的再思考: 由美国高校开展教育捐赠工作的启示 [J]. 经济师, 2009 (4): 108-109.

[92] 王永进, 盛丹. 要素积累、偏向型技术进步与劳动收入占比 [J]. 世界经济文汇, 2010 (4): 33-50.

[93] 王勇. 论有效市场与有为政府: 新结构经济学视角下的产业政策 [J]. 学习与探索, 2017 (4): 100-104.

[94] 王雨飞, 倪鹏飞. 高速铁路影响下的经济增长溢出与区域空间优化 [J]. 中国工业经济, 2016 (2): 21-36.

[95] 魏后凯. 改革开放30年中国区域经济的变迁: 从不平衡发展到相对均衡发展 [J]. 经济学动态, 2008 (5): 9-16.

[96] 魏下海, 董志强, 张永璟. 营商制度环境为何如此重要?: 来自民营企业家"内治外攘"的经验证据 [J]. 经济科学, 2015 (2): 105-116.

[97] 吴敬琏. 市场经济的培育和运作 [M]. 北京: 中国发展出版社, 1993.

[98] 吴意云, 朱希伟. 中国为何过早进入再分散: 产业政策与经济地理 [J]. 世界经济, 2015, 38 (2): 140-166.

[99] 夏后学, 谭清美, 白俊红. 营商环境、企业寻租与市场创新: 来自中国企业营商环境调查的经验证据 [J]. 经济研究, 2019, 54 (4): 84-98.

[100] 徐涵秋. 区域生态环境变化的遥感评价指数 [J]. 中国环境科学, 2013 (5): 889-897.

[101] 徐现祥, 毕青苗, 马晶. 中国营商环境报告: 2021 [M]. 北京: 社会科学文献出版社, 2021.

[102] 徐现祥, 李书娟, 王贤彬, 等. 中国经济增长目标的选择: 以高质量发展终结"崩溃论" [J]. 世界经济, 2018, 41 (10): 3-25.

[103] 徐现祥, 刘毓芸. 经济增长目标管理 [J]. 经济研究, 2017, 52 (7): 18-33.

[104] 杨琛, 李群, 王宾. "新常态"下中国经济发展动力强弱因素研究 [J]. 经济问题探索, 2016 (2): 8.

[105] 杨其静, 聂辉华. 保护市场的联邦主义及其批判 [J]. 经济研究, 2008 (3): 99-114.

[106] 杨瑞龙, 周业安. 经济新常态下的中国经济增长 [M]. 北京: 中国人民大学出版社, 2019.

[107] 杨志勇, 文丰安. 优化营商环境的价值、难点与策略 [J]. 改革, 2018 (10): 5-13.

[108] 姚开建. 经济学说史 [M]. 北京: 中国人民大学出版社, 2016.

[109] 姚水琼, 齐胤植. 美国数字政府建设的实践研究与经验借鉴 [J]. 治理研究, 2019, 35 (6): 60-65.

[110] 于文超, 梁平汉. 不确定性、营商环境与民营企业经营活力 [J]. 中国工业经济, 2019 (11): 136-154.

[111] 余东华, 孙婷. 环境规制、技能溢价与制造业国际竞争力 [J]. 中国工业经济, 2017 (5): 35-53.

[112] 余泳泽, 刘大勇, 龚宇. 过犹不及事缓则圆: 地方经济增长目标约束与全要素生产率 [J]. 管理世界, 2019, 35 (7): 26-42, 202.

[113] 余泳泽, 潘妍. 中国经济高速增长与服务业结构升级滞后并存之谜: 基于地方经济增长目标约束视角的解释 [J]. 经济研究, 2019, 54 (3): 150-165.

[114] 余泳泽, 杨晓章. 官员任期、官员特征与经济增长目标制定: 来自230个地级市的经验证据 [J]. 经济学动态, 2017 (2): 51-65.

[115] 张成福, 谢侃侃. 数字化时代的政府转型与数字政府 [J]. 行政论坛, 2020, 27 (6): 34-41.

[116] 张传平. 市场逻辑与社会主义 [M]. 北京: 人民出版社, 2002.

[117] 张国山, 刘智勇, 闫志刚. 我国市场监管现代化指标体系探索 [J]. 中国行政管理, 2019 (8): 41-46.

[118] 张杰, 高德步, 夏胤磊. 专利能否促进中国经济增长: 基于中国专利资助政策视角的一个解释 [J]. 中国工业经济, 2016 (1): 16.

[119] 张进财, 左小德. 企业竞争力评价指标体系的构建 [J]. 管理世界, 2013 (10): 172-173.

[120] 张克中, 陶东杰. 交通基础设施的经济分布效应: 来自高铁开通的证据 [J]. 经济学动态, 2016 (6): 62-73.

[121] 张三保, 康璧成, 张志学. 中国省份营商环境评价: 指标体系与量化分析 [J]. 经济管理, 2020, 42 (4): 5-19.

[122] 张胜磊. 粤港澳大湾区发展路径和建设战略探讨: 基于世界三大湾

区的对比分析[J]. 中国发展, 2018, 18 (3): 53-59.

[123] 张文武, 张为付. 什么让城市更能够"留人"?[J]. 世界经济文汇, 2020 (3): 31-45.

[124] 张延. 中国财政政策的"挤出效应": 基于1952—2008年中国年度数据的实证分析[J]. 金融研究, 2010 (1): 58-66.

[125] 张晏. 财政分权、FDI竞争与地方政府行为[J]. 世界经济文汇, 2007 (2): 22-36.

[126] 张占江. 不正当竞争行为认定范式的嬗变从"保护竞争者"到"保护竞争"[J]. 中外法学, 2019, 31 (1): 21.

[127] 赵伟, 马瑞永. 中国区域金融发展的收敛性、成因及政策建议[J]. 中国软科学, 2006 (2): 94-101.

[128] 赵颖. 工资粘性、技能分化与劳动者工资的决定[J]. 经济研究, 2012, 47 (S2): 56-68.

[129] 赵忠君, 邹丽娜. 人才引进政策实施效果评价: 以十大热门城市为例[J]. 湖南财政经济学院学报, 2019, 35 (1): 41-48.

[130] 郑群峰, 王迪, 阚大学. 中国政府投资挤出(挤入)效应空间计量研究[J]. 财贸研究, 2011, 22 (3): 69-78.

[131] 中共中央宣传部. 中国共产党的历史使命与行动价值[N]. 2021-08-27.

[132] 钟腾, 罗吉罡, 汪昌云. 地方政府人才引进政策促进了区域创新吗?: 来自准自然实验的证据[J]. 金融研究, 2021 (5): 135-152.

[133] 周黎安. 晋升博弈中政府官员的激励与合作: 兼论我国地方保护主义和重复建设问题长期存在的原因[J]. 经济研究, 2004 (6): 33-40.

[134] 周黎安. 中国地方官员的晋升锦标赛模式研究[J]. 经济研究, 2007 (7): 36-50.

[135] 周晓燕, 徐崇波. 政府投资对民间投资的影响: 挤入效应还是挤出效应?[J]. 经济问题探索, 2016 (9): 128-134.

[136] 周业安. 地方政府竞争与经济增长[J]. 中国人民大学学报, 2003 (1): 97-103.

[137] 周振江, 石义寿. 世界知名创新走廊的发展经验与启示[J]. 科技

创新发展战略研究，2020，4（2）：29-35.

[138] 周正祥，张秀芳，张平. 新常态下 PPP 模式应用存在的问题及对策[J]. 中国软科学，2015（9）：82-95.

[139] ACEMOGLU D. Why do new technologies complement skills? Directed technical change and wage inequality [J]. The Quarterly Journal of Economics，1998，113（4）：1055-1089.

[140] ACEMOGLU D. Directed technical change [J]. The Review of Economic Studies，2002，69（4）：781-809.

[141] ACEMOGLU D. Equilibrium bias of technology [J]. Econometrica，2007，75（5）：1371-1409.

[142] ACEMOGLU D, AGHION P, BURSZTYN L, et al. The environment and directed technical change [J]. American Economic Review，2012，102（1）：131-166.

[143] ACEMOGLU D, AKCIGIT U, HANLEY D, et al. Transition to clean technology [J]. Journal of Political Economy，2016，124（1）：52-104.

[144] ANDREONI A, CHANG H-J. The political economy of industrial policy: structural interdependencies, policy alignment and conflict management [J]. Structural Change and Economic Dynamics，2019，48：136-150.

[145] AUTOR D H, KATZ L F, KRUEGER A B. Computing inequality: have computers changed the labor market? [J]. The Quarterly Journal of Economics，1998，113（4）：1169-1213.

[146] BARRO R J. Government spending in a simple model of endogeneous growth [J]. Journal of Political Economy，1990，98（5, Part 2）：S103-S125.

[147] BEHAR A. The endogenous skill bias of technical change and wage inequality in developing countries [J]. The Journal of International Trade & Economic Development，2016，25（8）：1101-1121.

[148] BRINSON J R. Learning outcome achievement in non-traditional (virtual and remote) versus traditional (hands-on) laboratories: a review of the empirical research [J]. Computers & Education，2015，87：218-237.

[149] CONTE A, VIVARELLI M. Imported skill-biased technological change

in developing countries [J]. The Developing Economies, 2011, 49 (1): 36 -65.

[150] FIORE L, RATTI G. Remote laboratory and animal behaviour: an interactive open field system [J]. Computers & Education, 2007, 49 (4): 1299 -1307.

[151] GAO H, RU H, TANG D Y. Subnational debt of China: the politics-finance nexus [J]. Journal of Financial Economics, 2021, 141 (3): 881 -895.

[152] GRILICHES Z. Capital-skill complementarity [J]. The Review of Economics and Statistics, 1969, 51 (4): 465 -468.

[153] GRILICHES Z. Notes on the role of education in production functions and growth accounting [M]. Education, Income, and Human Capital. NBER. 1970: 71 -127.

[154] HAMILTON L A, SUDA K J, HEIDEL R E, et al. The role of online learning in pharmacy education: a nationwide survey of student pharmacists [J]. Currents in Pharmacy Teaching and Learning, 2020, 12 (6): 614 -625.

[155] HERADIO R, DE LA TORRE L, GALAN D, et al. Virtual and remote labs in education: a bibliometric analysis [J]. Computers & Education, 2016, 98: 14 -38.

[156] HSIEH C-T, KLENOW P J. Misallocation and manufacturing TFP in China and India [J]. The Quarterly Journal of Economics, 2009, 124 (4): 1403 -1448.

[157] HUANG Y, PAGANO M, PANIZZA U. Local crowding-out in China [J]. The Journal of Finance, 2020, 75 (6): 2855 -2898.

[158] HUANG Y, PANIZZA U, VARGHESE R. Does public debt crowd out corporate investment? international evidence [Z]. CEPR Discussion Paper, 2018.

[159] JU J, LIN J Y, WANG Y. Endowment structures, industrial dynamics, and economic growth [J]. Journal of Monetary Economics, 2015, 76: 244 -263.

[160] KLUMP R, MCADAM P, WILLMAN A. Factor substitution and factor-

augmenting technical progress in the United States: a normalized supply-side system approach [J]. The Review of Economics and Statistics, 2007, 89 (1): 183 - 192.

[161] LAFRANCE M. Passing off and unfair competition: conflict and convergence in competition law [J]. Mich. St. L. Rev., 2011: 1413.

[162] LANG D, MENGELKAMP C, JAEGER R S, et al. Pedagogical evaluation of remote laboratories in emerge project [J]. European Journal of Engineering Education, 2007, 32 (1): 57 - 72.

[163] LI X, LIU C, WENG X, et al. Target setting in tournaments: theory and evidence from China [J]. The Economic Journal, 2019, 129 (623): 2888 - 2915.

[164] LI-AN Z. Governing China's local officials: an analysis of promotion tournament model [J]. Economic Research Journal, 2007, 7: 36 - 50.

[165] LIN J Y, DOEMELAND D. Beyond Keynesianism [J]. Harvard International Review, 2009, 31 (2): 14 - 17.

[166] LIN J Y, XIAOBING W. Dual circulation: a New Structural Economics view of development [J]. Journal of Chinese Economic and Business Studies, 2021.

[167] LIN J Y, XU J. Rethinking industrial policy from the perspective of new structural economics [J]. China Economic Review. 2018: 155 - 157.

[168] LYU C, WANG K, ZHANG F, et al. GDP management to meet or beat growth targets [J]. Journal of Accounting and Economics, 2018, 66 (1): 318 - 338.

[169] MA L. performance feedback, government goal-setting and aspiration level adaptation: evidence from chinese provinces [J]. Public Administration, 2016, 94 (2): 452 - 471.

[170] MAS-COLELL A, WHINSTON M D, GREEN J R. Microeconomic theory [M]. New York: Oxford University Press, 1995.

[171] PASTOR L, VERONESI P. Uncertainty about government policy and stock prices [J]. The Journal of Finance, 2012, 67 (4): 1219 - 1264.

[172] PINDYCK R S, RUBINFELD D L. Microeconomics [M]. New Jersey:

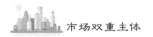

Pearson Education, 2014.

[173] RODRIK D. Industrial policy: don't ask why, ask how [J]. Middle East Development Journal, 2009, 1 (1): 1-29.

[174] RUSLI R, RAHMAN A, ABDULLAH H. Student perception data on online learning using heutagogy approach in the Faculty of Mathematics and Natural Sciences of Universitas Negeri Makassar, Indonesia [J]. Data in Brief, 2020, 29: 105-152.

[175] SLAVÃK C, YAZICI H. Wage risk and the skill premium [Z]. CESifo Working Paper, 2020.

[176] WEISS M, GARLOFF A. Skill-biased technological change and endogenous benefits: the dynamics of unemployment and wage inequality [J]. Applied Economics, 2011, 43 (7): 811-21.

[177] YUELIN L, YUJIE L, XIAOHUI S. Disrupted class, undisrupted learning: a study on the effect of online learning among primary and middle school students [J]. Studies in Microeconomics, 2021.

后　记

春种，夏耕，秋收。本书始于春季，结于秋季。博士生的生活忙碌、充实，而我很幸运在读博期间有此机会执笔本书。我在春季开始构思整本书的结构，这在当时是一个看似艰难的任务。在不断的学习、阅读、交流和反思中，思想终成书，我也对政府的经济行为有了全新、深刻的认识。本书是团队力量的成果：感谢陈云贤老师所提出的开创性理论——中观经济学，为本书的创作打下了坚实的基础；感谢徐现祥老师、才国伟老师、刘贯春老师在交流过程中给予的启发和建设性意见；感谢陈思含同学、李建平同学在讨论过程中给予的帮助和关怀；感谢每位学习中观经济学的同学，他们在学习和交流过程中提出的疑惑和建议，为本书的创作提供了思路；感谢家人在背后的默默支持和鼓励；感谢中山大学出版社编校人员对本书行文和结构的修改和完善；感谢蔡晓冰、梁宛昕、孔维榕、刘涛、肖源等同学为本书提供的案例素材。

市场双重主体理论为研究政府经济行为提供了一个全新的视角。区域政府在现代市场经济中不仅扮演"守夜人"和调控者的角色，还是现代市场经济的维护者和参与者，其作为一类竞争主体，在准经营性资源领域参与竞争。区域政府竞争并不是一个新的议题，但是从中观经济学的角度，为区域政府竞争提供理论基础，则属于开创性工作。区域政府竞争和企业竞争共同构成了现代市场经济的驱动力。希望本书可以为经济学理论的发展、实践应用贡献一分力量。

中观经济学理论是一个新的理论体系，未来还有很大的发展潜力。中观经济学理论来源于中国的伟大实践，不仅适用于中国经济的发展，还将为世界各国的经济发展提供中国智慧、中国理论、中国经验。但是，中观经济学的创立时间较短，还有很多细节问题没有给出准确答案。这就需要我们年轻学者走在学术研究前沿，为中观经济学的发展不断努力和创新，

不断完善中观经济学理论体系,将中观经济学与前沿经济学研究对接,使得中观经济学能够得到学界、政府、公众的认可。

衷心祝愿中观经济学不断发展进步!衷心祝愿伟大的祖国繁荣昌盛!

李粤麟

2022年2月

于羊城康乐园